小丰广告创作系列

Modern Chinese

小丰现代汉语广告语法辞典

人民东方出版传媒
東方出版社

图书在版编目（CIP）数据

小丰广告创作系列 / 丰信东著 . — 北京：东方出版社，2020.6
ISBN 978-7-5207-1338-2

Ⅰ . ①小…　Ⅱ . ①丰…　Ⅲ . ①广告—写作　Ⅳ . ① F713.8

中国版本图书馆 CIP 数据核字（2019）第 288136 号

小丰广告创作系列
（XIAOFENG GUANGGAO CHUANGZUO XILIE）

作　　者：丰信东
责任编辑：江丹丹
出　　版：东方出版社
发　　行：人民东方出版传媒有限公司
地　　址：北京市朝阳区西坝河北里 51 号
邮　　编：100028
印　　刷：北京联兴盛业印刷股份有限公司
版　　次：2020 年 6 月第 1 版
印　　次：2020 年 11 月第 3 次印刷
开　　本：880 毫米 ×1230 毫米　1/32
印　　张：26
字　　数：220 千字
书　　号：ISBN 978-7-5207-1338-2
定　　价：256.00 元
发行电话：（010）85924663　85924644　85924641

自 序

有灵魂的语法书

今年四月某天，某前员工传来电子文件。点开，原来是《小丰现代汉语广告语法辞典》的图文版——这已不是“李逵”第一次遇到“李鬼”了。

几年前一次聚会，一位广告小姐姐自曝花七百元买了本《小丰现代汉语广告语法辞典》。“你怎么这么傻？”她答：“签名版”在多个平台已标价千元以上。

直到上个月，东方出版社找我谈再版，我才知道：这本“古董书”，至今还在一些“广告人必读书单”上。

1999 年，我在 TBWA 工作时积累了一些专业心得，有了写《小丰现代汉语广告语法辞典》的初念。工作太忙，就利用碎片时间，一边断续地写，一边在“A”网的论坛上连载。直到 2004 年，由中国青年出版社正式出版发行。

从 1999 年到 2019 年，《小丰现代汉语广告语法辞典》跨过了 20 世纪，走过了 20 年的时光。

20 年来，《小丰现代汉语广告语法辞典》还在被阅读，被盗版，这是作者的荣幸。

20 年来，没有一本新书来迭代，来覆盖，这是行业的悲哀。

20 年来，广告的语言生态发生了重大变化，自媒体开始重构广告语言。那么，“后咪蒙”时代，这本前“A”网时代的书意义何在？

“自媒体的出现并没有改变文字好坏的标准”——六神磊磊的这句话，也正是《小丰现代汉语广告语法辞典》仍被阅读和使用的真正原因。

1999 年，广告圈充满有趣的灵魂，但到处都是刻板的文字；2019 年，满屏都是有趣的文字，细究后都是无趣的灵魂。《小丰现代汉语广告语法辞典》不想改变什么，只是想让有趣的文字找到有趣的灵魂。

我一直不认为《小丰现代汉语广告语法辞典》是一本纯工具书，否则大家不如去读广告教科书。

《小丰现代汉语广告语法辞典》的确是本“不正经”的“语法书”，但却是一本“有灵魂”的语法书。当然，如果你觉得“灵魂”是屁，我不反对你把它当作湿厕纸。

这次增补,《小丰现代汉语广告语法辞典》共扩充了两万余字。其中，语法部分由五十一篇增至七十二篇。原版的五十一篇没进行任何改动，保留了原貌——因为，虽然中年小丰的文字更老练精准，但也少了青年小丰的“狗血”气。而“广告精神”不就是某种暧昧不明的“狗血精神”吗?

另外，新增了我个人的自训和实践案例。一个广告老炮儿二十几年来都在不停自虐，你有什么资格善待自己?

还附赠了世纪瑞博的内训资料——《网络文案真人 CS 练习手册》。当然，是部分的。其他的，嘘！是世纪瑞博的高度机密。

最后，感谢东方出版社的专业和坚守！这个“口水”淹没“口碑”的时代，感谢他们仍坚持出版“有口碑”的专业书。

小 丰

2019 年 6 月 20 日

目 录

|CONTENTS|

一 话 字 词 句

话比字好。

字比词好。

词比句好。

单句比复句好。

只有一个字或一个词的话最最好！

如果空格就是你要说的，就坚决不要按第二个键！

如果你要说的比空格还少，那就彻底把你的键盘扔掉！

广告文案是说话和口语，不是象形字和书面文。

广告文案是兴趣的加法和乘法，是阅读的减法和除法！

当然，以上规则反过来也成立，

只要你能赚爆读者的疑问和眼球！

二　主谓宾

最失败的文案是：

主谓宾

介副叹

的地得

皆全！

广告文案有自己的语法，或者是反语法的。

广告文案是精彩优于正确、创新大于规则的。

广告文案绝不是小学生交造句作业！

（当然，说明性和介绍性及少数特殊的文案除外。）

切记，如果能抗拒客户的“强奸”——

报广文案里最好不要有一个完整的句子！

三　名词　动词　副词　介词　形容词

名词比动词好，

动词比副词、介词好，

形容词最最不好！

好的文案可以以象声词为标题做系列创意！

不好的文案把它的形容词拿掉就什么都没有了！

一堆形容词是激发不了设计做画面的！

文字的生动性和形象性也是画面所不能代替的！

广告不是什么高雅艺术，但绝不是形容词擂台，吹大牛比赛！

四 分行

和广告文案最接近的艺术形式是现代诗。

广告文案和现代诗一样都是分行文体。

广告文案和现代诗一样都强调文字语言的跳跃性、创造性。

广告文案和现代诗一样都要求短！——但要充分勃起！

一篇没有分行的报广注定是失败的！

一个不会分行的文案注定是失败的！

写广告文案的时候一定要切记：

你不是在写文章，只是在写一行一行的字！

五 标点

平面广告的文案大部分时候是没有标点符号的。

也就是说：

广告文案句与句之间是不需要所谓的语法逻辑的！

如果非得需要标点，那也请你多使用句号。

也就是说：

你要尽量用能直接打句号的短句（词或词组更好）把话说完。

一些广告文案里更多的是词与词之间的句号。

如果你在一篇广告文案里发现只有句号且一句到底——

请注意，那是句的语感、语速，

而不是语义、逻辑！

六 人称

诗无论使用了什么人称都是第一人称的。

小说戏剧的背后都有一个叙事者。

广告呢?

著名诗人欧阳江河问:

“谁在说话?!”

如果非要答案的话:

广告文案会以各种人称出现,

但其心理出发点应该是第二人称的。

广告文案站在消费心理上说话,

不是一个人,也不是一个群体。

七 口语

一个香港总监曾口误，把“要一段文案”，说成“要一段说话”。其实，在好多情况下，广告文案更应是说话，而不是文字。

好的广告文案应该是听觉化、趣味化、口语化的。原因很简单，传播性是优秀广告文案的第一性，优秀的文案不仅要让人能在脑子里记住，还应调动他的嘴让他说出来，不仅他自己爱说，还要爱和别人说，这样才能流行传播起来。

平心而论，“人头马一开，好事自然来”当作文字看没什么精彩的，当作说话来看就感到非常顺嘴，一不小心就会从嘴里溜出来。

脑白金的广告语当作文字看俗得不能再俗，当作说话来看多少还是有传播性的，当然，电视发布量才是它成功的决定因素，但比起广告语非常文字化、发布量更大的“严迪”还是要好得多。

当然，这也要看产品，如房地产的文案就是视觉性、文字性和阅读性的，所以做房地产文案纯文字的修养和文采尤其重要。

所以，在你落笔写一句广告语之前最好在心里默读几遍，写出来后再出声读上几遍，不仅要把它当作文字看，更要把它当作说话来读。

八　成语　对联

成语、对联——算了吧！

成语、对联是一种修辞手段。
成语、对联不是写作方法。

许多文案非成语、对联不能写标题，非成语、对联不能做文案。成语、对联当然是汉语语境才有的。但我说的是在现代汉语语境中写作，而不是古代汉语。

前面说过，广告文案更接近说话，因为只有说话才更容易交流、记忆和传播，而成语、对联则是隔着一种古代的文体向现代人说话。

许多成语、对联就是因为易于记忆和传播才流传到今天，但它们已远远不符合当代的汉语语境了。在今天的汉语氛围里5、6、7个字的标题是最容易记忆的，同时也是最难写的，不信?！你试试！

这里所说的成语、对联是个代词，它代指的是那种永远隔着一种古代文体来做文案的广告写作现象。如果你还是一个因为偶尔想出一个合适的成语就得意得吐血的文案，你就算了吧！

記

九 文案 文秘

文案是 4A 的软肋。

4A 的文案大多只是一帮拿着文案薪水的文秘。或者说是多认识了几个英文词的文案买办。关键是 4A 的总监们不懂或者不愿意懂汉语，我说的是汉语——认识汉字不等于懂得汉语，这是完全不同的。所以 4A 的好总监们最多只是要求文案清楚正确，所以 4A 的文案们就沦为了文秘。

还有一种不好的总监则是歧视汉语“强奸”汉语，所以 4A 的文案盛产又土又洋又串了味的汉语夹生饭。没有人不承认广告是沟通——可没有共同语言就没有沟通，可以说中国的 4A 这么多年来只是做了所谓的广告，却从来没有和中国的市场真正沟通。

没有人会记得孙大伟和许舜英之前的港台广告——那同样是不懂港台语言的老外总监干的！

只有 4A 的文秘们成长为真正的文案，4A 才真正能在中国本土创造广告文化。

文秘的工作是写出正确的词，而文案的工作是要给这些词谱上风格、节奏、旋律，供人吟唱——进而流传！

如果你是一个以 4A 自诩挟洋自重的文案，如果你是一个 4A 的所谓高级文案而实际写作水平只是中级文秘的文案，我不会与你理论，因为我们的语言不通，因为我知道在语言不通的时候最好的语言是——闭嘴！

十 懂？

“没有任何一个客户，会买他自己都没兴趣，或是看不懂的广告。”——李奥·贝纳

一句“看不懂”，封杀了无数好创意、好设计、好文案，让无数平庸的广告人理直气壮地平庸下去！

其实，好文案不一定要懂，世界上没有任何一个国家的广告法有这样的规定。

一个好文案从不会只把文字看作单纯的信息，文字不仅是文字，它同时是音乐、是油画、是雕塑、是舞蹈。

人是感性的，音乐、油画和雕塑是没有明确的“懂”或者“不懂”的，大脑搞不懂的，小脑、耳朵、眼睛可能会懂；广告人非得要说清楚搞得懂的，消费者也许并不想也没必要懂。

没几个人懂范思哲的时装为什么代表着时尚，但这不妨碍人们把它当作时尚购买；没有几个广告人真正懂得芝华士那似是而非的调调，但这不妨碍大家在公司或者酒吧里“很懂地”谈论

它赞美它。

非要搞懂许舜英自言自语的广告人充其量买几本《大量流出》，未必懂得中兴百货广告的消费者才是让利润上升的关键。

文字的功能不只是用来营造那些大脑懂、逻辑通、道理明的信息。文案不一定要懂！文字更要来制造感觉、气息、色彩、味道、疼痛——鼻子能懂舌头能懂皮肤能懂心灵能懂的数不胜数的看不见的东西。

许多做了几天或几年广告的广告人除了大脑还活着，身上的两百万个感觉细胞全死掉了，只能写那种从大脑到大脑，除了能“懂”就什么也没有的文案，还自以为掌握了广告真理呢！

消费者是充满七情六欲的活生生的人，而不是一堆理性的脑细胞。就像李奥·贝纳另一句话所说的：“如果你无法将自己当成消费者，那么你根本就不该进入广告这一行。”他的上一句话则是扯淡的！

你怎么写着　就怎么活着

十一　故事

没有故事的人生 = 没有情节的电影

没有故事的文字 = 只有性交的恋爱

无论何种语言，叙事都是它的最主要功能。语言因叙事而展现出无限的趣味性、丰富性、可能性，于是有了散文、戏剧、小说、诗歌。失去叙事的语言就失去了故事，缺少故事性的广告乏味得近乎丑陋。

这是个故事失语的年代，广告人生活得越来越故事，广告却离故事越来越远。这是个盛产结尾的年代，我们拥有无数个重复的结尾，却失落了故事应有的情节和细节。

广告，让语言和文字的功能沦为低下。多少年来，我们的广告文案只剩下了介绍性、信息性、形容性的低级功能，只剩下了对语言和文字的生硬叫卖和叫卖的重复。

广告文案要像故事一样有趣味性，吸引人，要激起看的人的好奇、关心、感动和认同。这其实是一个古老的法则，还记得大卫·奥格威著名的衬衣广告吗？大卫·奥格威除了给原有的模特戴上一个眼罩什么也没做，他只是给模特增加了一段神秘的经历、给大家重新演绎了一个故事而已，而产品的命运因为故事的不同而彻底改变。

也许我们不是不想讲故事，而是越来越不善于讲故事。威驰的电视广告浪费了五分钟讲了一个并不精彩的故事。我们可以原谅一个电影导演不太擅长拍广告片，却不能原谅提供这个脚本的广告人没有把故事讲好。

文字和语言不能因广告而失去叙事性。广告文案不能只是文字和语言的低级运用和垃圾化写作。每个产品都有属于它自己的故事。每个故事都失落于广告文字之外。

文案有时就是讲故事。写文案就是要找回广告文字背后失落的故事。广告人——每天都要和故事恋爱。

十二 眼睛 耳朵

现在再回到具体的语法上来。

把线上的文案分为两种：

一是眼睛的，阅读性的——如报广文案

二是耳朵的，听觉性的——如影视文案

由于两种文案和人交流的方式不同，

所以它的写作方法和呈现结果最终也是不同的。

可惜的是，两者经常被搞错位。

于是，出现了“理太白”——

以平白如水的大白话为荣的报广文案。

于是，出现了“陈白露”——

以陈旧直露的书面文为傲的影视文案。

由于搞不懂两者或把两者搞混，

就出现了让眼睛听让耳朵看的残疾性写作。

于是，就出现了房地产文案不会写广播和影视，

4A 文案不会写报广和 DM 的中国现象。

举两个例子吧：

许舜英也是分不清的，

她的许多非平面文案（包括获奖的广播文案），

是只适合看和读的，不是说和听的，

只不过她是许舜英，

所以大家就把残疾当作了风格。

当然，好的影视文案不仅是纯听觉性的，

而是“视听性”的，这里就不进一步探讨了。

有一点要说的是，

影视的文案是更具性别的，

因为在看一则广告片的时候，

男人是更注重看的，女人是更注重听的。

（这可不是我说的，早有调查）

总之，一个好的文案是要耳朵、眼睛等五感兼顾的，

因为你不是许舜英，

就算是，你有风格也会被人当作残疾的！

十三 点 行 段

再说说第一种文案——阅读性的。
怎么进入和结构一篇报广文案呢?

可以顺生——先有标题后有内文，过程是解析或例证式的。
也可以逆产——先有内文后有标题，过程是推导或衍化式的。
当然，也可以剖腹产，
从自己最有感觉的部位动刀，上下其手。
都说剖腹产的孩子聪明，可手段不高——会死人的。

但无论怎样，一篇报广都是点和点的点式组合——
一个（有时是多个）诉求点和多个支持点或利益点的组合。

一点就是一行。
一行就是一段。

一个点相当于一个穴位，打通小周天的应该是气，
是肉眼看不到的文字的风格、语感、调性等，
而不是那些起承转合的关联词，

表面上看起来是缺少词义或句法上的关联的，
否则，文案就有点静脉曲张了。

对于高手来说，
只要有很强的文字感和报广的形式感，
就怎么写怎么是。

对于那些自认为是高手的伪高手来说，
就需要打封闭针了，
那就是老老实实一个点一个点一个穴位一个穴位地来，
然后寻求统一、结构和主次，
如果你的文案老被伙伴说写飘了写飞了——
这里说的也就是你了！

上面所说的诉求点、支持点、利益点也可以是感觉点和意趣点，
因为不是所有的报广都要诉求功能的，
要说的或许不同，但方法并不太多。

当然，也有一些意识流、后现代、后后现代，
或以自己的姓氏为风格的文案方法，
可以横冲直撞、逆行经脉、穴位倒转，
所谓“盗”亦有“道”，
但如果你没有欧阳锋的功力和勇气，

就不要装疯卖癫。

文无定法须有法。

但任何法则和禁律都只是为庸人设立。

其实每一个文案大师的诞生，

都会有一堆语法的老规矩伴随着倒下去。

十四 标题？出题？

写标题？！有时就是出题目。

写内文就是破题、解题。

标题常常说的是结果——

是“有问题”的结果，

即能让看到的人产生疑问。

内文常常说的是原因，

但须是“有结果”的原因，

即提出问题的解决办法。

如：

标题：“我改变不了我丈夫”

是结果，是现状。

内文：“他总是爱乱扔东西”

是原因，是前史。

（这段内文被聪明地省略了，因为画面上的衣柜让人联想到了）

“花 ×× 元（买一个衣柜），收拾他！”

是解决办法，是内文对标题的回答。

写标题的难处在于你说出结果的同时又要激起人的好奇，
而通常人们对结果是没有兴趣的，
这就要有写标题的方法，也就是说：
要把你说的结果变成消费者的问题。

有一条必须注意的是，
切忌站在广告主和广告商的角度把广告目的直接说出来，
众多假大空的广告就由此而来。

前面的例子在写标题时就变换了说话的主体，
说话的不是广告主、广告商，
而是一个和你我一样为俗事烦恼的红尘男女。

越不容易回答的题目，越有可能是好标题。
写标题，就是在出难题，
更多的时候，它是广告人出给自己的。

十五 正 反 省略

标题就是出题目。

那么内文怎么破题呢?

1. 正破题:

用副标题、配文或内文首行语的形式对标题进行正面回答。

标题:“如果比尔·盖茨读完大四”

内文:“也许世界会多了一个合格的大学毕业生,少了一位首富”

内文说出了时机对一个人的重要性,继而嫁接到项目的投资性上去。

2. 反破题:以另外或相反的角度对标题进行回答。

标题:“10 个商人 9 个坏!”

内文:“商人,我做第 11 个”

标题是反着说的，而内文是正着说的。

更好的方法是用画面去破题，文字上进行省略。如汇仁肾宝的广告：

标题："嘿！哈！呦！喝！"
内文：完全省略了，一个字都没有。

单凭文字是找不到二者联系的，看了画面才能明白！画面是一把剑——后海边老人们晨练用的剑！明白了吗？

这种做法首先要有好的创意，还有文案和设计的完美配合，我们常听到设计抱怨文案不好，其实，一支稿子的文案是设计和文案一起完成的，只不过设计是用画面来写的！反过来，一个好文案也应该有画面感，文案也在做设计，且是用文字来做的！如果你的同伴已经做到了，一支稿子出来还是很烂！那就请你好好想想——很烂的是不是自己！

十六 不准“看图说话”！

可以有完全没设计的广告！

也可以有完全没文案的广告！

如果这就是你要说的，那没什么不可以！

这里说的是多数情况下——

多数情况下还是存在文案和设计的配合问题。

文案和视觉表现是种怎样的关系呢？

应该说存在各种可能。

但有一点是可以肯定的，

那就是文案不应是视觉表现的解释、说明、总结，

反过来也一样，

否则就成了图解，成了看图说话。

文字和画面不应该是乾隆与和珅，

一方要向另一方取媚。

文案和设计也不应是乡间小鸡式的歌唱组合，

老要有一个固定的主唱。

二者的关系是二重唱，二重奏，

你要说是二人转也可以。

总之——

“文案 + 设计”要大于“文案” + “设计”！

举例来说吧：

“做女人挺好”

这是句不错的文案。

比较恶心的是——

它的画面居然是让一个女人在那里硬“挺”着。这种看图说话式的广告真是比比皆是。

说实话——

看到这句文案我脑子里浮现的是巴西“DM9”的一个胸罩广告的画面：“DM9”把女人的胸变成了眼睛，画面呈现的是胸部的主观视角，即透过胸罩的薄纱看到的是一个男人兴奋而又惊奇的反应。

仔细想想，这二者的广告要说的其实没什么不同，效果却肯定不同，不仅如此，后者还说出了胸罩的透气性和观赏性。

再举一个例子：

让我们反过来，先说画面，再看文案。“iMac”（苹果电脑的一种）的上市广告：俯拍镜头下，几种不同颜色的 iMac，看起来就像一粒粒漂亮的糖果。我当时的英国总监告诉我，这种颜色和形状的糖果是许多欧美人儿时的记忆！

让我们先看看按照看图说话的方式文案怎样写：

1. 全新上市！——不是糖果，是苹果！

2. 瞧！不是糖？！

3. 惊艳！——不是你所想的！（这句同时也是苹果电脑“不同凡想”这个广告语的延伸）

好一点的，也许会是：

1. 想起来了吗？！

2. 小时候你们就见过！

这些都有些看图说话，都不是最好的！

让我们看看英文标题是怎样写的——

只有一个象声词：Yum！

相当于中文里看到想吃的东西时发出的那声“啧”！

这同时也是双关的！

画面说过的，文案就甭废话了！

文案说过的，画面就省省吧！

但这不是说画面和文案不需要关联，

而是同一个东西，
文案和设计要从不同的角度去说。

“DM9”的画面表现就变人的客观角度为物的主观角度。“iMac”反过来，画面是对物的客观表现，文案则是从看到广告的人的主观角度来写的。这些道理同样适用于影视广告文案中。

再说一遍，写广告文案不是冷眼旁观的解释、说明、总结，如果你不能，建议你最好改行去《×周刊》或《××画报》做记者。

十七 文案不等于策略

文案是一个最经常被侵犯的职业。
客户总监、策略总监乃至刚毕业的 AE，
都认为自己会写文案。
文案不是定位。
文案不是方向。
文案不是策略。
我们常常用“说什么”混淆了“怎么说”。

如：
某洗衣机的定位是“第一代智能化”洗衣机。我们通常的文案是直接把这个策略性的定位语当作报广的标题。于是，就会出现下面这样的恶性循环：

你说自己“第二代”，我就说自己“第三、第四代”，你标榜自己“智能”，那么我就说自己“超智能”——这是广告文案最低层次的竞争，因为比来比去比的是谁声音大，说来说去都是广告主和广告人一厢情愿地自说自话。

我们忘记了：说清楚的未必是记得住的，记得住的未必是有兴趣的。

我的标题可能是这样的：

别打她的主意

别动她的脑筋

——因为她自己是有主意有脑筋的！

当然，这未必是最好的做法，一个产品的广告还需考虑到它的品牌和延续问题，这里只是举一个例子，告诉大家文案和策略的不同。

作为一名文案，要敢于对客户部人员对你的专业侵犯大声说不！如果你不能，不如直接调到客户部去做策略人员。

那一年&许文强他弟

十八　假 大 空

“假、大、空”一直是本土文案的一大通病。

文案是过程，不是结果。
文案是事实，不是结论。
文案是说服，不是强暴。

这种结论式的假大空的文案在我们的媒体上比比皆是。这种出自广告主和广告人一厢情愿的强暴几乎成了本土文案的主旋律。

其实，从技术上说，这类文案的通病是把结果和过程、事实和结论本末倒置了。

举几个例子：

（一）

说一瓶纯净水“超级纯净”，不如说它“27层净化”，前者是结果，后者是过程，显然是后者更有说服力。

（二）

告诉大家“最长的轿车”这一结论，不如摆出“比普通车长一倍”

这个事实。

文案的假大空归根结底是所诉所求找不到有力的支持。其实也不是没有，而是我们的文案们把秩序搞错了。

十九　文案是常识

就内容来说，文案大部分时候要说的东西是专业性很强的。就诉求来讲，文案要诉求的应该是人们的生活常识。也就是说，文案的一个主要职责是把产品专业化的信息常识化。

例如：

（一）

用上千字的文案去讲述一部汽车采用了怎样的新技术从而降低了噪音，不如像奥格威那样——说它在行车时可以听得到表的声音——更让人记得住。

诉求点其实没有变，奥格威利用的是“只有在极静的环境下，才能听得到表针的走动声”这一生活常识。

（二）

强迫消费者记住“18.3%的建筑密度”这个枯燥而专业的数据，不如把“只允许五分之一的地面生长房子”这一常识普及给消费者，二者比起来，哪个更有说服力呢？

把产品的专业信息变成生活常识，需要广告人挖掘自己的生活常识。许多文案要补的不是专业课，而是生活常识这一必修课。

还是那句话：常识不一定要懂——脑袋不懂的，鼻子、耳朵、嘴巴、心灵也许会懂。

二十 数字 符号 乱码

文字和视觉之间有个中间地带。

1234567890、@&$% +> : ! , 等等——

我们把它们称作图形化的文字。

这类文字是汉语里原本没有的，但它们已通行于汉语的语境里，被我们长久地使用，我们仍可视它们为现代汉语的一部分。

在平面广告中我个人奉行图形化文字优先原则：

“1、2、3”优先，“首先、其次、最后”最好不用。

“10，000元大奖”优先，“一万元大奖”最好不用。

“黄&绿”优先，“黄和绿”最好不用。

这样做的原因是，图形化文字更简洁更直观更容易记忆。

比如：

同样的意思，从直观感受上来说，“10，000元大奖”就比“一万元大奖”让人感觉奖金更丰厚。当然，这也不是绝对的，“500,000,000元”就不如“5亿元”直观，因为“0”太多了，消费者就没有耐心数了，他的直观判断也许就缩水了。

这样做更重要的一个原因是：图形化的文字更有利于设计处理画面。文案不应该是个自私的专业。

二一 象形 形象

汉字最大的特点是象形，

汉字本身就是一个视觉形象。

一个好的文案不仅要深刻地理解所使用的语言，

更要从视觉上去看它，继而创造它。

在“女”字的“腋下”部位加了几根细线条——

这就是某除毛用品的广告的全部。

这则创意就充分利用了汉字的象形特点，并进行了再创造。所以，当你写下一个标题时，你不仅要用脑袋从字义上理解它，还要用嘴巴从音律上体会它，更要用眼睛从视觉上触摸它。

写文案是一项全身运动，请你不要只动手指头。

Marlboro

二二 今义 原义

每一种文字都有它的今义和原义。

在今义和原义之间，

流淌着漫长的历史，

隐没着无数的故事，

这也给我们的文字写作留下了创造的空间。

“周润发”

“黑泽明”——

某洗发水广告语，相同的文字不同的字义，

从而形成了不失幽默的创意。

再比如某公益电视广告：

一群人开枪乱射，室内麻雀羽毛乱飞，惨不忍睹。

广告目的是奉劝大家不要打麻将。

“打麻将”——“打麻雀”这个词的今义，

“开枪打麻雀”——“打麻雀”这个词的原义。

这个创意同样巧妙利用了一个词不同的含义。

我们应该感谢我们的母语。

我反对那种认为汉语不适合做创意的歪说，

其实，恰恰相反，

世界上没有一种语言像汉语这样博大精深。

罗丹说："生活里不是缺少美，而是缺少发现。"

汉语同理。

二三 品质 品字

说到品质感，大家首先想到的是设计。
文案就没有品质感吗？

设计的品质感常常被局限于物质的层面，
如图片的质量是否精良，
设计的处理是否精细等。

文案的品质感也常被局限于用词上，
如词语本身是否华丽，
表达的内容是否优雅等。

其实，品质感是个总和。
对文案来说，用词习惯、造句方法，
表述方式、说话角度、审美态度以及
看不到的音律节奏
和文字承载的思想感受等一切的一切，
都在潜移默化地影响着文案的品质感。

文案的品质感来自品字。

品字的意思不只是说写文案的过程，

更是指审美的结果，

也就是说你的文案要经得起读的人反复品味。

只是巧妙地说出产品卖点的文案，

也许是有创意的，但未必是有品质的。

品质是有时间性的。

真正有品质的文案或许会比广告本身的寿命更长些！

芝华士的文案就做到了这一点。

所以，你的文案作品除了要实现广告的功能外，

还要有额外的美学价值，

只有这样才不会让它随着时间的流逝而变“质”。

你的文案最终要通过被反复的“品字”而获得真正的“品质”！

二四 再谈字 词 句

字、词、句作为文字的使用单位是相对的。
字、词、句在不同的使用情境下可以相互转化，
这是汉语独有的特点。

比如：
“道路”是一个词。
可以把它拆成“道”“路”两个不同的字。
如果在中间加上句号，则又变成了“道。”“路。”两个短句。
反过来，句就变成了词，词就变成了字。
究竟怎样来使用，要视具体的需要而变化。

如果这是一页介绍某社区交通系统的楼书，
那么“道。路”就可以在标题中当作短句来使用。
“道”“路”适合在分标题里当作字来使用，
如用“道”来统领人行交通的说明，
用“路”来统领车行路线的介绍。
“道路”则可以在内文里当作词使用。

所以，在你决定使用一个词时，

可以先把它解构、拆开，

或字、或词、或句，

要根据自己的需要来使用。

这样的做法你并不陌生——

如果你小时候玩过积木游戏的话。

二五 语速 语流 语韵

语速、语流，是一个广告文案个性风格的隐性标记。

古文中的韵文、半韵文，字里行间讲究抑扬顿挫，用给语速语流上一套枷锁的方式，换得了所谓的语言韵味。

许舜英的意义是：重新释放了语流语速！许舜英的文案成功模仿了一个神经质高知女性的语流语速，从而形成了独特的许氏语韵。读许氏的文案有一种文字失控、语言崩溃、跌跌荡荡、横冲直撞、语流语速彻底得到解放的生理快感。

许舜英的长语流、快语速完全解脱了古代汉语（甚至现代汉语）加之于文字的人为束缚。于是，有许多文案开始不顾一切地模仿许舜英的语流语速方式。

其实，语流和语速不仅是十分个人的，更要视具体的广告情境而定。我们常常赞赏左岸咖啡馆文案的语言韵味，却忽略了韵味来自哪里。左岸咖啡馆的文案模仿了咖啡馆里两人倾谈时的语流语速，与许舜英的方式正好相反——语流时长时短，语速娓娓流动。

格律限制了语流语速，但也不能一概否定。

一次嗅觉沿着原木瓶塞探寻生命真味的酒香之旅
一场心灵踏着葡萄根须回归生活原义的动情发现
一段珍藏于橡木桶深处发酵并美妙着的人生体验
一种凝结于高脚杯边缘沸腾并高迈着的香槟情怀

这段文案在句式上基本保留了“韵文”的一些特征，如对仗、重复等，但在语流语速上却是现代的，有一种急迫感和膨胀感。

模仿别人永远不能让你成为一个真正的好文案。

上面说过：语速、语流是非常个人的。每个人和产品都有自己独有的语速、语流习惯，发现它并把它运用到文案写作中去，是建立你的文案个人风格的第一步。

二六 语气

我们的许多广告看上去太假！
原因在于语气失真。
失真的表现主要有两种。

（一）
语气助词使用得太多太滥，
不该“助”的地方硬要“助”，
应该“助”的地方拼命地“助”，
搞得我们的广告像是练“气”功。

（二）
过于夸张地使用语气助词，
电视广告就拿腔撇调甚至加上音效，
平面广告就加大字号或进行特殊的图形处理，
奇怪的是这些手段几乎被大家视作公理。

广告允许适度夸张，
但是所有艺术的夸张都应源于生活。
极度夸张风格的广告不妨使用极度夸张的语气，
问题是我们不论什么风格的广告都把语气夸张到底！

二七 语调

我们的广告常常失之于高调。

这是因为广告主和广告人把听众的个数搞错了。

固然，我们的每一个广告都要针对百万甚至千万人。

但大部分情况下，无论是电视、海报、DM，还是报纸，

受众在实际观赏或阅读它时都只是一个人或顶多几个人。

所以，不妨把我们的语调多降几个八度，

让它恢复到面对一个或几个人时的正常高度。

不要把自己当成面向成千上万人的高音喇叭，

或像主席台上的领导宣讲命令那样讲话。

广告的内容难免会有些夸张。

广告的真实感不是来自内容，

而是语气、语调、语态这些细节。

二八 语态

这里要说的是语言的时态问题。

我们大多数广告的语态都是“将来进行时”

——这是广告主的语态。

或者是“正在进行时”

——这是广告公司的语态。

无论站在上面哪种时态，

都表明了你和消费者一样还没有使用过这种产品，

这样就缺少说服力了。

卖洗发水，

你要站在自己已经连续使用它一个月的时态来说话。

卖期房，

你要站在三年后这里已经住满人的时态来说话。

个人认为：

做广告要多用“过去进行时”来说话。

说话时态给人的感受是很隐蔽很微妙的，

但它在感觉上给人的影响却是真实具体的。

二九 零语气 零语调 零语态

这里的语态是指说话的态度。

零语气，不是没有语气。
零语调，不是不讲语调。
零语态，也不是放弃态度。

零度的文案写作是在写作一种距离，
即说话内容与说话语气、语调、语态之间的距离，
二者之间的距离越大，文字所蕴含的内在张力越大。

零度文案的奥秘在于——
它在阅读过程上与消费者保持了同“调性”。
因为，任何消费者在接触一个产品的广告时，
多少都是有所防备和漠不关心的，
至于“惊喜”“心动”之类的感受都是广告方强加的。

使用和消费者同步的语气、语调和语态，
更利于消费者解除戒备、进入阅读，

从而达到我们的广告目的。

要知道，在现代的文案写作中，冷漠也是一种沟通。

我们的文案常常因煽情而变得矫情，

写的人全情投入，看的人不痛不痒。

零度写作恰好要反过来——

写的人要尽量显得无动于衷，

看的人则要留下很深的触动。

正因为如此，它要求写的人更动情、更用心，

但在表达上要保持一种客观、理性和近于冷漠的调性，

否则，零度写作的效果可能真的会是“零”。

芝华士算得上零度写作的经典，

下面选一段大家熟悉的文案。

因为我已经认识了你一生

因为一辆红色的 RUDGE 自行车曾经使我成为街上最幸福的男孩

因为你允许我在草坪上玩蟋蟀

因为你的支票本在我的支持下总是很忙碌

因为我们的房子里总是充满书和笑声

因为你付出无数个星期六的早晨来看一个小男孩玩橄榄球

因为你坐在桌前工作而我躺在床上睡觉的无数个夜晚

因为你从不谈论鸟类和蜜蜂来使我难堪

因为我知道你的皮夹中有一张褪了色的关于我获得奖学金的剪报

因为你总是让我把鞋跟擦得和鞋尖一样亮

因为你已经 38 次记住了我的生日，甚至比 38 次更多

因为我们见面时你依然拥抱我

因为你依然为妈妈买花

因为你有比实际年龄更多的白发，

而我知道是谁帮助它们生长出来

因为你是一位了不起的爷爷

因为你让我的妻子感到她是这个家庭的一员

因为我上一次请你吃饭时你还是想去麦当劳

因为在我需要时，你总会在我的身边

因为你允许我犯自己的错误，

而从没有一次说“让我告诉你怎么做”

因为你依然假装只在阅读时才需要眼镜

因为我没有像我应该的那样经常说“谢谢你”

因为今天是父亲节

因为假如你不值得送 CHIVAS REGAL 这样的礼物

还有谁值得

——美国著名撰稿人 David Abbott 为 CHIVAS REGAL（芝华士）而写

耿

三十 断裂 错位 反逻辑

一句文案要有基本的逻辑。

但消费者要看的是文案的内容而不是文案的逻辑。

说得再绝对一点，文案的感染力最重要，

哪怕它在逻辑上不那么通顺。

“just do it！”其实很无厘头。

要做什么?

为什么要做?

恐怕没人能回答!

但这不妨碍年轻人把它当作口头禅来说，来传播。

你可以把一句文案按照正常的逻辑先写下来，

但在写完后，你还要反掉它的逻辑，

然后让词语或段落之间断裂、错位、省略等，

来探求怎样才能让它更有感染力。

“向那些亵渎了年轻人生活的流行主义说不！”

——这是个基本的逻辑句，但不是个好标题。

下面我们来加工一下：

1. 先反一下逻辑。

 把“那些亵渎了年轻人生活的流行主义”这个正常逻辑的词组改成一个被动逻辑的被字句——

 “被那些流行主义亵渎了的年轻人的生活”

2. 该省略的省略。

 先省略掉副词“那些”，再用借代的修辞手法来省略其他的词。用“主义”来借代“流行主义”，用“青春”来借代“年轻人的生活”。于是就有了这句话——

 “被主义亵渎的青春”

3. 断裂一下。

 把“向”字这个重要的连接词也拿掉吧。于是那个基本的逻辑句就被断成了两个小短句——

 “被主义亵渎的青春”和“说不”。

4. 错一下。

 错一下语位，把原本放在句子最后的“说不”错到最前面来。于是就成了——

 “说不”和“被主义亵渎的青春”。

5. 粘一下。

 现在秩序有了，但仍是两个断裂很大的短句。那就在它们之间加个“：”，这样就连成一句了——

 说不：被主义亵渎的青春！

6. 最后润色一下。

“说不”的词感稍硬，改成“说 NO”会好些，另外设计在排字时能多点变化。于是，一个最终的标题形成了——

说 NO：被主义亵渎的青春！

最后提醒我们的文案一句：

逻辑通顺只是对三年级作文的要求，

一句好文案还需要更多道工序。

三一 多调性 多语态 多角度

上面所说的对单句文案的要求同样也适用于整篇文案。广告文案不是作论文，没必要那么书面逻辑，严丝合缝！

那么一篇文案中的标题、副标题、内文、配文及硬信息点应该是什么关系呢？

美林·香槟小镇“7宗醉”系列报广之2宗醉/嫉妒

文案大致分3部分：

1. 标题：说起温榆河/ Townhouse 的心不由得嫉妒了

2. 内文：

“10年，终于交到一个不一样的朋友。”别墅说。

“30个10年，我等了300年。”温榆河说。

“如果，如果一切可以重来！”Townhouse 的爸爸说。

3. 功能点：

天竺核心，温榆河畔，第一代高尚别墅区。区域内十数个别墅项目，40个国家、地区约5000人已经落户，其中1/2为外国人士。

如果按照常规的文案作业，那么第 2、3 部分可能就会合并，然后抓住“嫉妒”这个词，列出嫉妒之一、嫉妒之二、嫉妒之三之类的分标题，然后把相应的功能点缀在分标题的下面就交工了，这样的文案逻辑正确、层次清楚，但远算不上精彩，其实是文案的一种自我刻意。

我们再来看这 3 个部分：第 1 部分是一句客观角度的“说话”，第 3 部分则是客观角度的“叙述”，说话是感性的、口语的，叙述是理性的、书面语的，两者的文字调性是完全不同的。

第 2 部分则完全进入了主观视角，把建筑与河拟人化，并让他们直接说话并表达自己的态度，和另两部分相比，文字的调性、语态、角度发生了很大的变化。

尤其值得注意的是，这 3 部分之间没有表面的、直接的、逻辑上的联系。

我们常常过于注重广告文体的逻辑性而忽略了它的跳跃性。有时候，文案各部分之间适当的断裂、错位，会让广告的内部空间扩大充盈起来。

广告文案拥有和所有文体一样的表达自由。许多文案只能用一种调性、一种语态、一种角度写文案，那是因为还没找到方法。

三二 拼音 键盘 输入法

象形到拼音——

手写到拼音输入——

传统的汉语语法在无形中被动摇。

网络和短信息的出现更把拼音输入法的作用发挥到了极致，

使它从显示屏上的黑体字成了现实中一门通用的语言。

网络语言有什么语法特征呢？

——私人化、儿童化、省略化、俚语化等，

千变万化都离不了“拼音”这个宗，

只从语法的角度看，

网络语言的最大特征是“拼音化”。

“555”——“呜呜呜”

“斑竹”——“版主”

“YY”——“衣衣”——“衣服”

“PP”——“屁屁”——“屁股”

与传统汉语中的“通假字”不同，

网络语言的“谐音”和广告文案中的“谐音”，
都是自觉性的语法手段，
目的在于增加语言的趣味性和传播性，
当然，广告文案还要追求让人记住！

反过来，广告文案的写作在象形化思维方式的基础上，
不妨多一些拼音化思维。
网络语言消解了传统的汉语，
但对于做广告的人来说并非一无是处。

常有新丁们问我怎样才能做一个合格的广告文案，
有一个方法非常简单，
那就是找一个 BBS，
立帖子就是在考验你写标题，
点击率和回复率就可以检验你文案的注目率和到达率，
如果你不能在短时间内把这个帖子炒热，
那你就在求职表上多填几个就业意向吧！

三三 正确 错误 菜鸟

继续说说网络语言：

网络语言最值得广告人借鉴的是

——反僵化的语法精神！

一种法则正确得太久，

也就成为一种牢固的错误了。

做绝对正确的广告，

可正确的定义是不停变换的。

广告语法的真正敌人只有一个——

僵化。

让我们的广告文字多一些有益的错误吧！

让我们的汉语语法多一些将错就错的勇气吧！

最关键的是：让我们的写作心态多些轻松和随意吧！

中国文人有一个顽固的遗传病症，

那就是一面对文字就紧张，就较劲，就口是心非，

这都是科举制度闹的，

文字关乎功名，文字关乎钱财，文字关乎性命！

对于做广告的人来说，
文案关乎案子跑单，
文案关乎老板赚钱，
文案关乎同事好恶，
抱着这样功利的文字态度，
我们的文案怎么能轻松起来？
我们的广告又怎么能和消费者交流起来？

网络语言的好处就是它改变了写作者的功利心态，
文字重新成为一种民间语言，
回到它口头传播时代的原生状态。
其实，就网络语言的实质来说，
它给我们语言环境带来的坏处也许多于好处，
但，它自由散漫的文字精神和无知无畏的语法态度，
是值得我们借鉴的。

至于非要正确不可和除了正确不能的文案，
有一个网络词语最适合他们——
菜鸟！

三四 语感 语境

什么是语感?

什么是语境?

这里不想做玄而又玄的概念探讨,

简单地说吧——

所谓语感、语境,就是文字看不到的那部分。

再看一遍这段文案:

一次嗅觉沿着原木瓶塞探寻生命真味的酒香之旅

一场心灵踏着葡萄根须回归生活原义的动情发现

一段珍藏于橡木桶深处发酵并美妙着的人生体验

一种凝结于高脚杯边缘沸腾并高远着的香槟情怀

一位朋友建议这样改:

嗅觉,沿着原木瓶塞探寻生命真味

心灵,踏着葡萄根须回归生活原义

在橡木桶深处,发酵着人生体验

于高脚杯边缘,沸腾着香槟情怀

这位朋友的建议是出自简洁的原则，
这样改固然达到了目的，
但两段文字带给人的情绪、感受、联想，
完全不一样了，
也就是说文字看得见的部分基本未变，
但文字看不见的那部分——
语感和语境完全丧失了。

唐代诗人贾岛的“推”“敲”二字，
从语义上来说是差不多的，
从语感、语境上来说却是大有分别的，
否则贾岛也不会“吟安一个字，捻断数茎须”！

字的存在有两部分：
一部分是看得见的，还有一部分是看不见的；
一部分是有形的，一部分是无形的。
任何高级写作的目的——
都要用文字看得见的那部分写出，

并让人读到文字看不到的那部分，
而不是相反。

那么怎么才能掌握文案的语感和语境呢？
对文字的天赋固然重要，
但也不要忘了向古人贾岛学习：
推——敲、推——敲、再推敲！

三五 科学 艺术 娱乐

广告对奥格威来说是科学。
广告对路易斯来说是艺术。
但广告对大多数人来说是强迫，是垃圾，是浪费。

我认为娱乐是广告文案的基本道德。
无论是科学的广告还是艺术的广告，
能娱乐大家才是道德的广告。

如果把广告的其他部分比作一个包袱，
那么文案则是一个叫“抖”的动作，
再好的“包袱”也需要“抖”出来，
否则创意、设计、影像统统成了闷葫芦。

一则精彩的广告未必是因为文案的精彩。
一则枯燥的广告肯定是因为文案的枯燥。
我深信仓颉造字是因为寂寞，
自我娱乐是汉字埋藏在音义韵律背后的本初欲望。

发现汉语的娱乐性并用汉语为广告创造娱乐，
是一个好文案的最大娱乐。

三六 内地式 港式 台式

汉语的变异和分化无处不在，

即使一张小小的盗版光盘上也找得到蛛丝马迹。

波兰斯基的一部电影——

内地式的译法叫作《苦月亮》，

台式的译法则叫作《钥匙孔的爱》，

两种不同的翻译方法，

其实诠释了不同的生活语境和汉语状态。

《苦月亮》只是一个简单的直译，

除了正确还是正确。

《钥匙孔的爱》则是一种台式本土化的演绎，

是八卦体的神译。

我常常奇怪任何文化产品进入港台都能很创造性地被本土化，

为什么港台总监们来到内地却冥顽不化地港台化。

再看看基耶斯洛夫斯基那两部著名的短片——

内地式译名叫作《关于杀人的短片》《关于爱情的短片》

港式译名叫作《教我如何去杀他》《教我如何去爱他》

台式译名叫作《杀诫》《情诫》

就翻译而言，内地的译法只做到了清楚正确，除此之外什么也没有，这也是内地文案的最大弊病。

港式译名最煽情，容易激发人的兴趣，但却忽略了香港之外的受众，一名香港的文化人接受这个名字没问题，但作为一名内地文化人的我看到这个名字（再加上港式的封面）时却怀疑这是一部暴力艳情的分级电影，从而差点错过了，这也是香港到内地来的广告人一直没有克服掉的问题，因为无论他们使用了怎样的汉字，他们潜意识中的读者和听众都始终是香港市民。

再看看台式译名——应该说“五四”后的白话汉语精神在内地被迫中断，但在台湾得到了部分保存，台式译名最忠于文化人的品位，但过于书面语，肯定不如港式译名更有市场。

现在的大中华区在逐渐成为一个统一的市场。
汉语却滞后于这个现实继续分化着。
也许我们无法也无须创造一个适合整个大中华区的汉语语言，

但我们首先要有一个大中华区的语境意识，
至少如果你的主要市场是在内地的话，
你就不要用你的方言去强迫它。

文字的汉语，被分为繁体字和简体字。
口语的汉语，被分别称作“方言”“普通话”。
这些都是我们不能忽略的，
我习惯在构思一段文案时，
先在脑子里用以上几个不同情境切换一下，然后再落笔。
试试吧，诗就是不同语境下丧失的东西，汉语也一样。

三七 如果有了脑电波

有人说：语言文字进入了衰落时代。

卫斯理曾经幻想过人类的这种状态：
通过无形的脑电波的直接交流，
就可以知道对方在想什么。

真的是这样的话，语言、文字是否就彻底消失了？
如果脑电波可以长久存储，
后人接收它也没有制式问题的话，
语言和文字确实就 over 了。
但脑电波可以被人类接纳的前提是：
它也具有文字性和语言性。
它必须像文字一样可以掩饰、欺骗、抒情、修辞。
否则，让每个人的所思所想全部且直接地暴露出来，
人类得到的不是真诚和友情，而是仇恨和战争。

爱情在于心心相通，但有了脑电波，
人人都可以心心相通，爱情肯定第一个绝种！

那么脑电波时代的广告该怎么做?

如果那时的媒体只是一张脑电波集成块,

监督部门该怎么监督?

如果脑电波可以被监督控制,那岂不是很可怕?

语言文字已成为人类生命本能的一部分。

即使有一天人类有了脑电波,

它也不得不按照语言文字既有的方式存在和思维。

语言和文字有可能变换它的形式,本能却永远不会消失。

爱情有些想家了

三八 亚文字 多元性 天书

至今为止，人类的文明史仍旧是一部文字史。

有人说——这是一个亚文字时代。

没有对白的电影越来越多。

没有文字的广告越来越多。

读图时代、设计时代、眼球时代，

文字传统的表达功能已越来越多地被视觉表达所替代，

无论是汉语还是别的语种，文字都面临了前所未有的困境。

这只是表面的看法。

应该说这是一个多元语言的融合时代。

文字走向图形化。

视觉越来越抽象化、文字化。

网络聊天和短信聊天的出现，

让文字更加语言化，

语言也更加文字化。

文字在被视觉语言、设计语言削弱的同时，

也在移形换位，也在侵略，也在扩张。

但也不得不承认——

在传统的语法领域，

文字遭受了暂时的贫困。

这让我想起了戏剧史上著名的“贫困戏剧”运动。

电影、电视的诞生让戏剧的表达陷入了贫困，

反而激发了戏剧的潜能。

文字的困境使文字更加接近文字的本质，

更臻于表达，更融于艺术。

发现文字的潜能和多元性，

是这个融合时代每个文字相关者的共同课题。

中国一位独立艺术家徐冰创造了震惊世界的《天书》，

在这项艺术实验里：

象形的汉字和字母的英文完美交融在一起，

书法艺术与图形艺术高度统一，

既是一个独立的视觉审美单元，

又承担着传统语言文字载情达意的功能，

一种新的文字，一种新的书法，

一种新的图形与一种新的语法，同时诞生。

文案不仅是文案，

在某种程度上，

你也应该是一位语言文字的实验艺术家。

下面引用的这段文字，
对于我们的广告文案写作有着极强的借鉴意义，
我建议做广告文案的人至少读三遍！

通常的文字是通过借意、表达及沟通来起作用的。而我的文字却是通过误导、混淆和阻碍来起着影响人们思维的作用。这些文字戴着面具，表里不一，行文间藏着埋伏，像经过了伪装。有时它们给你一个熟悉的脸，但又让你叫不出它们是谁。我总说，我的文字不是一个好用的字库，而是像电脑中的病毒，在人脑中起着作用。在可读又不可读的转换中，在概念的倒错中，固有习惯的思维模式被打乱，制造着连接与表达的障碍。在寻找新的依据和读解方式的过程中，思维的惰性受到挑战，从而打开思维中更多的从未触碰过的空间，找回那些已被淡漠了的思维及认知的原点。

三九 创意 创异 创义

创意不是偏正词组。

创意包含了两个同样重要的内容：

一是创造，二是意趣。

我们有一堆自以为很“创造”的作品，

却不够“有趣味”“有意思”。

创意要有“创异性”！

是不是重复了别人或自己的创意其实自己最知道！

“创异性”更重要的一点是：

不要重复我们司空见惯的生活！

有“创意”，够“创异”，是不够的，

好的广告还要有“创义”！

这就涉及一个汉语语境的问题——

以人类普遍情感为主题的艺术作品，

有可能跨越语言文字的藩篱，

以特定市场为目的的广告绝不可能脱离汉语，

一味“洋审美”的创意不是“创义”，

不是来自汉语土壤的利益打动永远不会有共鸣！

“创意”不难！

“创异”也不难！

而做一个真正引起市场共鸣，

进入人的心灵的“创义”才最最难！

因为许多广告人忘记了创意——

应该从理解每一个汉字开始。

纵观奥格威的广告，

我们只看到利益打动的创意，

而见不到心灵感动的创意，

那些把奥格威过分神化的人醒醒吧！

四十 省字

省略不必要的字是基本常识。

省略必要的字，而又能达意，

才是文案的基本功。

北京某德式楼盘的报广标题：

“从此，进入德国生活”

省略后为——“从此。德国”

语气变得更加有力坚决，

语义也变得丰富起来——

你可以理解成“从此地进入德国生活”，

也可以理解成“从此时进入德国生活”。

字的省略要给人一点陌生感，

一想之后才能明白。

比如一个日常用语：早九晚五

初听时稍有点不明白，

想一想，就知道是“早上九点上班，晚上五点下班”的意思。

仔细观察，

我们在日常生活用语中常有这种创造性的“省略”，

反而一落到电脑屏幕上就书面起来，
这是许多文案怎么也改不了的老毛病。

不要把字当作字，要把字当作语言。
文案的功课始终是生活，
省字的功夫其实就在你嘴边。

四一 加字

省字的目的是制造新鲜的语感，加字也一样。
“早九晚五”这个省略语，
初听有一定的新鲜感，
时间长了也就麻木了（这也是语言文字必然的发展规律），
那么再使用它的时候，
怎么才能再有点新意呢？
当然不能再省下去了，再省下去就不会有人明白了。

那就加一下试试——
既然“早九晚五”代表着“早上九点上班，晚上五点下班”，
那么我们没有正常作息时间的广告人该怎么形容呢？
“一群早九晚不五的文化工人”
多加了“不”字，语句就立刻鲜活了许多。

再比如：一个卖给大腕级人物的楼盘
可以称为——“巨擘天地”
但这么说出去，总是缺点什么，
这篇广告的文案是这样写的：
“巨擘，天与地”

多了一个“与”字，

就从那种广告常用的成语结构语法中跳了出来，

气势感也大不相同。

下面再看两个广告语：

“我就喜欢”——麦当劳

“我就喜欢某某家居”——某某家居

前一个广告语因省略了产品名，

而变得非常口语和富于个性；

后一个加上了产品名，

不仅不易传诵，而且庸俗化了。

加字比省字要求的技巧更高。

所以，当你加字后并没有达到你要的感觉时，

还不如把字拿掉，彻底不加！

四二 换字

“谐音字”是广告文案中最常使用的，

以至于许多人认为想文案就是想“谐音字”。

不幸的是，

内地颁布了新的法规，

要对广告中的“谐音字”加以限制。

“谐音字”只是技巧，不是职业，

希望那些以“谐”为天的文案注意了，

再不改“谐”归正，怕是真的要失业了。

现在回到技巧上来，举我自己的一个例子：

7宗zui

客户要求的是“7宗最”，

“最”字媒体可不让说！

我们借用“7宗罪”的典故来包装它，

也暗含了7种欲望，

美术执行的则是“7宗醉”，

表现了人物的7种醉态。

通过这个例子我们完成了两个游戏：

1. 和媒体的游戏。

巧妙逃避媒体不准使用“最”字的禁令。

2. 和读者的游戏。

把换字的权力还给读者，

只给出“zui”这个音，

至于是“最”、“醉”还是“罪”则由读者自选。

其实，在这则广告里，

“谐音字”已不仅仅是一个文案技巧了，

而是一种表现策略、创意方法和执行手段。

也正因为这样，许多人觉得这个广告有趣。

最后再说一个原则吧：

一则好的文案，

谐音字“谐”的永远不是“字”，

而是“趣”！

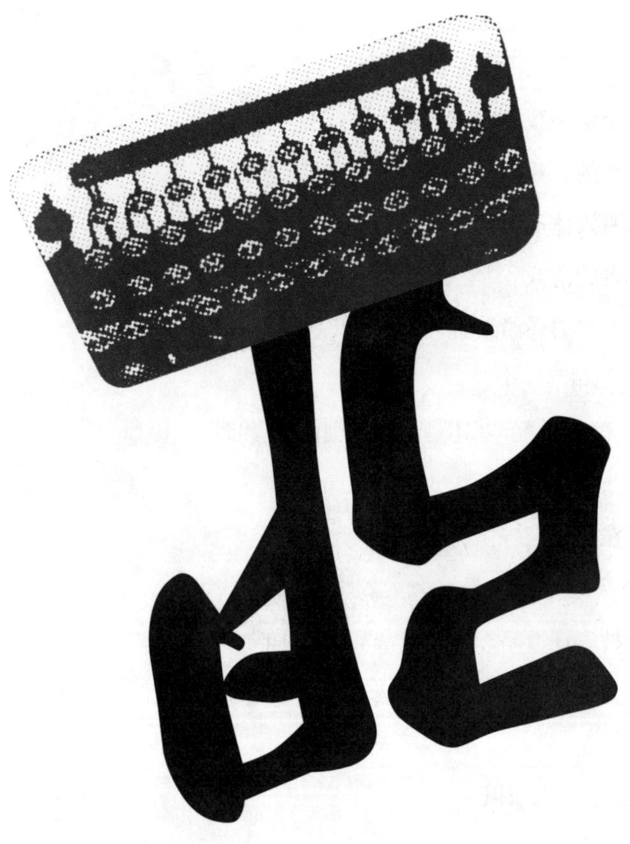

四三 偷字

偷字是指不对字进行加、减、换的处理，
却改变了它惯常理解的字义。

比如：做女人“挺”好！
“挺”在这里不是大家把它当作副词理解的那个字义，
而是形容词“挺翘”的意思。

再比如：
某地产广告——“这个户型错了”！
“错”在这里也不是错误的意思。
而是错层的意思。

偷字的要诀在于巧，不能生硬，
字要偷得人不知鬼不晓，
不落丝毫痕迹。

四四 错字

这里说的是故意错误地使用字，
以达到特定的文案目的，
而不是什么错别字。

如有个叫“水印长滩”的楼盘名，
“印”是“映”的通假字，
相当一部分通假字是古人的错别字，
这个案名不是要故意保留古代的错别字，
而是为了保留古代文字语言的那份古意。

再比如这则招聘广告：
标题：招闻案设技克服策画

这么多错别字为什么呢？
请看内文——

闻案

对美食的嗅觉没有对文字的嗅觉敏感

对美女的嗅觉也没有对文字的嗅觉敏感

对文字的嗅觉保持至高无上的天性敏感

——寻找患有重度文字敏感症的文案

设技

信奉一笔画图出神入化是一种技术

信奉捏橡皮泥栩栩如生也是一种技术

信奉拥有一技之长是永不落伍的生活必要

——寻找藏有独家秘技的设计

克服

克服香烟与争执轮番轰炸的会议

克服朝九晚九的非传统工作方式

克服一切能够克服的和不能够克服的

——寻找把克服作为自我修养的客服

策画

认为 PPT 上面每一个文字都具有优美的曲线

认为绘制一张表格的功夫不亚于一幅工笔淡彩

认为策划同样需要独特的审美

——寻找潜意识坚持完美主义的策划

由上面这个例子，我们可以知道，

错字的要领是：

只要你能自圆其说，字错得越荒谬越好！

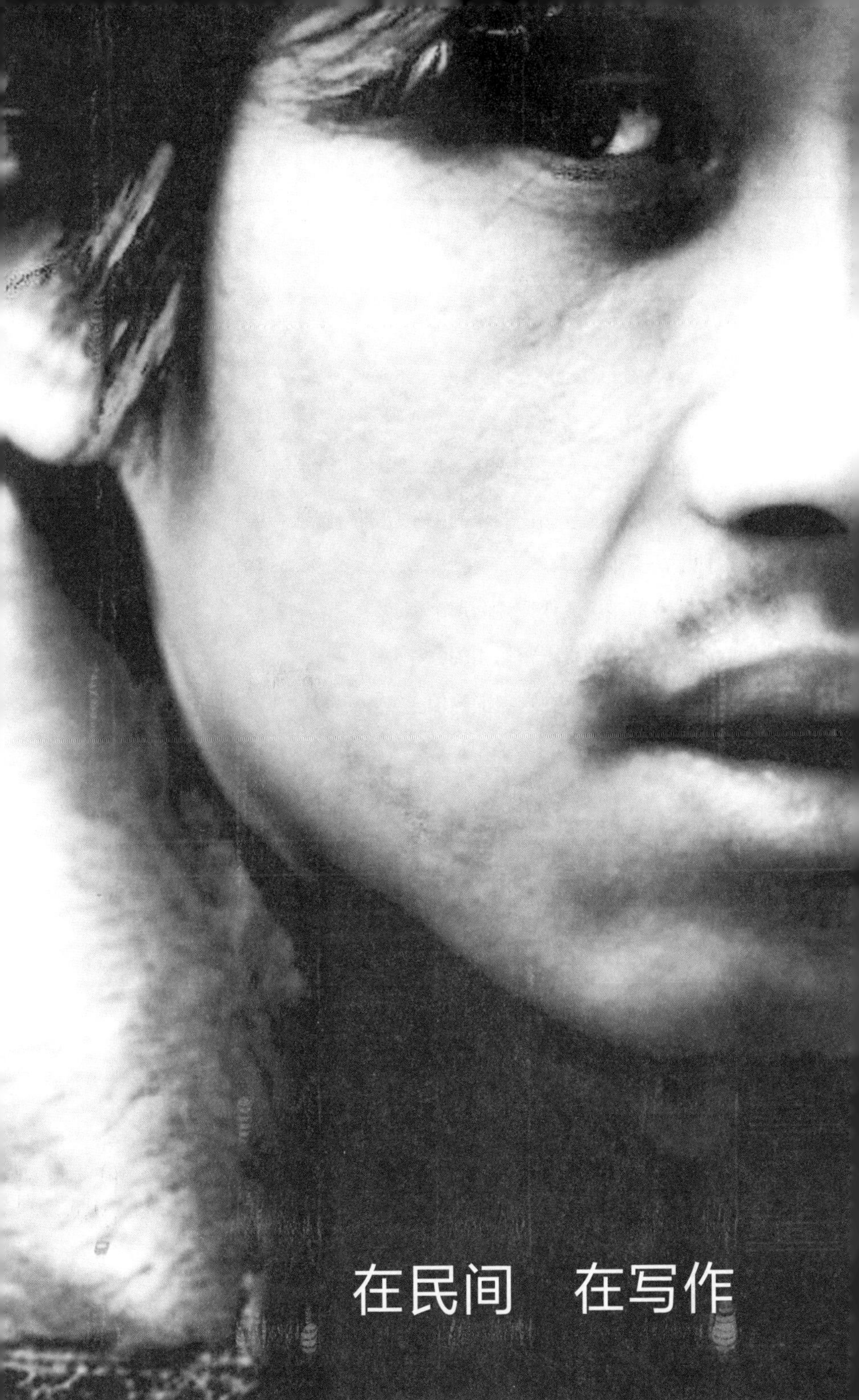
在民间　在写作

四五 词的性

在文言文和现代诗的创作中，
改变词性是一种常见的修辞手法，
目的在于达到一种阅读效果的陌生感和新鲜感。
这种手法不难掌握，
需要注意的是被改变词性的那个词，
要和你想表达的卖点密切相关，
许多文案新人容易在这点上跑偏。

“靓”出你自己
——形容词做动词
（被改变词性的是“靓”这个字，
而这也是这个洗发水产品要表达的使用效果。）

你家“伊利诺宜”了吗？
——名词做动词
（“伊利诺宜”是广告产品的品牌名。）

从此。“德国”
——名词做形容词

（这里的“德国”是指像德国一样的生活。）

所以，改变词性的关键不在于你怎么使用，
而在于你要找到你想表达的那个核心的“词”。
另外，词的存在态度和人有所不同，
每个词都有多个“性取向”，
做文案的人首先要接受这点，
千万别用人的道德观去束缚“词”。

四六 词的义

“把生命浪费在美好的事物上是值得的。”

这是茨威格的一句话，

被一个广告直接拿来用作广告语。

浪费是个贬义词，这里是当作褒义词用的。

前文提到的《7 宗醉》的文案，

更把贬词褒用当作一种创意结构形式。

反过来，褒义词也可以作为贬义词来使用。

记得有一则标题叫作“正义”的反征兵公益广告，

画面却是持枪的军人面对着一群中东的平民。

文案的任务，

就是把词从历史的禁锢中解放出来，

给它新的解释和赋予。

一个好的文案和一个艺术家一样，

应该对历史和社会的既定原则保有适当的叛逆。

四七 词的组

正常的语法中，
把词组合在一起是为了表达一个更完整的意思；
广告语法中，
词和词相遇是为了寻找一种关系，
寻找一种戏剧性。

1. 感官的戏剧性——通感

通感这个修辞格几乎被现代汉语遗忘了，
只有在现代诗的写作中还残留一二。
什么是通感呢？有很多书面的解释，
其实，简单点说，
就是打通各感官之间的感觉。

如：“春天的颜色是苦的”（某现代诗）
——颜色是视觉的，苦则是味觉的，
在这里，眼睛和鼻子戏剧性地扭合在一起。

再如：“风景是心灵的绿茶”（万科青青家园）

——风景是眼睛的，绿茶是嘴巴和鼻子的，

心灵则是既不能看又不能饮的，

在这个例子里，

眼睛和鼻子又一次戏剧性地相遇，

而且嘴巴和心还嫌不够热闹，也加入了进来。

通感有一些超自然的神秘意味，

写作的人首先要让自己的各个感官充分互通起来，

才有可能掌握它。

通感的标准是圆润和自然，

如果给人感觉生硬，

那就说明此感未通。

如某首现代诗中的一句——

“一只鹦鹉乌黑地笑了”

虽然也使用了通感的技巧，

但却走火入魔了。

2. 心理的戏剧性——陌生化

陌生化其实是在和读者玩一个心理游戏，

即让读者曾经熟悉的东西以陌生的面目出现，

理解之中，期待之外。

如：某旅游胜地广告语——

“松绑你的五情六欲”。

松绑后面惯常的连接应该是和身体相关的词，

这里连接的却是情欲，

试想如果换成“放松你的肢体”或者

“放松你的五情六欲”就沦于俗套了。

再如：某楼盘楼书中的一句话——

“捆绑5000株成木林销售的上层建筑”。

捆绑销售本来是个营销专用术语，

这里却用在了树木和建筑上，

既给人新鲜感，又有很强的叫卖感。

陌生化的关键技巧是，

你所使用的两个词大家越熟悉越好，

而把它们组合在一起的效果则越陌生越好，

当然，这种陌生应该是“期待之外，理解之中”的，

否则你的工作就真的会被读者当成陌生人对待了。

3. 角色的戏剧性——拟人化

许多枯燥无味的信息换个角色也许会变得妙趣横生，

还会意想不到地解决你的难题。

《7宗醉》文案里的“红绿灯说”其实是在讲交通，
“Townhouse的爸爸说”其实是在讲建筑形态，
如果按照我们正常地讲交通和讲建筑的方式去写，
恐怕也难逃死板枯燥。

比如：万科青青家园——一个低密度的楼盘，
要在冬天做一支促销稿，
可项目原有的绿色丰沛和近临荷塘的优势，
在冬天变成了缺点，
但这个优势又是不能不说的。
那怎么来说呢？

“绿叶下课了，荷塘休假了……”
绿叶和荷塘只是暂时休息了，
明年春夏它们还会活色生香地出现，
这样优点依旧是优点，
现场冬天的冷清也转化成一种美好的心理期待。

文字有时候有许多视觉不具有的自由，
如可以毫无障碍地转化角色，
如果是视觉来进行这种转化就麻烦了，
而且也没那么有趣味了，
我们经常看到一些把产品拟人化的电视广告，

无论是卡通还是特技，总难免感到生硬。

当然，也有例外，

如美国某色情网站的形象广告，

就是一支男人的阳具在唱歌，

把人的肢体的一部分拟人化。

至少比那些总是把广告的产品拟人化的电视广告新颖。

四八 上下句

汉语是非常重视句的形式的一门语言，
当这种重视发展成“骈”和“赋”的文体的时候，
已经到了一种接近病态的程度。

前面说过，作为一名现代文案，
要尽量远离对联，
但中国对联所体现的句式感并非完全不可借鉴，
从没有一种语言能把句的形式发展成一种文体，
继而成为一种文化现象——
中国的对联做到了。

利用句式本身的特点和趣味性进行写作，
这也是文案较常使用的技巧。
对联的句式感主要来自上下句之间特定的关系。
下面我们来看看在现代汉语中怎么使用“上下句”。

“我不在咖啡馆，就在去咖啡馆的路上……”
——这是对联常用的上下句形式，
但在副词介词的使用上完全是现代汉语的，

上下句之间不是对仗关系，而是递进关系。

其实，真正让上下句发生联系的关键词是一个名词“咖啡馆”。

“人人都可以拥有风景，

但不是人人都能够被风景拥有。”

——也是上下句的形式，

但两句之间不是递进关系而是否定关系，

让这两个句子之间真正发生联系的也不是什么关联词，

而是一个名词“风景”和一个动词“拥有”。

在对联中，上下句发生关系是依赖对联固定的文体；

在普通的复句中，上下句主要是通过关联词来连接；

而在广告文案的上下句中，

除了要有关联词来完成表面的联系外，

还要通过一两个关键词，

来让上下句之间发生趣味性或戏剧性的联系。

由此可见：写好上下句——找准关键词最关键！

四九 复沓句

常规的复沓句这里不做探讨。

复沓切忌重复，

复沓的使用是为了让句子在语感语义上有所递进和升华，

而不是为了简单地强调。

这里说的是：复沓句本身需要创造性地使用，

这样才能让你的复沓新鲜生动起来。

前面所讲过的上下句——

“人人都可以拥有风景，

但不是人人都能够被风景拥有。”

这句话本质上也是一个复沓句，

只不过它有所改良和创造，

是个不太“老实”的复沓句。

我们来看看它不“老实”的地方：

一是加了否定连接词“但不是”，

二是颠倒了语序：

上句是“拥有风景”，下句是“被风景拥有”。

这样就形成了一种“悖反式的复沓句式”，
而传统的复沓句则是反复肯定式的。

这里要提醒的是，
在我们把句式作为修辞格来使用时，
要注意到作为修辞格本身的句式也在进化，
也需要我们为它创造更新的语法。

五十 假设句

假设句的重点在于下一句，

或者说假设句的重点在于下一句怎么说。

“如果现在 WTO 和你无关，

未来也一样”

这句是正说，但和一般的假设句有所不同，

一般的假设句上句是条件，

下句是这个条件带来的变化和结果，

而这个句子给出的答案是“一样”，

读者期待的变化并没有出现，

正是意料之外的“不变”促成了阅读心理的变化，

让阅读的人有兴趣进一步读下去。

“如果世界失去联想，

未来将会怎样？”

这句不仅没有说结果，

反而把结果作为问题抛给了消费者，

答案是不言自明的，

广告的目的也是不言而喻的。

“如果比尔·盖茨读完大四……”

这句更是把下句完全省略了，

谁都知道比尔·盖茨没有读完大学就去硅谷创业了，

而如果他读完大四呢？

答案就在下面的内文里。

用假设句式做标题时，

一定要先想好下句——你要说的，

然后再去想上句，

这是文案逆产法。

另外是下句怎么说的问题，

因为如果你很直白地给出了一个结果，

读者也往往失去了继续阅读的兴趣。

五一　选择句

广告文案中的选择句并不是真的
要让阅读的人进行选择。
只要是广告就有其特定目的，
聪明的广告文案往往会给受众一个
貌似自由选择的假象，
对其进行有特定指向的引导。

“我不在咖啡馆，就在去咖啡馆的路上……”
——不是在说非此即彼的两种状态，
而是通过这种非此即彼的行为营造出一种浓浓的咖啡情结。

“或者城市，或者自然，
或者万科青青家园”
——也不是要让人三者选其一，
而是说只有万科青青家园可以城市和自然兼得，
究竟该怎样选择自然一目了然。

最后，再说一下，
广告文案中对特殊句式的使用，

往往会偏离其语法的原义，

从而达到广告的特定目的。

至于广告文案中最该使用哪种句式，

个人认为，句无定法，

不在于你使用了什么，

而在于你怎么使用，

但要切忌过多地使用祈使句和疑问句，

因为如果这两种句式用不好，

就会流于肤浅直白。

五二 偏旁部首 谐音字（取名一）

文案最难是取名！

文案最难是取名！

文案最难是取名！

对名字的要求无限多。

对名字的寄寓无限大。

能使用的字数无限少。

能腾挪的空间无限小。

取名常常面对三大黑手。

首先是金主爸爸。

路易、查理、欧阳、素季——

爸爸听了几百个名字后，

隆重拍板：我起的“狗蛋”好！

给别人家孩子取名，

千万不要遇到——

一个热爱乡土文学的家长。

其次是国学大师。

五行都缺“他”，没“他”不行。

大师必须有存在感！

不能不把偏旁部首当干部。

取个名字而已，

像是跟五千年传统文化决斗！

没处说理，无理可说。

第三双手是各种谐音。

谐音是最古老常见的取名方法，

这里不做专门论述。

谐音的世界很黑幽，

处处是刚性无厘头。

老王，即老“亡”。

隔壁老王，就是“戈壁老亡”。

一四，即“你死”。

一八七四，就是“你爸去死”。

不仅谐普通话，还谐各地方言。

个别外企，连英语都“谐”。

汉语的谐音字太海量，

只能怪造字的仓哥太懒！

三大黑手之外，还有两大黑洞！

常用汉字只有3500个，

适合取名用的也就几百个。

“悦”“骐”“睿”——

这几个字及“谐音字”，

快被汽车界用废了！

不重字已不可能，

不重名也越发不易。

再发展下去，

人工智能更适合这份工作。

注册是另一个黑洞。

各种名字和类别都被侵占了，

你就像个碰瓷的，

一不小心就“相近”“雷同”！

企业名很难一次询下来，

商标名更虐。

那个“金拱门”，

也是不得已吧。

但，名字太重要了。

名字取不好，就输在了起跑线！

身为文案，只能接受极限挑战！

五三　事前功（取名二）

三大黑手和两大黑洞。

怎么破？！

先说几个事前功：

提案前要百度，撞包撞衫撞脸不能撞名！

提案前要询名，把客户撩脱了不能没有然后！

提案前要多念，广告人五湖四海——“谐”不压正！

给公司取名常遇到国学大师！

金融、地产、制造、餐饮行业常遇到国学大师！

据说，国学大师的业务已拓展到汽车业、互联网业！

聪明的大师只是修改：

这里多个点那里缺点金。

承认国学，稍作修改，皆大欢喜。

笨大师自己取名。

不用理会，大师的名字也会死于“翠花”！

五四 娶名（取名三）

要取名，先学会娶名。

就是娶别人家的名。

生自己的孩子。

1. 先忘掉品类！

2. 娶别人家的名字。

3. 把品类名作尾缀，也可不缀！

两个例子：

A . 餐饮业：很久以前

1. “很久以前”，和餐饮什么关系？

2. “很久以前”更像书名、歌名。

3. 品类名作尾缀：是家串店。

B . 电子类：Apple

1. 苹果，借用水果名。

2. 完。没有尾缀。

有个牛仔裤，也叫苹果。
苹果还真是爱跨界！

娶名有五大系列：

1. 动物名

龙腾虎跃狗乱跑，
狐跳鹿鸣学猫叫！
还有各种鸟类：
始祖鸟、雏鹰、菜鸟、蜂鸟……
飞禽走兽全齐活儿！
爱马仕不属动物系列，
HERMES（赫尔墨斯）是神话人物。
甲骨文勉强算——龟是动物。

海洋动物也是好名无数。
史前动物是个宝藏，
掘宝人貌似还不多。

2. 人物名

王麻子菜刀和阿玛尼男装，

都是用自己名字取名的。
桑拿偏爱凯撒，
眼镜碰瓷溥仪，
白兰地生搬拿破仑，
文案非得是帝王粉吗？
马云不走寻常路：
阿里巴巴就是一老百姓，
后来姓都免了——平头哥。

平头哥、农夫、布衣——
这种代指一类人的名字，
使用率还不高。

3. 地理名

长江！长江！
我是黄河！
叫这两个名的以兵团计。
万宝龙（Montblanc），
来自意语勃朗峰（Monte Bianco）
喜马拉雅，
来自喜马拉雅。
8848 相对聪明，

避免了直白，

也避开了大量的珠穆朗玛。

地理名不只是地名，

地理纪年也是地理名。

寒武纪、冰河世纪——

多酷的名字！

4. 水果名

苹果开了头，

叫橙的科技公司一大堆。

视频业成了水果市场：

西瓜、奇异果、香蕉、芒果……

梨字犯忌讳——但也有个梨视频。

孩子的乳名也水果化了，

小毛桃、小菠萝、小葡萄、小草莓……

仿佛没个这种小名，

就不是水果托生的。

有时候，给产品娶名，

就像是给孩子取乳名。

5. 植物名

娶动物名的很多。
娶植物名的好像很少。

对！用市政树为名的不多。
借榕树、橡树、梧桐的也有。
错！花属植物，花名不要太多：
玫瑰、百合、百种兰、千种香。

美妆品牌爱种草——
佰草集、相宜本草、仟佰草。
草名中最著名的还是三叶草。

竹叶青了，既是茶，也是酒。

近几年，农作物也上了桌：
大麦、麦田、糯米、小米，
芝麻都玩起了“信用”。

洪晃最会娶：薄荷糯米葱。

五大系列只是常规工具箱。

五大系列只是常用名字库。

你要自行扩容：

书名、歌名、乐曲名、数字名、金属名、天文名……

甚至“氪空间”这样的化学名。

颜色系、方位系最百搭讨喜。

名字娶好，

可尝试用红黄蓝白、上下左右，

再重新组合一下！

最后说两个原则：

1. 不乱娶。

娶之有理，娶之合情。

要借名，更要借神！

娶名，要源自企业的三观。

娶名，要匹配品牌的精神气质。

特斯拉和电动车关系不大，

借的是他发明创新的精神。

2. 不照搬。

不照搬，不硬套。

要娶名，更要娶字！

直接借用整个名字，会撞名！

简单借用整个名字，是偷懒！

娶名，要依照行业特点再设计！

娶名，要根据消费者喜好再创作！

天猫、猫眼、猫扑——

娶了，就要怀孕，生了才是再创造！

五五 抽象（取名四）

名字即形象。

形象越具象越好吗？

具象限制了想象。

抽象的名字有时更出彩、拔份！

没有比数字更抽象的了。

360、263、361° 都以纯数字为名。

地产和餐饮是数字王国：

某某路壹号、某某某街捌号——

10 个阿拉伯数字，“2”和“4”最被忌讳。

北京六号院、1949 会所——

数字化餐厅，不是“院”就是“会所”。

时尚业也有数字癖！

香奈尔 No.5 香水——

散发神秘的魅力。

Dior 的“En Huit”系列——就是法语中的“8”。

不知道为什么？

数字总有种高端神秘气息。

一条冷知识：
“Googol”是个数学术语，
指的是 1 后面跟 100 个 0。

和女性相关的品牌，
常以抽象的情绪、情感来取名。
以“情”为名，以“感”取胜。
有个内衣品牌：爱慕。
有款香水：嫉妒。
有个折扣店：斯普瑞斯（Surprise）。
有个公司：哇棒（哇！棒！）传媒。

高级的名字直斥三观。
如：“无用”“例外”。
前者是短句，一种态度。
后者是副词，一个主张。

从词性上说：

名词、动词具象，
其他词相对抽象。

90% 以上的名字都是名词。
其他词在装死吗？

“only”——副词。
“Absolute”——形容词。
“滴滴（嘀嘀）”——拟声词。
“in 北京”——介词。

“百度（摆渡）”——动词。
“联想”——动词。
摆渡具象，联想有些抽象。
可见，不是所有动词都是具象的。

“顺丰”是名词，
谐音“顺风”是“动词”。
顺遂丰盛，一路顺风。

多用数字取名。
多用非名词取名。
无“名”，才会一“名”惊人！

五六 拼造（取名五）

我不是汉语种族主义者。

我不是汉语复古主义者。

拼造名，能减少重复和俗套。

拼造得好，有混血奇效。

最简单的拼造名：D&G。

两位设计师名字的首字母。

最成功的拼造名：LEGO（乐高）。

丹麦词“Leg”和“Godt”重组，

产生新词，还诞生了新的意义。

原语义：“容易得到的”。

现语义：“好好玩！”“去玩！”

单农（Donoo）是典型的拼造名。

“单”和“农”都是取名时的少用字。

拼一起，没造出新意思。

但有了意境：虚怀感、悠然南山。

但有了画面：田园里的单衣隐者。

造境是造名的最高境界。

跨人种的婚姻越来越多。

跨“文种”的混血名也盛行起来。

1. 汉字 + 数字

速 8。

国窖 1573。

公园 1872。

黄鹤楼 1916。

和纯数字名不同，

汉数结合的名字里的数字，

大都有出处。

不是品牌创立年份，

就是真的地址。

数字最严谨，

拼造时要心中有“数”！

2. 汉字 + 英文

三里屯 SOHO。

凯德 MALL。

SOHO、MALL——

中国没有过的物业形式，

与其音译不如直接拿来。

当代 MOMA——

MOMA 是一种舶来的技术，

舶来也不如直接拿来！

唐宁 ONE

这样造名有四个原因：

1. 不想叫唐宁街。

2. 区别于各种壹号。

3. 唐、宁太中国。

4. 唐、宁都是二声。

中英混搭，也要念着舒服。

E 人 E 本。

英汉谐音：一人一本。

36氪。

氪是元素周期表的第36号。

氪星是超人的故乡。

这种有创意的名字，还是太少。

3. 英文 + 数字

3M。

Y3。

7-ELEVEn。

CERRUTI 1881。

36Kr（36氪）。

Hi-24。

好邻居的子品牌。

中国品牌面对中国人，

名字里没一个汉字。

纯数字名和数英混血名，

最大的好处是：

全球识别无障碍。

不必每一个语言环境，

取一个当地土名。

7-ELEVEn——真正的世界语。

面对海外市场的品牌，
纯英、纯数、英+数，都是好选择。

4. 汉字 + 拼音

拼音是表音工具，
不是独立的文种。
用拼音取名会被群嘲
处于取名鄙视链的最低端。

"WU 之物"——
谁说拼音就 low？
英文名刷屏的年代，
"WU" 反而显得新奇、另类，
还带一点前卫！

"WU 之物" 名字释义：
取自现代汉语的四个声调：
屋、无、五、物。
这是汉语和拼音才有的格调！
英文名有这样的内涵段子吗？

可拼音名还是太少了！

只能再举一个自己的例子：

万科 HONG——

用“红”的拼音做案名。

这个名字也算成功！

好几个城市都有万科 HONG，

它成了整个产品线的名字。

华为的英文名？

华为的英文名就是拼音名。

HUAWEI——也没什么违和感。

华为因此被赞有民族性。

当然，华为只有一个。

非著名品牌还是慎用！

Nandao pinyin bupei yongyou ziji de mingzi ma？

五七　短句化（取名六）

一个字就是一个品牌名。

一句话为什么不能?

互联网企业风起后,

短句化的名字开始云涌。

有品——

虽只两个字,但是个短句。

饿了么——

问句做名字,口彩超级好!

有车以后——

半句话,有悬念。

叫个鸭子——

更完整的短句。

飞鸟和新酒——

有酒有故事。

赵小姐不等位——
主谓宾都有的短句。

“短句名”有两个金标准：
1. 有追问欲。
2. 有故事感。
最好两者都有。

“饿了么”过于简单粗暴，
两个标准都没达到。

“叫个鸭子”有故事感，
但无追问欲。

赵小姐不等位——
赵小姐是谁？
为什么不等位？

追问背后是个爱情故事。
这才是好名字。

"短句名"早已有之。

"狗不理",这个名字真的很绝!

包子和狗什么关系?

狗不理谁?

且听细细道来。

"狗不理"不仅悬疑,有故事,

还有口口相传的传染性。

"短句名"大都很有场景感。

"场景化""情境化"也是取名的好方法。

"短句名"的通病是.

没有延展性!

"狗不理"作为产品名牛 × 闪闪。

"狗不理集团"就有些不伦了!

记住:没有一个名字能通杀!

五八 开口 闭口 平仄（取名七）

古汉语：

平（平）、上（仄）、去（仄）、入（仄）。

现代汉语：

阴平（平）、阳平（平）、上（仄）、去（仄）。

从南朝以来，

沈约的“沈分法”成了圭臬：

文字平仄皆有律。

开口元音：

a、e、o。

闭口元音：

i、u、ü。

很长一段时间，

有一项不成文的规定：

取名多用开口音。

音韵格律自有道理，
硬性要求是狗屁道理！
取名不是作诗。
取名不是谱词。
不要自己钻进茧里 SM！

小米、格力尾字都是闭口音，
影响世界和平了吗？

百度、沃尔玛全是仄仄仄，
引发星际战争了吗？

我认为：
四字以内，不必顾忌音韵格律。
四字以上，酌情。

我承认：
开口音昂扬易读。
平仄适当悠扬上口。

但这些是末节，
可以忽略。

爱不爱读闭口音，
都不影响“荔枝”的甜度。

五九 说服（取名八）

犹如圣杯之于圣殿骑士。

犹如屎之于屎壳郎。

一个文案没有卖掉过一个名字，

他就不配拥有文案这个名字。

除了简单地做点市调，

除了复杂地做些对比，

怎么说服“爸爸们”呢？

1. 故事

周伯通是名字。

老顽童才是这个名字的故事。

梅超风是名字。

黑白双煞才是这个名字的故事。

好名字，一定有自己的故事。

好故事，一定能卖掉好名字。

爸爸准备好听名字了，
你有酒和故事吗？

2. 家谱

母公司、子公司、孙公司。
母品牌、子品牌、产品线品牌。

名字有自己的家族和亲朋。
名字也是讲血脉、论传承的。

小米、紫米、红米、米家、米兔……
名字从来不是一个人在战斗！

提案提的不仅是名字，
还有名字的家谱。

不做亲子鉴定，
怎么名正言顺？

3. 内延

宝箱里究竟是什么？

杜十娘，不说，自毙。

名字就是宝箱。

名字里装着宝贝。

只提宝箱，不说宝贝，

就是在自毙。

没有“屋、无、五、物”的支撑，

“WU 之物”就成了“无名氏”。

没有“H、O、N、G”的拆解，

“万科 HONG”就沦为“万不红”。

无宝的宝箱是垃圾箱。

推销名字，就是打开宝箱：

看宝！

4.NI

有 CI。

有 VI。

为什么没有 NI？

授鱼不如授渔。

卖名字时，授渔不如授鱼。

谁？

什么场合？

如何使用？

对谁使用？

是的，

NI 是使用说明书。

是的，

NI 是提案必胜宝典。

说得专业点：

前置客户对名字的情景化体验。

六十 论名（取名九）

“好念，好记，好联想。”

“三好”就是好名字的标准吗？

不对，也不够。

剑能不能杀人，取决于剑客。

名字的生命力，取决于企业自身的发展。

名字的命运是动态的：

好名字需要时间酿造。

好名字需要企业来成就。

好名字要“有中生有”。

好名字要从 slogan 里来：

先有企业理念，再有企业名字。

先有品牌主张，再有品牌名字。

好名字不能从市调中来：

市调反映的是即时喜恶。
好名字是嫁给爱情的婚姻，
要一生一世。

好名字是顶层设计。
好名字是战略入口。

取名最低标准：语言识别。
取名最高标准：认知共识。

认知共识的简单粗暴版：
占据头脑 、垄断认知。

前面说的技巧方法都是鸿毛，
唯一重要的是：认知共识。

下面是我认为的好名字：

最佳音译名：可口可乐

有味觉、有表情、有口彩！
“可口”“可乐”本就是常用中文词，
组合出了“洋”味，并不脱离“原音”。

传达了饮料企业“可口”属性和“快乐”文化。
为什么译名非要拗口生僻呢?
为什么“本土化”一定就土呢?

认知共识:可口　快乐

最佳直译名:甲骨文

刻录文字、记录信息
——多么浑然天成的行业特征。
预测未来,指导现在
——多么当仁不让的企业理念。

“oracle”原意是古希腊的神谕,
“oracle bone”才是商代的“甲骨文”。
古希腊神谕不就相当于中国甲骨文吗?
完美的对标,完美的直译!

中西合璧+以古喻今。
自带行业画面+文物级宝贵感。
无双!

认知共识:信息　未来

最佳原创名：WU 之物

纯技术角度的最佳。
用拼音造名，独辟蹊径。
以四声调释名，绝无仅有。

不是一个简单的名字，
而是搭建了一个内涵体系。
屋、无、五、物——
也非常贴合品牌调性和定位。

认知共识：无　现代中式

最佳借用名：寒武纪

史诗级的名字。
我心中的“破碎者布兰”。

AI 的终极目标：创造智慧生命。
这是上帝的工作。

上个寒武纪：生命大爆发！
下个寒武纪：AI 创造生命的再次大爆发！

从技术上说：

这个名字有点简陋，

不好写，不好念，也缺少美感。

但它达成了认知共识！

寒武纪——

垄断了“生命大爆发”这个认知，

占据了公众对 AI 这个行业的共识。

商汤科技、科大讯飞、虹软科技——

没有“认知”，没有“共识”，

只是万千“技术宅”名字之一。

仅从名字上说：

寒武纪甩对手几个街区，

坐着轮椅，

也能轻松问鼎 AI 大陆“铁王座”。

最佳长名：法拉第未来（Faraday Future）

特斯拉、法拉第都是科学家。

特斯拉、法拉第也都是电动车品牌。

“法拉第”+“未来”——
既借势特斯拉取名方式，
又强调了自己更代表未来。

“法拉第”+“未来”——
提取两个词相同的首字母，
组成了易记的英文缩写名“FF”。

一个名字基本是一个单独的语音单位。
“法拉第未来（FF）”——
五个汉字+两个英文字母+三个语音单位，
居然“逆天地”被同时记住。

点睛之笔在于“未来”。
“未来”的英文“Future”是个常用词，
把品牌的中英文名巧妙地黏合起来。

全球化时代的取名：
既要取中文名又要取英文名，
这两者之间还要有机联系。
“法拉第未来（FF）”是个标准示范。

再好的名字也需要营销。
这个名字如此响亮，

也要归功于贾布斯的负面推广。

文案这个圈，

只可因名废人，

不可因人废人。

取名是文案最高的武学。

从没卖出过名字的文案，

永远是个“无名者”！

六一 断句为词（断句一）

读文言文需要断句。

写广告文更要断句。

前者的断句，是要把词连成句。

后者的断句，是要把句断成词。

为什么断句?

文言文为了语义完整、准确。

广告文为了语义留白、丰富。

断句是句和词的游戏。

断句为词，不仅是为文字吸脂减肥，

也为了提升表达的气质。

在标题中，字词句表达同一个意思，

词总是更有格调和气质一些。

好的词像个有点神秘的姑娘，

赏心悦目，又让人猜想。

那么该怎么断句?下面举个例子：

一个甲方美女微信里问：

“人生是一次穿越花园与湖的旅行

——为什么有种说不出的别扭？”

“最想诉求什么呢？”

“湖和花园呗。”

这就是断句：湖、花园。
平时聊天会断句。
写下来就变成了别扭的句子！

第一步：找到关键词

一个句子总得有关键词，而且不超过三个！
超过三个关键词的句子，是糊涂句子！

第二步：找到引领词

除了关键词，也要找到引领词。
领导不一定很关键，
但它是能引领全句的那个词。

引领词尽量是名词、动词，

不要是形容词、副词、介词，

当然，这不是绝对的。

上面那句话里——

动词：穿越；名词：人生。

很明显，人生是引领词。

第三步：找到词的秩序

现在有三个词。

句子里，引领词常常在前。

词和词间，引领词一般在后面。

那我们断句为词：

第一个方法：多词罗列

湖　花园　人生

第二个方法：多词合一

湖岸的花园人生

第二个方法中，

两个关键词重构为一个形容词性的复合词，用作了引领词。

六二　拆词为字（断句二）

关键词和引领词如果没感觉，

那就需要再造新词。

第四步：找到词的感觉

造词不可造次，

要找到关键词的关键字。

三个词里的三个关键字：

湖　花　人

三个关键字要找到感觉，

那就要再找三个有感觉的字重组：

湖说　花语　人生

人生没有重新造词，因为不是每个词都要重造。

从“人生是一次穿越花园与湖的旅行”，

到“湖说　花语　人生”——

断句“四步曲”演示了变句为词、拆词为字、以字造词的方法。

句子是断出来的。
标题是改出来的。
现在不会断句，
就怕你的职业生涯被“断句”。

上面的例子，是一个地产项目的。
地产文案没什么特殊性，
很多著名品牌的广告语也是“断”出来的。

如：宝马“纯粹驾驶乐趣”（sheer driving pleasure）。
用完整的句子表达就是“享受纯粹的驾驶乐趣”。

六三 变词为句（短句一）

断句是减法。

短句是加法。

少即是多。

多即是少。

辞典没常典。

语法无恒法。

传统媒体标题以少为胜，要多断句。

新媒体自媒体以多为赢，要多短句。

多与少，没对错，还是要遵循 3 个“W”原则。

2014 年 10~13 个字。

2015 年 15~18 个字。

2016 年 18~20 个字。

自媒体标题字数越来越多，标题也越来越长。

标题是自媒体流量入口。

自媒体是检索式、碎片化阅读，

所以标题要尽量避免信息和情绪被折叠。

独生子女不敢死、不敢穷、不敢远嫁，因为父母只有我。

——咪蒙

这个标题 21 个字。

按断句的方法可断为 2 个词：

独生子女　不敢

标题 6 个字：《独生子女　不敢！》

咪蒙把 2 个词 6 个字变为了 5 个短句 21 个字！

信息和情绪充分扩展，

抓眼、走心、过瘾！

最大程度打开了流量入口。

自媒体时代是情绪化的热阅读，

短句比词更能调动情绪和热度，

变词为句是小法门之一！

六四 变单为多（短句二）

为什么是短句?

这依旧是广告语法中的“短”法则，

短比长更容易被送达和接收。

情绪的长和传播的短得到巧妙结合!

有时候，变词为短句不够，还要变为多个短句。

这个 21 字标题把 2 个词扩展为 5 个短句，

其中 3 个排比短句，2 个复沓短句，

把语法运用到极致!

“不敢死”“不敢穷”“不敢远嫁”

情绪层层升级、递进!

因为父母只有我——这句完全多余，

但这是对“独生子女”这个短句的复沓。

为了强化情感，增加煽情效果!

咪蒙不仅善于写长标题，也能短，

她发表过四百多标题，10 个字以内的近 50 篇，最短的字数仅 2 个：《好巧》《丑过》。

长与短，多与少，

没有对错，只有用得好还是坏。

六神磊磊说：自媒体写作并没有改变文字好坏的标准。

很多人探讨咪蒙的金线。

她没有金线问题，只有底线问题。

咪蒙是无愧的语法高手，我们只学语法。

六五 再谈修辞与古文

“理想是石，敲出星星之火；
理想是火，点燃熄灭的灯；
理想是灯，照亮夜行的路；
理想是路，引你走到黎明。”①
——顶针 + 排比。

“风　吹不散长恨
花　染不透乡仇
雪　映不出山河
月　圆不了古梦”②
——顶针 + 藏头 + 藏尾 + 接龙。

汉语有很多独一的修辞手法。
汉语有很多无二的文字游戏。
难在怎么现代化。
难在如何广告化。

① 选自流沙河的《理想》。
② 选自唐朝乐队《梦回唐朝》。

“全球通 通全球”——
广告化地运用了“回文”，
现代化地使用了“顶针”，
镜像化地妙用了“复沓”。
“全球通 通全球”——
三个字，三种修辞技巧，
但修而无形，辞而无藻。

不及格的文案有两种：
一种是不懂修辞，
文如没上妆的“抖音美女”。
一种是过度修辞，
文如上了妆的“抖音美女”。

文案一定要多读古文，
因为古文就是“修辞文”，
格律音韵也是一种修辞。
心中无古，文则无蕴。

文案一定要少写古文，
因为古文就是“炫技文”，
奇技淫巧只是一种“贱美”。
笔下泥古，文则迂腐。

手中无剑，心中有剑。

笔下无诗，文中有诗。

撰文一定要通古而不泥古。

修辞一定要达意而不刻意。

鲁迅、胡适都曾狂批古文。

林语堂、徐志摩都曾力倡今文。

但告诉你一个打脸的事实：

五四时代的白话文大家，

无一不是古文大师！

六六 再谈故事与标题

文学写的是故事。

新闻写的是事故。

文案写的是——

貌似事故的故事。

文案标题怎样写才有故事感?

社交媒体时代,

“标题党”就是“故事党”。

没有故事的标题,

等于标题事故。

一、当作书名

当作小说书名来写。

当作影视剧剧名来写。

当作流行歌歌名来写。

《挪威的森林》

《海边的卡夫卡》

《刺杀骑士团长》

——村上春树的书名就是故事。

《大碗宽面》

《花房姑娘》

《差不多先生》

——歌里藏着怎样的故事?

故事就是叙事，

叙事不都是故事。

二、使用地名

哪的森林?

挪威。

卡夫卡在哪?

海边。

哪的假日？

——罗马。

姑娘在哪？

——花房。

故事要有发生地，

有地名，

故事才有可能。

三、使用人名

谁在海边？

卡夫卡。

在等谁？

戈多。

胡广生是谁？

胡广生。

谁是叶惠美？

叶惠美。

人物是故事的中心，

人物自带故事感。

四、时间感

《2046》

《追忆似水年华》

《春天的十七个瞬间》

——过去、未来，来回穿越，

“现在”最缺少时间感。

时间、地点、人物，

是故事的基本三要素。

标题要有故事感，

三者必居其一。

哪个更重要?

个人排序：时间、地点、人物。

当然，三要素也可自由组合：

《冬季到台北来看雨》

《去年在马里安巴德》

《丛林中的莫扎特》

等等。

故事拆开：

故去的事，

故乡的事。

故事，都是关于时间的。

五、四缺几

故事还有第四个要素：

事件。

时间 + 地点 + 人物 + 事件，

并不等于故事。

标题里放不下一个故事，

故事还要有悬念、冲突、叙述方式。

写标题不是要写故事，

只是要有故事感。

故事感来自四要素，

更来自四要素的不完整。

《去年在马里安巴德》

——缺人物、缺事件，因此有了疑问，

《杀死一只知更鸟》

——只有事件，其他都缺，因此有了悬念。

有故事感的名字或标题，
要多使用词组和半短句，
切忌写成完整的句子。
故事感的奥秘不是言无不尽，
而是欲言又止。

比较有趣的是——
村上春树的《舞！舞！舞！》。
三个字？
三个动词？
三个短句？
只有事件，
没有时间、地点、人物。

六、故事核

时间、地点、人物、事件，
只是故事的表层。
矛盾、关系、命运，
才是故事的内核。

《邮差总按两次铃》

《一桩事先张扬的凶杀案》

《歌手必须死》

——把故事的核直接剥了出来。

《三姊妹》——契诃夫。

《等待戈多》——贝克特。

《三姊妹等待戈多》——

剧名打破了不完整原则，

但“硬凑”出了戏剧性和荒诞感，

也就有了故事核、故事感。

写故事不要只看故事，

写故事要多看戏剧。

故事是微观的戏剧。

戏剧是壮观的故事。

易卜生、

奥尼尔、

斯特林堡、

布莱希特、

还有，斯坦尼斯拉夫斯基。

有故事感不一定有戏剧感。

有戏剧感一定有故事感。

为什么不谈广告?

因为广告里找不到好故事。

为什么总聊文学?

因为文学思维才能写出好故事。

最后，记住两句绕口令：

为故事而故事的故事是鬼故事。

没有故事核的故事是核事故。

六七 段子 鸡汤 成功学（阅读一）

不要只读段子手！

你不能只读六神磊磊不读金庸。

段子手随时漏气，

金庸值得反复读。

碎片不是整面镜子，虽然它有镜子的功能。

不要只读鸡汤文！

天天补鸡汤，缺铁少钙。

你不会变成营养师，只会变成营养师的病人。

岁月从此静好。

把鸡汤当主食，结果不是水饱就是厌食。

不要只读普及本！

易中天的《百家讲坛》要听，

也要读罗贯中的《三国演义》、陈寿的《三国志》。

总用别人的眼睛阅读，视力会严重下降！

不要只读工具书！

刚入行当然要读工具书，

熟练了，还是要读原理书、营养书、源头书。
工具书培养工具型人才，
你想做摩托车技师?

不要只读成功学!
写成功学的人都是“伪成功”，
成功从来不能复制。
赚到你的钱，
才是他们真正的成功学!
永远不要向秃子请教发型。

不要只读《小丰现代汉语广告语法辞典》!
没有《迷象》和《广告人成长手记》，
就没有后来的《小丰现代汉语广告语法辞典》。
读三个人的一本书，
不如读一个人的三本书。

六八 兴趣 系统 浸泡（阅读二）

关于读书，有两个误区：

1. 兴趣阅读。

2. 必读书单。

兴趣是最好的老师，

兴趣也是最偏科的老师。

全凭兴趣阅读就是偏饮偏食。

读来读去还在自己的兴趣里。

请问，这样不好吗？

没什么不好，

但，你是文案！

某某入门必读的 20 本书。

某某提升必看的 10 个大师。

千万不要迷信必读书单。

必读书单是推荐人的心愿清单。

记住！在你从小到老的人生中，

除了课本，没人能强奸你的阅读权！

我一直遵循“三三制”读书法。

1. 兴趣性阅读

我不反对兴趣阅读。
我反对全凭兴趣阅读。
只有持续的兴趣阅读，
才能保持对书的兴趣。
不必对自己的兴趣羞耻，
怪力乱神，想读就读。
爱读郭敬明不必觉得自己俗，
爱看“小黄书”也不必认为自己黄。

兴趣阅读占据我三分之一的精力。

2. 系统性阅读

不是要读《四库全书》。
文案的阅读系统有两个：
一个是人文类；一个是营销类。
现代营销学历史短，读三十本就可以。

第一个宏大得多，历史长门类多，
读三百本也不多。
有必读书单吗？有！
就是人文史、营销史里提到的经典！
治文先治史，文案也如是。

系统阅读次数多、时间长——
贵在坚持，不早泄！

3. 浸泡性阅读

写《7宗醉》，重温了《圣经》。
写《紫台笔记》，熟悉了“样式雷”的图集。
浸泡阅读，就是脑残粉阅读。
把某个主题当爱豆，疯狂追星！
搜集关于他的一切，
哪怕是花边八卦。
资料最大化！
阅读最大化！

这种阅读是集中式、点式的，
但至少要付出三分之一的时间！

有人说：这是个与书有仇的年代。

不！书，有了更多形式。

音频、视频、电子书、网络课……

得到就是知识——

以上阅读并非只指纸质书。

六九 易 近 少 远（写作一）

文案一定要有阅读习惯。

文案一定要有写作习惯。

明星再美也要护肤，否则化妆师都嫌弃。

拳王再牛也要练拳，否则会被小弟一拳 KO！

文案最终拼的是功课和修养。

写作是功课。

阅读是修养。

专业高与低，就是修养变现的多与少。

业余时间很少的文案，该怎么写作？

1. 易

写容易写的。

日记？

游记？

微博？

这都是写作，但要长期写。

哪怕你是网络喷子，也要长期喷薄！

《小丰现代汉语广告语法辞典》就是为喷而生，被喷而火。

互撕也是写作，但要撕得有格调！

2. 近

写离你近的。

自己的生活才是最大的 IP。

给父母好好写一封信。

给心上人写段酸掉牙的话。

给爱宠建个主页，记录它的日常。

我已好多年没写广告文案。

我一直在写自己的生活文案。

写给女儿，写给儿子，也写给自己。

3. 少

写字数少的。

少即是多。

迪伦的歌词字数很少，但获了诺贝尔文学奖。
海子的诗歌字数很少，但留在人心里的诗意最长。
诗、词、歌词、广告文案——
都是讲究分行、以少见多的短文体。
会写诗和歌词，一定是好文案。

4. 远

写离广告远的。
写诗，功夫在诗外。
做广告，功夫在广告之外。
设计不会美术，
文案不会文学，
专业的天花板会很低，
早晚被人工智能抽掉椅子。
好的阅读和写作习惯，
就是天花板上开天窗。
写作的体裁要离广告近。
写作的内容要离广告远。

写作写作，不能只写不作。
作男作女、作天作地——
这是一个文案的自我修养。

七十 迷象 文字游戏（写作二）

中国是游戏大国。

中国是传统文字游戏大国。

文字的游戏感很重要。

传说，这是文学大师的标志。

文字游戏很重要。

传说，这是语法的最高境界。

文字游戏是开放的文字态度。

文字游戏是汉语独有的文化财富。

文字游戏也是最好玩的写作训练。

你了解迷象诗吗？

你知道回文诗有多少种吗？

“拆字、字谜、对联、藏头、藏尾、

双向回文诗、迷象诗、图形诗、打油诗、飞花令……”

——在古代，

文字游戏是高端社交入场券、泡妞必杀技！

“白居易、杜牧、苏东坡、唐伯虎、李清照、
柳三变、秦淮八艳、曹雪芹、鲁迅、徐志摩……”
——细研究，
文字游戏还曾是朋友间的情趣用品、论战武器！

这是汉语自带的文字保健操。
这是汉语独有的文字开心乐园。
我曾用山形诗、迷象诗、回文诗，
给一个项目做过广告。（不是飞机稿！）
我的游戏练习都收录在《迷象》里[①]。

如果上面所说的写作你都做不了，
不妨试试这种寓学于乐的方式。
少玩点电子游戏，
多做点文字游戏——
这也是一个文案的自我修养。

---

① 本书附录“小丰的语法实践”中收录了原《迷象》中的文字游戏练习。

七一 苹果 耐克 罗胖（文案的境界）

文案所能扮演的四个角色：

快递、朋友、情人、牧师。

文案所能达到的四种境界：

快递、朋友、情人、牧师

1. 快递

用最少的文字快递最多的信息。

用最简单的文字快递最复杂的信息。

用最精准的文字快递最核心的信息。

不及时送达的快递不是好文案。

2. 朋友

懂得他的刚需。

懂得他的心理。

懂得他的喜好。

拉近距离，建立信任！

不懂目标客户的文字，
何以“杀熟”？！

3. 情人

会聊天。
会调情。
还要有魅力、有魔性。
杜蕾斯、江小白的文案都很有黏性。
不能产生化学反应的文字，
就没有忠诚度和黏性。

4. 牧师

think different——苹果教。
just do it——耐克教。
国民总时间（GDT）——罗胖教。

文字的最高级：布道。
制造一个概念。
讲述一个道理。
宣示一种价值。

学习用文字制造概念，
罗胖是最佳范本。
每年几个概念热词＋金句，
把“得到”熬成了最贵知识鸡汤。

奢侈品广告主角都是“骚女人”。
用“骚模特”是要讲好“骚道理”。
“一年买两件好衣服是道德的”
——中兴百货。
“A woman who doesn't wear perfume has no future.”
——CHANEL

苹果的“不同凡想”，引领资深果粉们的世界观。
耐克的“just do it”成为几代人的行为标签。
成功的布道性文字可遇不可求。
这种遇——概率低于外遇。

布道式文案要有中生有，
所以你要遇到好品牌、好产品。
好文案和好主顾互相成就。

布道式文案要无中生有，
所以你要有好口彩、好运气。

受众心中有世间笔下无。

布道式文案还要成为“时间的朋友”，
岁月恒久远，一句永流传。

最重要的，
做牧师，你要终生保持对文字的虔诚！

七二 人工智能 神级文明（文案末日）

人工智能是新的上帝吗?

人工智能会完全代替人类吗?

《西部世界》《我是人类》等美剧都在思考这个问题。

我认为不会。

人工智能替代的是平庸、机械、重复。

人工智能没有原生的创造力。

人工智能没有天生的情感力。

人工智能也没有后天的容错力。

人工智能基于算法来加持，但人类才是那个加持者。

人工智能通过学习被赋能，但人类才是那个赋能者。

人工智能会升级为同道大叔，但永远无法成为李白。

人工智能会迭代为爱迪生，但永远无法成为牛顿。

刘慈欣的《诗云》讲到神级文明。

神级文明和人类比赛写诗。

神级文明写下了人类所有的诗。

神级文明却无法检索出哪首诗最好。

神级文明输了，李白牛 ×！

神级文明其实就是超级人工智能。

《诗云》是一个人类和人工智能比赛的故事。

之前说过：不想做第一，你是在混。

现在我说：不想成为那 20%，你是想死。

未来，80% 的平庸工作将会被团灭。

未来，80% 的广告人将会失业。

这不是罗胖式的焦虑。

这是正在发生的事实。

阿里 AI 智能文案，

1 秒写 20000 条走心文案。你能吗？

阿里 AI 智能文案，

每分钟都在深度学习自我突破。你行吗？

AI 智能策划、AI 智能设计都正在路上。你还好吗？

科技不再以人为本。

努力突然没用。

人工智能要消灭的是水货、山寨货、大路货。

你必须成为那 20%！

你必须成为 100% 的纯干货!

你必须成为自己职业生涯的原创设计师。

未来，和你竞争的不再是“猪队友”。

未来，和你共事的是一个不吃、不喝、

不要薪水、从不抱怨的“神队友”！

附录

一 小丰的语法自训

1. 古诗一首

醉春令

鞭炮声声擂战鼓

哼哈二将门上舞

水煮饺子百万兵

醉倒灶王千家福

2. 改古词一首

虞美人

春花凝眸秋月

此情何曾了

小楼寄梦东风

往事吹逝多少

莫回首　莫回首

故国月明朱颜俏

雕栏犹在玉砌旧
花正春风月又秋
问君能有几多愁
一江春　水东流
问君能有几多愁
一江春　水东流

3. 现代诗两首

风来

收集你清亮的笑声
藏在铃铛里
挂在屋檐上
路过的白云
牧羊犬
都远远看到

很多人期盼春天
因为黑直的长发
洁白的裙角

我喜欢春天
因为远来的春风

就像温柔的手指

轻握着一条条

无形的彩绳

梦中得诗　给丰来

2019 年 3 月 25 日

唐诗奇缘

你想住在哪首诗里?

去初唐的水池

问问骆宾王的鹅

是否遇到你的小黄鸭

还是追逐两只黄鹂

杜甫家里做客

荡一荡黄四娘的秋千架

唐诗里住了很多月亮

诗人们饮下月光

吐出飞天的嫦娥

玉兔是大雪怪变的吗

广寒宫比冰雪城堡更高吗

爱跳舞的嫦娥

是爱莎公主的东方姐妹吗

唐诗里总在下雨
小猪佩奇喜欢的那种雨
你和汪汪队长莱德
钻进盛唐的细雨
是要救援李白千古的忧郁吗
来吧，一起来诗里雨里
踩着五言　七绝　七律
开心地跳泥坑吧

你藏在哪首诗里？
绝句中的探险该结束了
迪士尼的公主们都回家了
杜牧醉倒的床下
找出你的嫩绿滑板车
从李商隐的荷塘旁急转弯
绕过韵脚
跳过平仄
让我们从晚唐的石板路
滑回故乡吧

给丰采依依
2019 年 4 月 15 日

4. 鸡汤文一篇

情深说不得：一种是不想说，说了无趣、无奈也无果，此情可待，当时惘然；一种是不能说，说了有憾、有悔也有泪，子欲养，亲何在？说不得，却记得，随人生沉淀，任时光消磨。时间长了，仿佛忘了。可即便心结菩提果，外表光滑坚硬，内里却仍记刻着深深纹理——那么清，那么美，一幅情感的枯山水。

情不知所起，一往而深；情亦不知所终，一忘而浅？大千红尘，缘起缘灭，终难逃为情所困。情到至深是无言，不必说，不相问，不需忘。唯愿此生因情而遇，随情而安，心灿似千眼菩提，情藏如白描水墨。

二 小丰的语法实践

御香山

仰首万林杏　杏林万首仰
倾心千山香　香山千心倾
半坡掩榭亭　亭榭掩坡半
墅一别地天　天地别一墅

此诗为回文诗，也称逆文诗，即将上句逆读即为下句。此诗中提到的香山 / 杏林均为北京近郊的地名。

长安山麓[①]

山望西长街　街长西望山
麓观南石阜　阜石[②]南观麓
花映泉上洲　洲上泉映花
墅叠林中城　城中林叠墅

① “双句回文诗”“倒读回头诗”“藏头诗”“藏尾诗”在古体诗创作中屡见不鲜，但如《长安山麓》般集四种形式于一诗，可谓前所未有，别开生面。

“双句回文”：将诗的上句完全倒过来，即为诗的下句，上下句互为镜像。

“倒读回文”：全诗既可按顺序正读，又可通篇倒读而另有新意。

“藏头”“藏尾”：将诗文每行的排头字与排尾字分别竖读可得之。本诗的“藏头字”和“藏尾字”完全相同，均为：山麓花墅。

② 阜石：阜石路。汇聚西长安街、阜石路、西四环数条城市主干线，纵达天安门、金融街、中关村等中国政经要地。

也
麓　　可
山　观

每退一字，按顺时针方向可读作：

可观山麓也，观山麓也可，山麓也可观，麓也可观山，也可观山麓。

墅
城　　不
离　可

每退一字，按顺时针方向可读作：

墅不可离城，不可离城墅，可离城墅不，离城墅不可，墅不可离城。

也
林　　可
泉　赏

每退一字，按顺时针方向可读作：
可赏泉林也，赏泉林也可，泉林也可赏，林也可赏泉，也可赏泉林。

中国的文人骚客常常借回文诗展示文采，其中的“环复回文”更是中华文化独有的一朵奇葩，难度高且独具一格。例如上面三句，五个字无论从哪个字读起都是一句意韵深长的诗。

山麓赋

麓
何处
繁华路
长安日暮
鸟语映花竹
芳草洲绿极目
山外青山树连树
叹天下红尘失其麓
多少名马香车趋若鹜
往来无喧嚣谈笑唯鸿儒
出则名退则隐何需分身术
瞰奇山观茂林赏美泉居城墅

去案牍远丝竹忘陋室栖名府
归田园采菊东篱闲庭信步
醉卧水畔花间渔樵耕读
春风秋月冬雪细评述
任四方英雄共逐麓
我自逍遥游几度
抬望眼穷诗书
千金难寸土
长安如故
世间物
谁主
麓

图形诗词是我国古代韵文创作中一种机趣的形式，文字排列的形状有几何形，也有茶壶形、龟形、山形体等形状。苏东坡就曾自创三角形回文诗。

树象

长街短程山连山
大宅小桥竹并竹
曲径花影树上树
回首月缺墅叠墅

迷象诗：即望图生文，通过人为图像化了的文字特征来连缀诗句，只有极少数的汉字才可用来做迷象诗的“种子”，创作难度非常高。因此，在中国这样一个诗歌大国，流传至今的迷象诗也不过几十首。

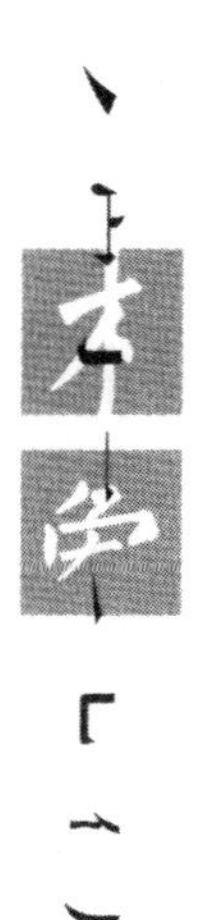

山竹树墅

程桥张月

街宅径首

山象

三山五园厅里画
一日双霞几上华
长御杏林心无憾
香倾半山四面花

镜 筅 慽 蕊

园 霞 楛 山

屾 日 御 香

三 世纪瑞博刀客自测法

世纪瑞博——刀客报广文案自测 16 条

标题

1. 成语、对联都去了吗？

   □是 □再改改

2. 废话都删了吗？

   □是 □再检查检查

3. 试试用同义词来说？

   最可爱的 3 个同义词

   甲： 乙： 丙：

   最终选定词：

4. 试试用反义词来说？

   最性格的 3 个反义词

   甲： 乙： 丙：

   最终选定词：

5. 能不能换个句式？（比如：祈使句、反问句等。）

   □不能了 □再换换

6. 语序能不能颠倒？

   □不能了 □试试看

7. 如果很长——先给个理由！

   理由如下：

8. 确认没有模仿别人吗？否则，啊哈，可要重来一遍！
9. 最后，请出声读一遍。

内文

1. 承接标题了吗？

   □是　□再调调

2. 把一段文字分成几行如何？

   □不能再分了　□再分分看

3. 每行只有一个诉求点吗？

   □是　□再分分

4. 各行之间是否有关联？

   □有　□再理理

5. 关联词都去了吗？

   □不能再去了　□再删删看

6. 内文还能再删吗？

   □不能了　□再看看

7. 最后，请出声读一遍。

后记 语法之外：文字的本质是什么？

文字的本质不是文字。

文字的本质是它所承载的内容。

语法的本质也不是语法。

语法的本质是更好地表达内容。

一个好剑客重点不是招式，

而是杀人于无形。

一个好文案重点也不是语法，

而是内容牛 ×。

千变万化，内容为本。

千秋万代，内容为王。

语法是皮毛，

内容是老虎，

与虎谋皮是本末倒置，是找死。

世界上没有武功秘籍。

红尘里也没有羽化仙丹。

语法可教可学，

内容却必须自产自造。

普通内容来自经验，

牛 × 内容来自体验。

经验来自多读多学多做，

体验来自多感多思多悟。

凡·高是色盲。

贝多芬是聋子。

雨果是话痨。

鲍勃·迪伦是公鸭嗓。

——不可逆的技术缺陷，

阻碍不了他们成为超级 IP。

这只是一本讲语法的书。

语法只是技术层面的东西，

而技术永远不是最重要的！

——受人以渔，不如授己以鱼，

我也只能帮您到这里了。

小丰

2019 年 10 月 16 日

小丰广告创作系列

Modern Chinese

广告人成长手记

人民东方出版传媒
東方出版社

|自 序|

广告老炮成长记

致我们始终坚守的青春

我，小丰，影视编导专业，中戏毕业。毕业即失业，离开东棉花胡同那天，我就正式加入了“北漂”大军。

混过剧组，给一个叫《龙子龙孙》的喜剧写过几幕台词；当过编辑，在《大学生》杂志社做过几个月临时工。

1996年底，经李檣师兄介绍，我进入了一个叫“创维”的广告公司，从此开始了我的广告人生。

从本土小公司，到国际4A大公司，再到自己开公司——一个广告青年在摸爬滚打中成长。作为一个已近退休年龄的广告老炮，我确实要对行业新人开几“炮”。

一、梦想是需要修正的

我读中戏是要成为作家的，结果为生活所迫，误打误撞干了广告。最初总有一种背叛了梦想的纠结，想着有一天“重操旧梦”。相信不少年轻人有类似经历，干着和自己梦想不符的工作，这其实挺煎熬的。

当“工作”和“梦想”同床异梦时，你必须要做个选择：要么修正梦想继续工作；要么放弃现有工作去追梦。

年少时的梦想大部分是“假性”的，当你进入社会才知道合不合身。任何工作都可以承载梦想，你要让梦想照亮现实。

我修正了我的梦想，我最终也实现了我的梦想。

我写了四五本书，创作了不少作品，最重要的是还有很多人读——最终圆了我的“作家”梦。

二、梦想只能修正一次

当我确立了“广告梦”时，就切断了和以前圈子的来往。

梦想需要修正，但更重要的是坚持。从 1996 年到现在，从现在到未来，我仍旧会坚持下去。

频繁修正梦想，是对梦想的逃避。一个和我情形相似的朋友，影视圈混的不顺就回广告圈，不停折腾。如此反复多次，到现在一事无成，已处于半失业状态。

不是选择广告就对，选择影视就不对。任何选择都是对的，但不坚持是不对的。

介绍我进入广告行业的那位李樯，最终选择了做影视编剧。坚持到现在，也已是著名编剧，并写出了《孔雀》《致我们终将逝去的青春》这样的佳作。

在这里，我也正式感谢下李樯师兄——致我们始终坚守的青春！

三、梦想不是“做自己”！

“你的梦想是什么？”
“你要永远做自己！”
——某档大俗的综艺节目的两大金句。

梦想不是做自己、耍个性。
梦想是让自己更接近梦想。
梦想是批判工具。

用梦想批判自己。

用梦想批判现实。

用梦想批判权威。

用梦想批判所有的金科玉律。

一个广告人，必须在梦想的批判声中成长，这样你才能突破藩篱高于现实，让自己活成“梦想”的样子。

梦想，是态度。

是从事这个行业研磨这个专业的态度。

四、广告人的“正态度”

有太多“工具书”。

有太多“案例书”。

有太多“装 × 书”。

我们缺一本讲“态度”的书。

态度其实是你的价值观。

价值观决定你的广告观。

广告观是专业观 + 职业观。

有“三观”，才有态度。

态度不是个性。

做广告，要有态度。

做广告，不要拽个性。

态度是脑袋，个性是发型。

没有态度的个性，

就是没有脑袋的假发套。

把个性当态度，容易得“性”病。

小丰的广告态度很简单：

批判现实主义。

行活大师，是放弃了专业批判。

平庸员工，是抛弃了自我批判。

有批判，才有成长。

有批判，才能拒绝平庸。

没有批判，就只剩下油腻的现实。

批判不能脱离现实。

批判现实是为了改造现实。

批判现实是为了实现更好的现实。

一篇“泥石流”的公号文，好过十篇高大上的“清流”理论。

一支很牛的出街稿，胜过一百支获奖的“飞机稿”！

我说的态度是“正态度”。

“无所谓”可以是艺术态度，但不能是专业态度。

“忍跪舔”可以是泡妞态度，但不能是你对客户的态度。

“态度”千万种，无对错，但有正负！

态度是互撕撕出来的。

态度是死磕磕出来的。

这本手记是互撕录。

这本手记是死磕史。

广告人生有涯也无涯。

广大文艺青年：

哪怕你衣品败坏发型暴乱，

但面对环境、专业和工作，

你一定要端起你的“正态度”！

这本书，是我入行到现在重要文章的汇总，记录了我的思考和成长。书中的大部分内容曾收录在《小丰广告檄文选》和《迷象》里，但一直作为世纪瑞博的内训资料使用，没有公开发行过。

当时写这些文章，都是随手而为，没有想过要成书出版。名为“檄文”有些名不副实，所以趁这次的出版机会，更名为“手记”。

成长路径不可复制，每个人都是一棵独立的树。我只是一棵老树，有人会看到枯枝，有人会看到风景，也有人会看到年轮，这最终取决于你自己的眼睛。

小 丰

2019 年 8 月 30 日

目 录

[CONTENTS]

变形记

房地禅

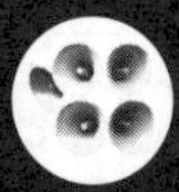

丰论坛

变形记

板砖、灌水、群殴、刷屏！！！

『罗大佐』——这个虚拟中的罗大佑的弟弟，在四面网骂中茁壮成长，直到被骂成了A网很牛的广告达人！

《广告青年变形记》，写的就是你！

一 变形记

广告青年变形记之一

看多了广告圈的男男女女、是是非非，才知道人生最大的痛苦不在于选择了自己不爱的工作，而是选择了自己力不从心的行业。

一个个纯洁的青年就因此而堕落。

因为力不从心，就认为自己只适合 4A，好不容易爬进 4A 又被 4A 踢回本土，不过也算大有收获。说话中多了些港台腔多少也知道些广告大佬的典故而且工资可以涨涨了，虽然只能混短短的几个月。

因为力不从心，就认为自己多才多能，设计转文案，文案转策划，跨专业多角度全方位玩转广告。你有深度我有广度，每日入睡前以此安慰自己那点可怜可悲的专业能力。

公司换了又换专业变了又变，那就把自己当外国才子认为中国广告公司环境太差了，于是只剩下最后一条路，那就是自己开公司。

如果公司开不下去怎么办，那就卖资料卖北京上海广州广告人的身份，铁了心去黑那些外地小公司。

如果这一切的一切都破灭后怎么办呢？！

那就只有让灵魂变形了！那就或傍着有钱的广告公司的老板或游走于没钱的小广告公司之间，玩政治玩帮派玩阴谋诡计两面三刀捧人踩人的下三路游戏了！没办法呀，人总是要吃喝拉撒的。用一位著名美指的话说："这种人早晚要横着走的。"

因为力不从心，一个纯洁的广告青年变形成了垃圾……臭虫。可悲可惜可怜可叹！不过话说回来，在广告这堆大垃圾上再多些脏东西也实属正常。

因此，在此奉劝青年们，入行前一定要想好自己是否有能力从事这一行。力不从心的同志尽早退出来，以防自己变形的那一天！因为，脏老鼠过街总要人人喊打，屎壳郎垫桌腿早晚会粉身碎骨！

以上现象只是广告这个行当每日上演的悲剧之一，各位切莫对号入座，真的被刺痛的人肯定会进行人身攻击。请大家拭目以待吧！浮闹的广告界需要一点醒世恒言。

二 变形记

广告青年变形记之二

“远看像搞广告的，近看像被广告搞的。”

“我是流氓我广告！”

广告是一场智力体操、名利游戏、提款运动——这只是对少数大佬而言。广告对大多数从业者只是一份现实而辛苦的工作。但偏偏有人把广告当作一个标签把它弄得脏兮兮的然后贴在自己的脸上。

说话唯恐不脏穿着唯恐不怪举止唯恐不色，就连在卫生间里的生命垃圾时段也唯恐别人认不出他们是干广告的。

中国出了张唱片的摇滚歌星就会过上比西方更肮脏的生活，尽管我们没有一首可以肮脏得传世的摇滚。

广告没干几天，就离不开所谓的广告人生活了，尽管还没有一个像样的出街广告作品。

在满嘴中英文脏话的背后是土得掉渣苍白得流水的设计和文案。在“前卫 + 流氓”做派的里面是恐慌和自卑。

都是些什么人呀？

脏话是他唯一和国际接轨的作品。

周末是泡吧泡妞泡帅哥的老手，周一是提案泡汤的高手。SM、滥交等，生活上创意无限，作品上阳痿不堪。男辫也好，露股也好，文身也好——广告本来就是稀奇古怪乱七八糟，有什么生活方式请转化为你的表达方式。

肮脏也罢，淫乱也罢，流氓也罢——广告人向来不是什么正人君子，有什么生活态度请让你的作品说话。

生活多么牛！混得一时，混不得一世。有实力未必有人买账，没实力生活绝不为你买单！

时间流转得就像不收费的自来水，也许有一天你会发现，被你的流氓样吓住的只有街边卖报纸的老太太和你自己。

三 变形记

广告青年变形记之三

纯属虚构，切莫对号入座，大家看着呢！

一个青年，刚踏入这个行业两年，就会迅速地由一个广告青年变形为一个脏话青年、愤怒青年、问题青年！

没有一个青年不认为自己是很创意很设计很文案很总监的，没有一个青年不认为这个世界这个城市这个公司应该慧眼识珠伯乐识马幸会幸会——对他这颗正在冉冉升起的明日之星温良恭谦五讲四美三热爱的，没有一个青年不认为自己是北京来的许文强又文又强仅凭赤手空拳就能有情有义有款有型地喋血龙之媒书店后海酒吧三里屯北街的，哪怕死也要人模狗样地死在十里长安街旁繁华的马路牙子上，再次也得混个冯敬尧的前女婿，冯程程的前丈夫——丁力吧！

可现实不是这样的——

这个行业是要吃人的！

就是泡在夜总会上班的许文强们也不比咱们每天收工回家的时间更晚。

每天用庸俗审美肢解你的同行比想肢解了黄金荣的同道更哥们儿。

你有没有那么一丁点儿小聪明先另说吧。

你真正流血了吗？公司炒了你客户毙了你财务骗了你总监骂了你同事涮了你，你就很正义地认为伤自尊了，你就很性格地大叫被“强奸”了，你就很傲骨地说我不干了——我也就耻笑地认为你就别出来混了，回家做个妈妈的好宝宝吧！

这个世界是残疾的，可很多牛哄哄的广告青年很拽地被这个残疾人一拳给放了个四脚朝天！

你真有理想吗？理想不会见不得肮脏的光。

你真有才华吗？才华不会在肮脏中一点不发光。

刚干这一行，谁没有那么一点假性理想假性才华假性执着呢？你的遭遇和别人没什么不同，请不要把广告新人不适症的种种排异反应看作自己很叛逆很性格；你的悲剧和别人没什么不同，请不要把自己能力缺乏意志脆弱创意失败当成自己很英雄很悲壮。

我想说：你对广告真的好，广告才会对你好；你对广告真的流了血，广告才会为你见红。你要真的对广告有理想，请先勇敢地面对这个肮脏的世界。

另外，无论你有多伟大的想法多精彩的牢骚多扎眼的网论，请先去你自己的硬盘里仔细淘淘——能不能拿出有分量的作品，没有，请不要乱找原因，你就是个“屁”；有，你也只不过是个“响屁”。做这个行业首先就认命吧——我们顶多制造一点有味道的空气。

永远不要原谅自己——从“屁”做起，踏踏实实的吧！

不！有一类青年注定是要变形的！

跑到奥美租界或者阳狮码头先混个名头，替外国人扛包也是为外国人做事呀，在租界做苦力也算是在租界办公吧，是啊是啊大家都是混口饭吃那何必挟洋自重呢！

更有一种就变得很脏了——脏字满天飞网文到处有对谁都不忿，但说来说去大意如下：

中国广告很烂（是大环境烂，他不烂）

中国广告没救了（他也就这样了！）

广告是个狗屁专业（是行业不专业，他很专业）

客户总是“强奸”我（作品很烂是事实，但我是被迫的）

那是客户好（……）

我不干广告了（现在只是玩玩，没专心做所以没做好）

把中国广告妖魔化来掩饰自己的无力？把整个行业末日化来掩饰自己的无能？把别人的帖子肮脏化来掩饰自己的无聊？比脏的胜率比比稿的胜率要大，于是青年越来越青脏话越来越脏混水越来越混网络越来越网——唉，我也就越来越不爱来。

喂！脏话青年、愤怒青年、问题青年们，对着镜子照照吧，你是发哥（周润发）吗？你不是发哥，你真的既不酷又不帅又没型又没款很怕疼特没勇气，你的那点小才华小聪明小性格只不过是每个年轻人脸上都会有的青春小痘痘而已，会随着年华老去坎坷增多心理异变消失得无影无踪换上几个八成新的老人斑。

这点青春期的小烦恼，谁没有过呢？说来说去也就是一俗嗑。

最后只说一句吧，如果说中国广告真的很烂，我们都是同谋！如果你真的还有热血沸腾，如果你不是满身脆骨，让我们承认吧！面对吧！一起改变吧！至少，至少，至少，老大们，别妄自菲薄地诋毁它吧！

中国广告的血像小甜甜的指甲油一样猩红呢！

大佐

写给流血的中国广告

2004 年 7 月 14 日

四 变形记

广告师父变形记

我有三个师父。

正因为有了这三个师父，罗大佐才有了粉丝铁丝铜钒锌锗丝这“网爆三丝”，罗大佐才成为罗大佐；正因为有了这三个师父，小丰才有了男徒女徒不男不女之徒这“三级牛徒”，小丰才成为小丰。虽然我一直认为创意和师父成反比，虽然我一直认为真正的牛人都是无师自通的天生逆徒，但很遗憾很遗憾很遗憾，我确实有过三个师父，这是我一生抹不去的光荣和污点。

我敢说，这个世界上，没有人比我这三个师父更厉害！过去没有，现在没有，将来也不会有！即使你坐上了妖蛾子一号飞向月亮上的兔子、吴刚，也绝对没有。有了这么厉害的师父，才有了我这样相对厉害的徒弟。

广大广告青年注意了——师父真的很重要！

师父首先是一个人，三个师父当然就是三个人。今天我要说的就是小丰和这三个人的故事。

我的第一个师父是敌人。

一个人一生可以没有像样的情人，但绝对不能没有高质量的敌人。许多广告青年没有找到好师父，是因为没有找对一个好敌人。我想说的是，你可以很“愤青”，但千万不要对这个世界充满敌意，千万不要把你的同事和朋友当作敌人，一个真正的敌人没那么容易遇到，我看到太多的“愤青”选错了敌人，最终由“愤青”沦为“粪青”愤愤而终。你一定要记住，这个世界上，没有几个人有资格成为你的师父，也没有几个人有资格成为你的敌人。

一个够格的师父或敌人不仅要有模有样、有智慧、有专业，更要有以下两个常人所不具备的品质。

首先，他要有近乎变态的窥视欲。他知道你的命门在右脚跟的那颗黑痣旁，他知道你在使用长句式时总是搞不清顿号和分号，他知道你在折腾苹果鼠标时小指总是无意识地翘着。他窥视你一切的一切，然后不遗余力地攻击你，甚至你使用了一张盗版图片他都会通过图片公司的律师函让你猜猜——他是否知道了！他一直用他无边的“知道”和无耻的行为提醒你督促你，让你一直小心翼翼如履薄冰好好学习天天向上，真的真的真的，他的及时和准确绝不亚于“用生命做广告的侯总”的劳斯丹顿名表。

其次，他要有死缠烂打的竞赛精神。你把广告当作事业，但是他把你当作事业。当你觉得game over的时候，他会纠缠着重新洗牌，从头再来。当你停止了专业进步的时候，你会发现他仍旧鬼鬼祟祟地碎步跟着。屡战屡败但屡败屡战，他完全不计较个人得失，仿佛今生只为成就你而来。一旦他高过了你，他就会搬起石头给你制造路障，或者干脆就把你当作应该清除的路障，这可是要出人命的，所以，你一定不能让他在你的上方。于是，你又重新上路，路漫漫其修远兮，你不得不上下左右而求索。一个“牛”的创意豪杰是炼不成的，他是被“逼”成的！只有经过了这个过程，你才真正理解了“牛”这个字深不见底的隐秘含义。

遇到一个这样的敌人是你的幸运。所以，你一定要珍惜他，要爱他。你的一生会不停地遇到这样的敌人，你的一生会不停地遇到这样的师父。当你遇到的越来越少，那说明你在慢慢地出师了；当你遇到的越来越少，那说明你也越来越孤独了。

好的敌人如同好的情人，时过境迁便此情难再，现在看来，我的第一个师父最最可爱！

我的第二个师父是小人。

敌人磨你筋骨苦你心志，小人则一心一意抽你的筋挖你的心。

小人最爱嫉妒。但我一直认为别人的嫉妒是对你的最好赞赏！虽然小人在嫉妒时的表情肌肉不那么入画，但也可以凑合着当恐怖片来娱乐身心。对小人你一定要睁大眼睛，小人经常以你朋友的身份出现，这时候的他们用真名说赞美你的假话；小人也经常以网友的身份出现，这时候的他们用假名说诋毁你的真话。你要学会欣赏这真真假假，你要学会玩味这虚虚实实。大红花还需俗绿叶来配，小人甘做绿叶的精神你不得不钦佩。所以，永远不要剥夺他们的绿叶权。

小人甘做绿叶当然好，但他们总是搬弄是非造谣撞骗让你不胜其扰，这可是小人给你的第二个大礼包，你就把他们当免费的娱记看吧。你没看到冰冰和祖德们没有小人捣乱急得袒胸露乳上天入地，最后只得自掏腰包请枪手们“向我开炮”吗？！有这么一帮埋伏在广告圈暗处的神枪手免费为你大造花边恶意炒作，你想不成名都难呢！“罗大佐”早已不在江湖，但为什么江湖上依旧有“罗大佐”的传说？在这里，我小丰谨代表“罗大佐”真诚地谢谢你们！

毁不了你，谤不了你，那就干脆顶着你的名义干坏事。小人善于抄袭模仿，小人也永远只会抄袭模仿。所以，李鬼是颇有市场的，就是别蹍到李逵。只可惜我遇到过的几个李鬼 EQ 太低，一边冒充着李逵一边还嚷嚷着李逵没什么真家伙，时间长了，被忽悠过的人也不禁想他究竟是人是鬼？！其实，李鬼永远是李鬼，李逵永远是李逵。他泼了你一身脏水你只当洗了一回泥浴吧，他溅了你一身唾沫星子你就当玩了次过期的 SPA 吧。李鬼让李逵愤怒，小人则让我学会宽容，李逵只看到了李鬼的可气，我则感到了李鬼的可怜——做人要厚道！

敌人让你在专业上绝不松懈精益求精，小人却旨在提高你的人生修养，让你学会面对生活和事业上的这些肮脏龌龊，练就你高超的排干扰能力和干干净净的心境，让你五讲四美三热爱，让你毁誉随风宠辱不惊——我的第二个师父除了有点可怜，还最最可敬！

第一个师父是敌人，第二个师父是小人，我的第三个师父是鸟人。

我说的鸟人并不特指那些说“鸟语”的广告人，当然，也不妨包括他们。

说“鸟语”的广告人不乏好人，但有相当一批说“鸟语”的广告人，既非好鸟也非好人。

我觉得真正好的港台创意人首先是把自己当人而不是当鸟。看看吧——那些天天坐着港龙航空商务舱飞来飞去的鸟经理，那些年年揣着“飞机稿”飞坎城飞纽约的鸟评委，那些时时刻刻身在笼中却自以为高高在上的鸟总监——中国广告界整个就是一部《鸟的飞行》的纪录片，但你大可不必和他们生气。这些鸟师父让我思考真正的汉语广告而非“鸟语”广告，《小丰现代汉语广告语法辞典》就是在一片鸟语呢喃中摸索汉语发声的，抚今追昔，鸟师父们对这本书的诞生功莫大焉，鸟师父们对我的学术进步功莫大焉。

我的师父除了这些说“鸟语”的广告人外，还包括那些不说“鸟语”的各色广告鸟人。这种鸟人是真正的鸟人，他们崇鸟媚鸟奉“鸟语”广告为世间唯一真理，就连言行举止都无意中带着一股刻意的鸟味，凡不符合鸟风鸟俗的广告全部鸟窝里放屁连风吹带打击（鸡），真是岂有鸟理！洒落在中国本土广告上的一摊摊鸟粪，大多来自于他们的鸟屁股。人在鸟林走，难免粘几粒鸟粪，这提醒我走路时不仅要脚踏实地，也要时时抬头看看天空，中国广告的这片林子大了，什么鸟粪都有！由此可见，我的这第三个师父不仅关于意识形态，而且关乎学术，所以我的第三个师父最最了不起！

这个世界上没有什么世外仙谷能让你绝处逢生，有的话也早就被开发成旅游胜地了，仙谷里也没什么遗世古猿能教你绝世武功，有的话也早就被放在餐桌上摆宴了。

我想我们这一代人对师徒观念的最初了解大都来自于武侠小说，什么得了几页破书就可以少奋斗N年笑傲江湖，什么遇到了一个奇人就可以跨基因遗传一甲子的功力，其实这些都只是几个小个子丑男人用以谋生的幻想而已，广告青年们，醒醒吧，千万不要把自己的一生交给他们的幻想。

金庸老先生嘛，也只是个被某明星的床戏就能忽悠倒的凡夫俗子而已。

不用去翻什么百晓生的兵器谱，不用去网上检索金庸小说里谁武功第一。说到底，敌人、小人、鸟人才是这世间最厉害的三个师父，稍不小心你就死定了，你就会很难看地倒卧在你的职业生涯的半路上，被无数双脚踏过。敌人、小人、鸟人也是这世间最好的三个师父，你也许会遇到许多人对你言传身教，但我敢保证，他们所能给你的绝对比不过这三个师父。

我的这三个师父，你一定也遇到过。

我的这三个师父，也一直就在你的身边。

如果你的眼睛看不到这三个师父，那说明你是个超级无敌大笨蛋。如果你看到了他们，却故意错过，那么你就错过了你人生最大的一笔财富。

最后我说一句，我不收学生，也不做师父。因为，广告可以学习，人生却永远不可教育。一个最成功的师父只要做到一点就够了：克制自己——永远不要去做徒弟的敌人、小人和鸟人。

每个人的人生道路上都有三个师父。

每个人都会和这三个师父发生不同的故事。

属于他的那三个师父，始终在路的尽头默默地等着他呢。

你所能做的，就是静静地送他上路，然后定格，目送他渐行渐远的背影，看着他像当初年少轻狂的你一样——去拜师、去学艺、去悲、去喜、去疯、去痴、去生或者去死！

房地禅

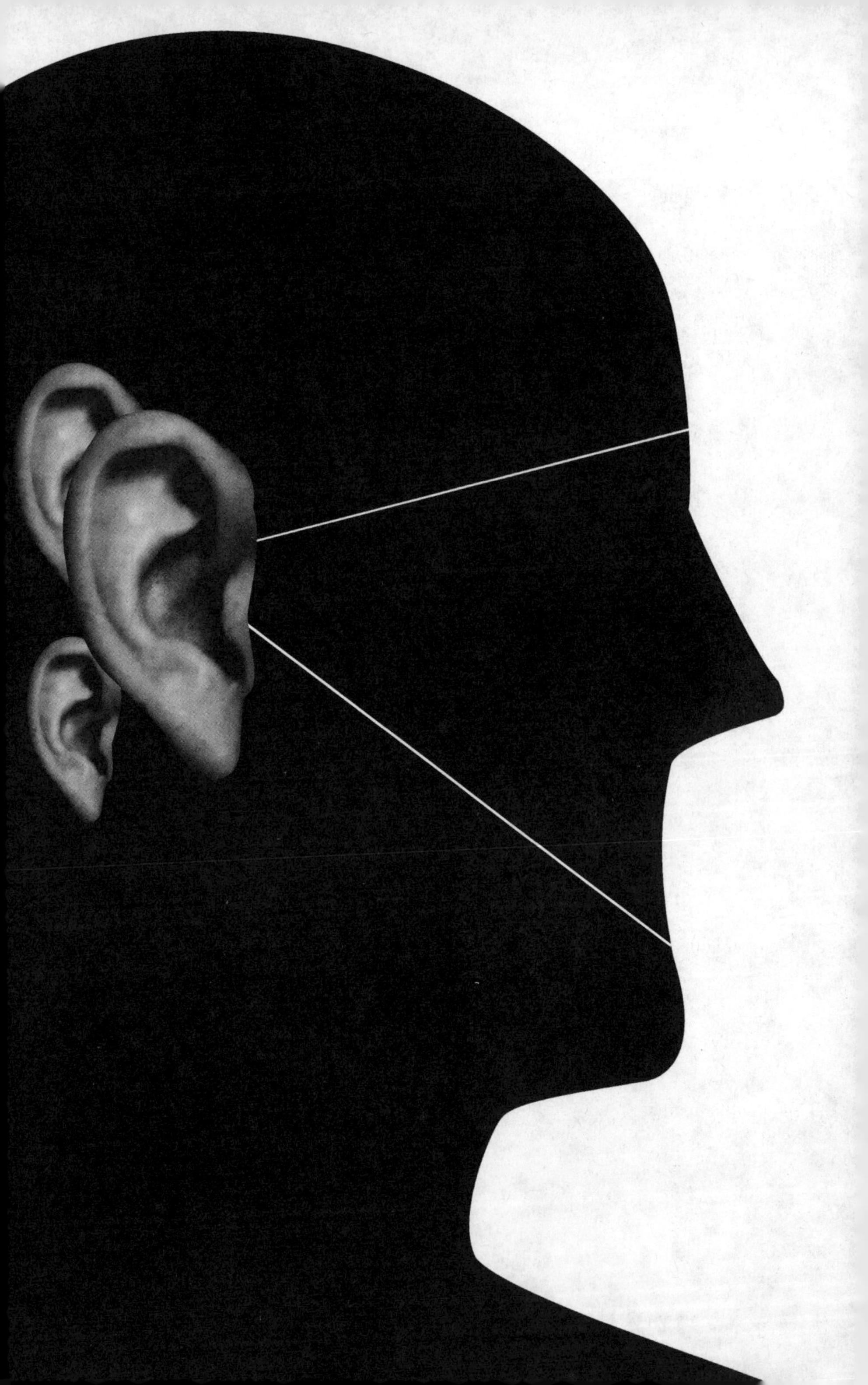

『专栏』——『专』门治『懒』。

一周2000字是个轻松的数字，但周周2000字却是个巨大的心理压力！！『禅』了一个多月，回顾梳理了自己的一些案例，算是给自己的房地产广告生涯画上了一个小小的『逗号』。最近因为要出书，重新读了一遍，有些吃惊且羞怯地发现，自己除了懒，还有那么一点——人文！！！

一 禅析

《新起点嘉园》广告禅析

找回广告背后失落的传奇

这是一个平庸泛滥的年代。我们用无比精美的包装万分隆重煞有介事地盛放着一点点干瘪失水的内容。

这是一个传奇失语的年代。我们眼球充血耳朵失聪感官愉悦地享受着信息爆炸，却丝毫超度不了我们现实生活的空虚混沌琐细无聊鸡零狗碎。

随便翻开一张报纸，你就会发现，占据了大部分广告版位的房地产广告，一水儿地媚俗、丑陋并窃笑着！

城市文化的一种——房地产广告，只剩下了广告主和广告商的自说自话和产品主义的功能直接诉求，顶多再披一件几年前流行一时的“唯美”外衣。也许有意也许无心，房地产广告心花怒放地成了平庸审美垃圾文化的掮客帮凶。

产品主义没错。

功能诉求没错。

过时的唯美表现也没什么。

房地产广告没有改变时代审美的责任，但也没有以丑陋和重复来污染城市眼球的义务。

广告除了重复现实或美化现实之外，就不能给予我们一些高于现实的超脱和启迪?

这是一个没有英雄的年代，正因为如此，我们呼唤英雄。

这是一个爬行现实主义盛行的年代，正因为如此，我们渴望传奇。

新起点不想再重复。

新起点不想再以地产广告特有的高分贝叫卖产品功能来聒噪大众的耳朵。新起点要在没有英雄的年代，奉献给在这个忙碌城市里忙碌着的商人一点可以感动的诉说。

新起点——一个位于中关村门户的商务公寓，目标消费群为中关村内在大写字楼租金重压下苦苦打拼的成长型企业。

投资性——公寓的价格和按揭方式，还可以把付给别人的租金变成自己的资产（将来或租或卖都便利灵活），这是项目最大的利诱点。但这也是一个地产广告的“投资”时代，以“投资”的名义进行鼓噪的地产广告铺天盖地多如蚊蝇，可聪明的广告人常常忽略了商人的聪明，商人对利益的敏感和计算远在广告人之上，过度夸大投资性只会适得其反。

其实，对投资者来说，更重要的是投资时机，再好的项目投资时机不对也是枉然。为什么总是忽视广告对象能动的智力呢？面临封顶处于绝佳投资时机的新起点的广告又该怎么做呢？

——替他们算账吗？周边物业的租金恐怕他们比你更清楚。

——再把项目的投资卖点细数一遍吗？以前的广告一说再说过了。

——奉劝企业主不要做租金的奴隶吗？好像你并不是他们的朋友，凭什么信你？！

懒惰是丑陋的源泉。按照常规房地产广告的路数演绎下去，势必又变成报纸上的那些垃圾文化。

难道，说到投资就一定要陷入利益的泥淖吗？

难道，广告就不能赋予商人一点传奇和感动吗？

谁能保证现在正在中关村海龙大厦里斤斤计较的商人不会是将来的比尔·盖茨呢？

于是，广告在否定又否定之后，诞生了传奇！

“如果比尔·盖茨读完大四”——讲述了比尔·盖茨大学逃学，后来缔造了微软帝国成为首富的神话。

“如果李嘉诚没有选择塑料花”——道出了20世纪50年代的李嘉诚从塑料花生意中掘得第一桶金的传奇故事。

“如果格林斯潘仍留在摇摆乐队”——不会吧？！现在的美联储主席？是的，影子总统也有自己不为人知的一面。

这一切都在说人生时机何其重要，投资不也一样吗？没有房地产广告里常见的高雅的取媚、伪装的奉劝、自信的吹擂，只是把一个个不为人知的传奇留给这个城市去沉思、去阅读。

那产品怎么卖？

关注了！共鸣了！记住了！如果看到的人是你的意向客户，他自然会进一步去了解，聪明的消费者知道怎么选择！如果他不是，那么他也在现实生活的一地鸡毛中读到了一个个新鲜的故事。

难以计算广告切实起了多大作用——我们只知道新起点嘉园创造了北京商务公寓销售史上的传奇。

时至 2003 年，新起点已圆满结案。这个过去的案例至少留下了几点思考：

A. 没有弱智的消费者，只有弱智的广告人，请不要用你一厢情愿的猜度，降低消费者的智力。

B. 当广告成为各大媒体必不可少的主角时，广告人便有了一份讲究城市文化卫生的责任，请不要用你自以为是的媚俗，来制造阅读的垃圾时段。

C. 广告也许超度不了我们的麻木神经空虚心灵凡碌人生，但它至少要给我们平庸的生活增加一点不同，哪怕是一丝轻松的趣味。因为，只要你不甘于让广告为平庸代言，广告——其实可以很传奇，传奇——也可以很广告！

二 禅析

《颐园·碧水云天》广告禅析

从唐诗宋词到城市之美

从某种意义上说：城市是美的破坏者。正像米兰·昆德拉所描述的，比例失衡的高楼大厦制造了视觉的丑陋，此起彼伏的噪音制造了听觉的丑陋，压力重重的生活制造了心情的丑陋。

从某种意义上说：地产广告是美的破坏者。正像我们每天在报纸上看到的——光色横飞的效果图展销着建筑的内脏，傻大黑粗的字体叫卖着价格的机巧，乱摆 pose 的外国人兜售着崇洋的谄媚。

不是因为城市的丑陋造就了广告表现的丑陋，而是广告人的审美贫血造就了地产广告这株“恶之花”。

城市也有美的一面。城市也有山水。那么，城市的最优美部位在地产广告里又是怎样一种呈现呢？！

设计上——用了几千年的传统山水画笔法或者干脆就是从盗版图库里搬下来的山水画。或山、或水、或怪石、或梅兰竹菊，抄袭地营造着唯美的意境和刻意的风骨。唯恐不这样就不山水，唯恐不这样就不广告。

文案上——成语、对联满纸飞，一味地卖弄自己也未必懂的辞藻和绝不扎实的古文功底。韵文没有错，平仄用得好也能出新章，不明白的是为什么总要拿捏着腔调隔着一种古代的文体和现代人说话。如果只读文字，你会觉得时光倒流几百年不期然误遇了一位乡试未第的私塾先生。

实际上——把陶渊明式人生理想和美学趣味硬塞给互联网时代的现代人只是广告人的一厢情愿。

《颐园·碧水云天》，要让城市不再缺失山水。

《颐园·碧水云天》，要从唐诗宋词的韵里行间打捞起失落的城市之美。

船桨——古典山水生活的永恒意象。

高尔夫——现代城市生活的终极意象。

当城市遇到山水，当船桨遇到高尔夫，于是就有了“起杆、万柳”“漫江碧透、万山红遍、层林尽染”的人生境界。

当然，作为一种商业的广告，不可能只是纯粹形而上的美学诉求，不可能完全脱离项目的特性而孤立存在。

船桨——也代指了昆玉河。

高尔夫——球场就在项目的旁边。

项目的核心诉求点也在不期然间完成了。

反过来，作为一种文化的广告，也不可能脱离城市的文化和语境而孤立存在，广告要找到项目自身及主要消费群体的文脉。

知识英雄——中关村和学府区的成功知识分子。

山水情怀——城市征服者最后的心理慰藉。

对主要消费群体的寻找和界定，也在人文化和山水化的诉说中达到了。

古典和现代不矛盾。城市和自然不矛盾。因为，进化的过程始终是丢失的过程，丢失的过程也始终是寻找的过程。

城市，每天都在制造丑陋，也每天都在制造美。需要我们牢记的是：作为城市一分子的地产广告，应该学会遗忘现代进化中的种种丑陋，引领我们重新发现我们居住的这个城市的另一副美丽面孔。

不可否认，地产广告也是城市美学的一部分，它属于在这个城市美与丑之间生活的每一个人。那么，请读读《颐园·碧水云天》的文案吧，或许你会从唐诗宋词的现代韵脚中找回我们失落已久的——城市之美。

《颐园·碧水云天》

西北万柳之西北，上风上水之上位。
窗含三山五园，门泊碧水云天。
翠柳。石堤。浪花。帆影。
枕畔千帆过，长河落日圆。

拱桥。流水。跑车。游船。
楼群沉思湖中倒影。
水草停泊都市纷绕繁忙。

春燕。秋鸟。飞虫。游鱼。树上的知了。
一副球杆。一群雅友。夕阳下纵情挥杆。
大地上几条长长的身影。

红枫。晨雾。梵塔。彩殿。白云。山涧。
披一袭锦衣。执一壶香茗。
看漫江碧透，层林尽染。

船。岸。天。地。人间。
昆玉滩头，坐观风起云涌潮飞浪卷。

三 禅析

《优士阁》广告禅析

让广告向未来预言

尼采说：神死了！——于是，人类跌入了世俗的狂欢！

奥格威说：除了销售，广告什么都不是！——于是，广告就只剩下了功利！

任何现实都存在于过去、现在、未来三个向度的交点上。现实主义不等于功利主义。没有过去的现实主义，是失重的现实主义。失去未来的现实主义，是爬行的现实主义。

自从广告诞生以来，以销售为借口的爬行现实主义广告就堂而皇之地大行其道。广告成了信息和谎言的低下载体。广告本身变成了不再思考的低能儿。

对于地产广告来说是如此，对于商务楼盘的地产广告来说就更是如此！一提到后者，某些地产广告人就立刻把自己降低到爬行动物的高度来思考问题，广告也就变成了小儿科的信息罗列或商务报告式的概括总结了，并且美其名曰“为了销售”！

从美学上说：尼采被曲解了，自由的酒神精神被完全庸俗化了。

从销售上说：奥格威被曲解了，销售是目的，但销售永远不是广告的过程和形式。

未来派——“爬行现实主义”的反义词！

优士阁——一种想和主流的房地产广告有所区别的传播方式。

“未来，让整个20世纪变得肤浅！”——对“爬行现实主义”的反动不一定非要以“未来”为注脚，但广告在这里不再肤浅，我们看到了广告对未来的思考和对现实的批判！

“未来，拥有私人航海驾照，成为新一代商人的标志”——没有化过装的威逼，没有赤裸裸的利诱，只是一场智能者关于未来的对话，用对未来的信心和确认来兑现你的利益和现实。其实，无论你有怎样牛的卖点，对商务项目来说，发展才是硬道理！难道不是吗？

与众多商务楼盘僵化的视觉表现（穿西装的外国人＋外立面）不同，画面直接借鉴了“未来派”——分离、拼贴的绘画技巧，甚至干脆把其代表人物波乔尼的画像进行了“未来派”的表现处理，把冷峻、硬朗且又现代的个性风格诠释到底！

过于急功近利的销售诉求，阉割了广告的想象力和审美价值。当这样的广告充斥了所有报纸版面的时候，连引起关注都成问题，更何谓广告目的。

没有审美价值的广告还是广告吗？！众多以“销售”为借口的广告，除了实现了广告主的自我表达之外，真正能达到广告目的的又有几个呢？！和其他艺术形式一样，广告应该为现实中缺席的价值代言，为美的一切代言。

销售的路不止一条。

广告的方式不止一个。

地产广告！请从爬行中站起来——为未来代言，为你自己代言！

四 禅析

《万科青春家园》广告禅析

贫乏与重建："诗广告"

一个无奈的现实：城市的诞生，带来了诗意的丧失。

天空不再是神的故乡，工业时代的浮尘颗粒掠走了鸟儿的飞翔；大地不再是万物的居所，高楼大厦的崛起取代了麦穗的生长；我们不再是我们，欲望城市里，人只是一群在各种规则和格子里忙碌爬行的物质动物。

关于城市和诗性的悖反关系，贯穿了历史的始终，荷尔德林、叶赛宁、海子等甚至用自己的生命写下了痛苦的证明。

时至今日，人类对于这一点终于有了清醒的认识和反思。海德格尔说："哪里有贫乏哪里就有诗性。"我们现在面对的问题是：在诗意贫乏的城市，我们该怎样重建诗意？！

其实，城市对诗意的重建一直在自觉或不自觉地进行着，因为无论何时何地，“诗性”始终是人类内心永恒的渴求。

我们看到，许多房地产项目也在用自己的方式开始对诗性的反思与寻找：密度越来越低，水和绿地越来越多；原生树木越来越多，移植和破坏越来越少；空地多了、步行空间多了、街区和广场又重新恢复了——这一切，都是为了“人，诗意地栖居”。

但我们也不能不看到：建筑在重建，可作为城市生活形态投影的房地产广告，仍旧贫乏着。

用广告打捞起城市丧失的诗意，用诗意慰藉城市人贫乏的心灵——这是我们的广告要做的。

咖啡一定要是悠闲的，
啤酒一定要是快乐的，
红酒一定要是深情的，
音乐一定要是原酿的，
书籍一定要是纯洁的，

心情一定要是随意的，

朋友，最好是在圣瓦伦丁街遇到的。

——相约万科青青，相约圣瓦伦丁街

悠闲、快乐、深情、原酿、纯洁、随意——这些我们在城市里丢失已久的情绪和意趣，不也是诗所丢失的吗？！贫乏的体验导致广告的贫乏，广告人百寻不遇的广告诗意也许就蕴藏在生活的细节里。

与城市交换时尚

与自然交换心情

与车流交换速度

与绿草交换呼吸

与人群交换亲密

与自己交换自己

——我的 Village Town

我们因城市丧失了诗意，难道我们又要因诗意而丧失了城市？当代城市人的选择也许会永远两难着。也许，还有第三种选择——住在 Village Town，在城市和自然之间不停地切换生活。

绿叶下课了

蜻蜓休假了

荷塘冬眠了

这个饭香四溢的秋冬

你和我的爱情终于有家了

——爱情有些想家了！

诗在城市陷落了，也许下一个——就是爱情了。家是最终的避风港吗？爱情贫乏的年代，诗也许就是这些生活中平凡的感动吧，让我们的广告也多一些平凡的感动吧！

“广告诗”或者“诗广告”不单单是指要借用诗的形式做，而是要用广告的形式去挖掘心灵发现心灵，给予我们自己和这座城市最后的家的慰藉。

哪里有贫乏哪里就有诗性。

哪里有丧失哪里就有重建。

贫乏而忙碌的广告人，你看到了吗？

五 禅析

《北京印象》广告禅析

建筑物语：从概念到印象

绘画中的印象主义：从客观的真实化到主观的印象化。

广告中的印象主义：从主观的概念化到客观的印象化。

简单点说：前者是他者给我的印象，后者是我给他者的印象；前者是表现、是艺术，后者是呈现、是广告。

这曾经是一个信仰概念的城市。这曾经是一个崇拜主义的城市。于是，就有了炒作各种概念的房地产楼盘。于是，就有了标榜各种主义的广告推广。

然而，把购房这个单纯的消费行为彻底唯心化，只是开发商和广告商的主观意识而已。过度的概念和主义，只会使消费者尽早地理智起来、辩证起来、唯物起来。

不得不承认，许多时候，我们常常人为地高估了消费者的精神，家长式地把他们的精神需求视为他们的消费需求，认为仅凭概念和主义就能决定购买，于是，就有了那些概念空泛、主义泛滥的广告。

另一些时候，我们又常常低估了消费者的智力，把市场的买点掩耳盗铃地偷换为产品的卖点，非常官僚地认为我们说了他们就信了，于是，就有了那些自吹自擂的信息化、DM化的广告。

事实上，没有一个消费者会把你的广告当作圣经或红头文件读。在信息爆炸的今天，能吸引眼球才是第一位的。

拼概念、秀主义、飙信息都是必要的。但一定要记住，消费者记住的不是概念、主义、信息，而只是它们给予人的第一印象，至于具体的了解，那是需要到销售现场去解决的。

在大多数情况下，广告能做的只是替产品营造某种印象，继而才是口碑、销售等，这些都取决于更综合的因素而非广告本身。

1. 消解概念和主义。把过去附着于广告上的种种概念拿掉，将其单纯为——“原版。德国”。

2. 让建筑自己说话。用实景图客观展示建筑，把对项目的评判留给消费者——“样板。德国”。

3. 让现场自己说话。把广告目的简化为吸引人来现场，强调现房的时机感——“从此。德国”。

拒绝夸张，剥落粉饰，让事实默默地展示静静地吸引，在概念风行的虚拟时代，还消费者一个真实。

会有人说：这只是一个典型的房地产广告，和所谓的“印象主义”无关吧！是这样的——如果你从美学上看。这里找回的只是“印象”这个词语最原本的意义。

会有人说：只是一种很纯粹的德国印象嘛，和北京印象根本无关。是这样的——如果你从理性传播的立场看。这里更关心的是它给消费者的“印象”。

任何广告，传播过程中的反应和声音或者是市场尘埃落定的解释，往往会和广告人原本的初衷无关。然而，作为广告人的我们却深深地知道，埋藏在这则广告背后不改的初衷是：在人们对广告越来越狐疑越来越逆反的时代，广告本身需要给市场营造的是一个诚实的印象。

丰论坛

去南京参加论坛期间，组织者告诉我说：『有人从贵州提前几天赶来，就为了能听听你的演讲。』

谢谢你，我的粉丝！在自己的虚荣心得到些许满足的同时，也多少替粉丝们觉得不值！『吃鸡蛋就够了，干吗非要看一看生蛋的母鸡呢？』存在就合理吧！

我们的峰会和论坛一直是『鸡』多『蛋』少，这个世界，总有人努力下『蛋』，也总有人努力做『鸡』，更要有人把『蛋』收回去，再下一遍给大家看。

●一 丰论

房地产广告是一种广告吗?

房地产广告7宗罪

爱为广告煲汤的老莫在评析美林·香槟小镇的报纸广告时总结了“7宗最”：

1.“最”怕无策略；

2.“最”怕无主题；

3.“最”怕无原创性；

4.“最”怕无话题性；

5.“最”怕杂乱无章；

6.“最”怕多言；

7.“最”怕无动于衷。

如果按照老莫的“7宗最”来严格量刑的话，恐怕大部分的房地产广告都该被就地正法了。

当然，也有许多房地产广告人已经出离广告了。只做过产品广告的老莫？不买他的账吧！

固然，房地产广告有自己的真理，不必拿广告的普遍规律来削足适履——房地产广告只要存在一天，这样的民事纠纷就会继续下去。

不想做法官，也无意于做律师，我只想就美林·香槟小镇一案，对房地产广告圈常见的弊病做一次公开的诉讼。可以说，美林·香槟小镇正是为了避免犯下以下罪行，才成就了它的《7宗醉》。

1. 把乙方当甲方

也许这是过激的广告竞争惹的祸。创造，是广告的第一性，但许多地产广告公司完全放弃了乙方应有的坚持，把琢磨开发商的想法放在第一位，把过稿视为第一目的，从而导致大量甲方思维的地产广告在报纸上泛滥。

美林·香槟小镇建筑形态的均好性决定了“卖镇，重于卖房子”。我们也决定坚决不陷入常规产品主义广告的推广套路，无数次的坚持换来了有效的沟通，最后，甲乙方统一认识——这才有了美林·香槟小镇第一个7+1即《7天·创镇纪》的诞生！

2. 把模仿当原创

模仿在地产广告圈好像是天经地义的。美林·香槟小镇第二个7+1即《香槟·7宗醉》发布不久，昆明就堂而皇之地出现了类似的“7宗醉”。

这种现象非常普遍。有几个以设计著称的地产广告公司，只是在巧妙地借鉴欧洲设计年鉴；有几个不错的地产广告案例，总是无一例外地有着台湾意识形态的影子。

不模仿别人只是最基本的，不模仿自己才是我们应该做的。对于模仿，我只有一句话：“不原创，毋宁死！”

3. 把点子当策划

均好性产品的时代，需要整合的是广告推广。点子只能引发一时的注意和兴趣，不能促动整个楼盘的销售。全国各地都不乏因点子而知名也因点子而烂尾的“名”盘。

“香槟”没有停留于概念，而是将项目进行了整体包装，开发商也根据这个核心理念对产品进行了相应的调整。美林·香槟小镇的两次7+1有着长期的纵向考虑，同时横向上也很好地联动了户外立牌和现场活动等。

4. 把策划当广告

如果把一个项目的策划书直接当作广告，倒可能是一个不错的创意。我这里说的是地产广告的泛策略化现象。把宏观概念当成报广标题，把产品定位语当成广告语，把市场的理性思考当成实际生活感受，等等。

广告当然要执行策略，但广告要对策略进行精加工后才能引发消费者的兴趣，现在大多的房地产广告都只是策划者的一厢情愿，是“半成品”。

美林·香槟小镇把策略藏在了背后。

5. 把 DM 当报广

做产品广告的都知道单一诉求的重要性。房地产广告常常是多卖点组合，信息量很大，这也无可非议，但无论卖点怎样多都应只有一个主诉求点是没错的，可许多房地产的报纸广告变成了 DM 式的卖点罗列。有人说，这是地产广告难出好创意的最主要原因。

美林·香槟小镇的 7+1 报广做了一次尝试，即把卖点分解开，用 7 个半版各说一个卖点，最后用一个整版总括形象，从而做到了每支报广的单一诉求！

6. 把效果图当设计

这是地产广告最大的弊病。我不反对用效果真正好的效果图做设计，但我们常常忽略了一个事实，就是登在报纸上的效果图——无论是哪个项目的看起来都差不多，当大家都一样的时候，效果图也就失去了效果。

当然，这是客户非常喜欢的一种方式，所以，有些做了多年地产广告的公司仍旧不是在做设计，而是在换不同的方法摆放效果图。

美林·香槟小镇《7天·创镇纪》做了一次突破——8支广告没放一张效果图。我们只是想做个例子告诉大家，不一定非要上效果图才是地产广告。因为，我认为报纸广告更多时候营销的是一种印象。

7. 把留白当浪费

这是甲方常有的想法，久而久之，乙方也这么想了。其实，品质感是浪费出来的，密度越高的房子越节约资源但也越没质量——地产广告同理。

美林·香槟小镇7+1系列不仅是目前能看到的最具长度的房地产广告，同时也是密度最低的！

仅仅为了避免犯罪，只能做正确的广告。美林·香槟小镇则寄寓了地产广告更大的野心——这也可能是中国平面广告有史以来最大的野心，那就是：以史诗的篇幅、三大系列、28 支报纸广告的规模，实现了一个宏大的平面系统工程。

从《7 天·创镇纪》到《HOUSE·十诫》，美林香槟小镇《圣经》三部曲目前已彻底完成，并成功见报，作为广告，它至少做到了两点：（1）把传统分次发布的系列广告变成了单次发布的连续广告；（2）在横向上以 8 支报广的力度把报纸广告的长度延展到一个极致。

在这之前，常常有人争论《7 天·创镇纪》或《香槟·7 宗醉》或《HOUSE·十诫》的优劣，很少有人看到它们之间的纵向联系。其实，在我看来，整个三部曲都只是一支稿子。

美林·香槟小镇《圣经》三部曲，至少没有犯下 7 宗罪。

if you love life with a passion, you will love champagne.

7天·创镇纪

美林·香槟小镇

美林·香槟小镇

MERLIN CHAMPAGNE TOWN

有香槟，就有成功和欢乐

一次嗅觉沿着原木瓶塞探寻生命真味的酒香之旅
一场心灵踏着葡萄根须回归生活原义的动情发现
一段珍藏于橡木桶深处发酵并美妙着的人生体验
一种凝结于高脚杯边缘沸腾并高远着的香槟情怀

365日葡萄原乡生活

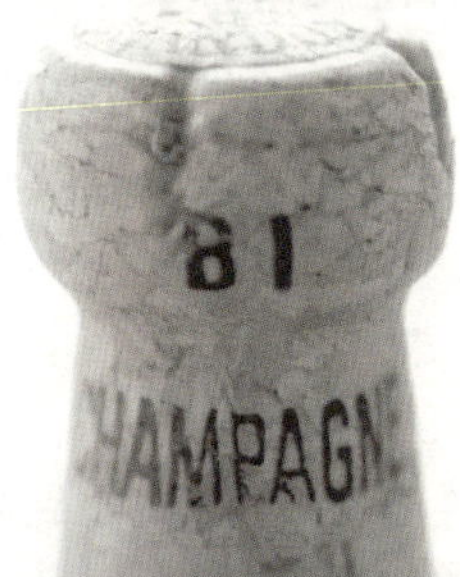

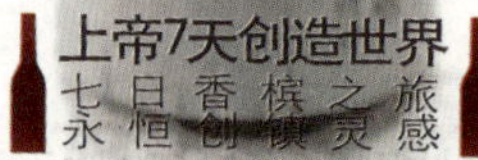

公元2000年/一次偶然的法国香槟区之旅，让困惑已久的美林小镇开发商找到了答案。
公元2003年/经过长达3年的设计规划，一瓶精心酿造、窖藏多年的上等香槟美酒——**美林香槟小镇**诞生了！

天竺核心 温榆河畔传统别墅区 门前两大高速路 CBD高尚第一居所
0.46超低容积率，18.3%建筑密度，只允许五分之一的地面生长房子。
51%豪奢绿化率，75000平方米流水园林 现代简约设计 双拼、联排、叠拼，**有天 有地 葡萄原乡小镇**
4200平方米运动主题会所，**全精装空间**，国际品质配套设施，仅限286位生活大师

if you love life with a passion, you will love champagne.

「香槟」CHAMPAGNE，其实是一个地区名称，位於法国东北部，距巴黎145公里，车程约二小时。
我们通常所说的香槟区分两个部分，南部为香槟区，北部为亚丁区。
按照法国法律规定，只有出产于这里的葡萄酒才可以叫做“香槟酒”，否则只能叫做“气泡酒”。

■投资商：美林正大投资集团 ■发展商：北京美林房地产开发有限公司 ■全案代理：北京美麟信诚房地产经纪有限公司 ■电话：80466111/80466222/80466333/80466222/80466111 ■

第1天 晴 风力3—4级 车速140迈 行程：从巴黎到亚丁—香槟区 巴黎。香槟。温榆河

"还没进入香槟区，我就已被路边香甜的空气和自然的景色灌醉了！" "在距巴黎20分钟的地方我停了下来，我看到分布在高速公路旁的一排排低层的漂亮房屋，它们很和谐地和周围的树木融和在一起。"

2000年 旅法手记

巴黎——高速路——香槟区　CBD——高速路——美林香槟小镇　同样的高速路　同样的畅快里程　同样离尘不离城的——诗意生活

天竺区——北京第一代私家成熟高尚生活区。　温榆河——北京最富阳光水意的生活栖息地。　美林香槟小镇——天竺核心区，西距温榆河仅500米，门前京顺、机场两大高速路，专线直通CBD。

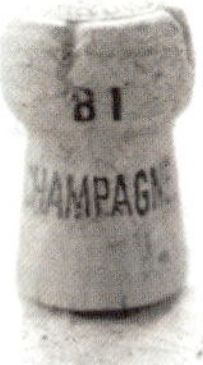

■投资商：美林正大投资集团 ■发展商：北京美林房地产开发有限公司 ■全案代理：北京美麟信诚房地产经纪有限公司 ■电话：80466111/80466222/80466333/80466222/80466111 ■

第2天 晴 风力3级 步行 行程：汉斯—未名的自然小镇 只允许五分之一的地面生长房子

"没有任何人工斧凿的痕迹，这个法国小镇就像天然生长在这块土地上一样，所有的房子都是自然排列的，却又冥冥中有一种秩序。" "美林香槟小镇，应该像香槟区的自然村镇一样天然。"

•0.46超低容积率，18.3%建筑密度，只允许五分之一的地面生长房子。 •自然，错落，三叶虫式总规布局，再现葡萄原乡小镇天然意趣。

2000年 旅法手记

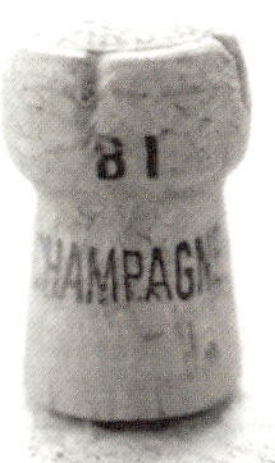

■ 投资商：美林正大投资集团 ■ 发展商：北京美林房地产开发有限公司 ■ 全案代理：北京美赫信诚房地产经纪有限公司 ■ 电话：80466111/80466222/80466333/80466222/80466111 ■

第5天 多云 风力1级 步行
行程：农田舞会 小镇酒吧

运动的乐趣，让每个人成为朋友

"在法国香槟小镇，劳动的乐趣让每一个人都成为朋友。" "在美林香槟小镇，运动的乐趣让每个人都成为朋友。" 2000年 旅法手记

•4200平方米、钢架结构、玻璃幕墙、现代风格运动主题会所。 •内设阳光泳池、壁球、乒乓球、网球、桑拿、健身等高尚运动场所，运动乐趣无所不在。

■ 投资商：美林正大投资集团 ■ 发展商：北京美林房地产开发有限公司 ■ 全案代理：北京美赫信诚房地产经纪有限公司 ■ 电话：80466111/80466222/80466333/80466222/80466111 ■

第6天 多云 无风 车速110迈
游览计划：香槟大道 酒窖

懂得生活，更懂得挑剔

"在香槟区，每800粒葡萄中只有一颗能被用作制作香槟的原料，而一瓶上等香槟需要4000粒这样的葡萄。"——上等的香槟来自对原料的严格挑选，上等的生活来自对细节的反复打磨 2000年 旅法手记

•品质由内而外，演绎香槟细节精神。 •全精装空间。 •人性化中央除尘系统。 •新加坡政府最新安防系统。 •"宝路"高科，多路控制，三种模式。

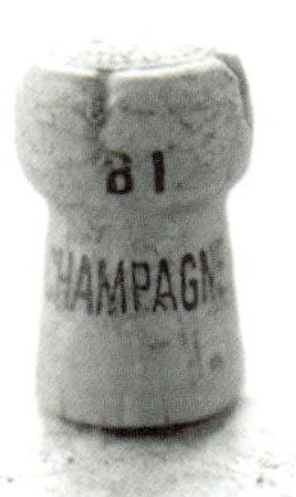

美林·香槟小镇 10解

同单价.同总价.不同生活.

有天，有地，精装联排别墅，准现房销售/
95%超高使用率/送私家花园、露台、私家会所及车位

MERLIN CHAMPAGNE TOWN

美林·香槟小镇

1解 天竺核心 温榆河畔 葡萄原乡
2解 第一时间直抵CBD 机场高速路杨林大道出口 第一居所
3解 0.46容积率 低于CBD十数倍的居住密度
4解 51%绿化率 75000平方米风车主题流水园林
5解 送私家花园 露台 私家会所 车位
6解 有天有地有花园 法式双拼别墅 联排别墅 叠拼别墅
7解 送8米大面宽 带精装卫生间的地下私家会所（D户型）
8解 独门独户联排别墅 2—3层直列式院落
9解 95%超高使用率 不为多余公摊面积付费
10解 10年成熟别墅区 高持续性发展潜力

电话 80466111/80466222/80466333

除自然以外．
你的house不可崇敬别的神祇．

许多许多年前，为了一种寻找，人们从自然出走；
许多许多年后，为了再次的寻找，人们重返自然。

自然house之浪费：
树多，浪费绿色/
水多，浪费湿润/
空气清新，浪费呼吸/
四季分明，浪费衣服/
晨昏如画，浪费鞋子/

CBD豪宅之节省：
水泥替代风景，节省眼睛/
噪音替代鸟鸣，节省耳朵/
高楼替代树木，节省季节/
忙碌替代散步，节省心情/
霓虹替代月亮，节省浪漫/
尾气替代氧气，节省健康/

美林香槟小镇——天竺核心区，几百年未曾干涸的温榆河，自诞生就如此的纯原生地核心。10年国际成熟别墅区花园簇拥中，温榆河畔800米，数万亩百年野生成木林环伺里，再现365日[illegible]乡生活。

CBD——不为生活而造的中央商务区，近4.5万平方公里的CBD仅具有一块不大的原生绿地。

电话：80466111/80466222/80466333

<同单价 同总价 不同的联排别墅生活 美林香槟小镇之于CBD豪宅10大差异之一>

自然，人类的第一次选择/城市，人类的第二次选择/小镇，人类的第三次选择/

不可远离城市．
也不可在归家时远离风景．

符合①所述条件者请选择CBD为第一居所	符合②所述条件者请选择香槟小镇为第一居所
① CEO	① 不是只会工作的CEO
② 董事长	② 不是不懂得休闲的董事长
③ 金领族	③ 不是24小时都打领带的金领族
④ 演艺人士	④ 不是只爱表演生活的演艺人士
⑤ 自由职业者	⑤ 所有热爱自由的职业或非职业者
⑥ 其他各界成功人士	⑥ 一切生活大师

美林香槟小镇——机场高速路，杨林大道出口，一路风景，第一时间一线直通CBD。10年成熟国际别墅区，北京第一代富人和外籍人士聚集地，已有40个国家和地区约5000人落户，其中1/2为外籍人士。周边商业街、赛马场、高尔夫球场、国际学校一应俱全，CBD高尚人士首选第一居所。

电话：80466111/80466222/80466333

<同单价 同总价 不同的联排别墅生活 美林香槟小镇之于CBD豪宅10大差异之二>

4诫

人、逐水、草而居。

不可不做绿色和水的子民.

爱上CBD豪宅的理由：

①怕晒，喜欢盆景甚于实景/
②怕高，喜欢藤类植物甚于参天大树/
③对花粉过敏，喜欢室内甚于户外/
④晕水，喜欢纯净水甚于溪水/

爱上小镇House的理由：

对以上各条持反对意见。

美林香槟小镇——完全开放式园林设计，51%超豪绿化率，时间、生命广场。75000平米风车主题流水园林，千米锦鲤水系、中央水景、湿地、栈桥、处处原生绿茵水岸。

CBD——平均绿化率仅为30%-40%，景观设计以紧凑的围合式园林和经济的假山水为主，绿色和水——CBD永远的痛。

电话：80466111/80466222/80466333

<同单价 同总价 不同的联排别墅生活 美林香槟小镇之于CBD豪宅10大差异之四>

没有花园、露台？我们只能遗憾地称之为房间。

不可无花园．不可无露台．不可拒绝神奖赏给你的礼物．

在CBD豪宅以上享受同样免费，前提是：

①花园或者露台，如果你的house有的话。

②先你拿全把它们买下来。

小镇house的免费礼物：

①免费奉送——露台（和露台相关的以下享受同时免费）

／a 读书、下棋、看星星，免景观费。／b 饮榭露、品美景，免餐饮费。

②免费奉送——花园（和花园相关的以下享受同时免费）

／a 举办家庭party或星光派对，免场地费。／b 带宠物在草地上散步撒欢，免物业管理罚款。

美林香槟小镇免费奉送（以D户型为例）——100m²–130m²私家花园（带1万元绿色植物）

84m²地下空间（精装修带产权、层高3米、有高窗）

36m²露台（入口平台＋2个露台）

电话：80466111/80466222/80466333

<同单价 同总价　不同的联排别墅生活　美林香槟小镇之于CBD豪宅10大差异之五>

不可居于人上．不可居于人下．不可没有邻居．

天、地、人——人最初的家，

天、地、人——人最后的家。

CBD豪宅之天之地之邻居：

①向上看，楼上的阳台是最近的天空。

②向下看，楼下的屋顶是最近的地面。

③向左看，向右看，邻居多了，也就懒得交了。

小镇House：

双拼、联排、叠拼别墅3种风格13种户型，

面积250–360m²，总价220–420万。

法式简约风格设计，

天就是天，地就是地，朋友就是邻居，

回归自然，找回人本天然生活。

电话：80466111/80466222/80466333

<同单价 同总价　不同的联排别墅生活　美林香槟小镇之于CBD豪宅10大差异之六>

不可不赐予暗室．不为自己的心灵感恩．

家庭幸福的秘密——有一个单独的空间能和朋友们独处。

小镇House私家会所使用指南：

①香槟酒窖，住在这里怎么能少了香槟呢？！
②天堂电影院，最适合在地下看的一部电影！
③老友棋牌室，麻将的声音再大点儿也没关系！
④家庭健身馆，和老婆一起告别小肚腩。

CBD豪宅私家会所使用指南：

对不起，请去付费的公共会所吧！这里没有私家会所！

美林香槟小镇—免费奉送精装私家会所（以D户型为例）——84m²半地下空间，8米大面宽，3米半层高，采光明窗，25m²多功能厅，9m²独立工人房，近7m²卫生间，拥有完美功能分区。

电话：80466111/80466222/80466333

<同单价 同总价 不同的联排别墅生活 美林香槟小镇之于CBD豪宅10大差异之七>

不可不友爱．也不可和异姓出入同一个门户．

House在城市中的最大代价是，失去了独立的院落。

住CBD豪宅的n种修养：

忍耐/忍受和一切人乘坐同一部电梯包括那条宠物狗。
轻功/轻拿轻放轻说话，否则，总有被迫的窃听者。
坐禅/无庭院可漫步，无静地可沉思，只宜闲坐。

住小镇House的n种修养：

在这里，惟一的修养是，丢掉以上所有修养。

美林香槟小镇——独门独户联排别墅，2-3层错列式house，家家拥有院落，在小镇热闹的邻里生活中充分保有宁静和私密。

电话：80466111/80466222/80466333

<同单价 同总价 不同的联排别墅生活 美林香槟小镇之于CBD豪宅10大差异之八>

9诫

不可浪费.
以空间的名义挥霍财富.

奢侈，来自节省。

小镇使用率表格（仅供参考）

	D户型	CBD公寓豪宅
面　积	236 m²	
单　价	12700元/m²	
总　价	300万	
使用率	95%	80%
使用面积	224 m²	188m²
使用面积差	36m²	
实际差价	36 m²×12700元/ m²=45.7万	
节约费用	45.7万（相当于一辆国产宝马）	

在CBD拥有小镇同样使用空间的几种方法：

1/加一辆宝马车款，换一所建筑面积更大的House。

2/在House里多装几面镜子，当然，仅仅，只是感觉上的。

3/把小镇的House搬到CBD来，如果能做到的话。

美林香槟小镇——使用率高达95%，不为多余公摊面积付费。

CBD——板式公寓平均使用率为80%，其他建筑形态更低。

电话：80466111/80466222/80466333

<同单价 同总价　不同的联排别墅生活　美林香槟小镇之于CBD豪宅10大差异之九>

10诫

不可拜金.
也不可不眷顾异国的住客.

人生的价值在于拥有多少彼此认同的朋友

—House同理

投资天竺美林香槟小镇的数大砝码：

1/物以稀为贵，5年内天竺区不再批别墅，住宅开发量少于CBD。

2/住客成就租客，10年成熟外籍人士聚居地，出租率更高。

3/品牌提升价值，高档品牌精装修，前瞻智能化系统，品质才是硬道理。

4/服务决定未来，京城首创5个"一"整合服务体系，保障可持续发展的物业上升潜力。

电话：80466111/80466222/80466333

<同单价 同总价　不同的联排别墅生活　美林香槟小镇之于CBD豪宅10大差异之十>

二 丰论

万科生活背后的广告圈层论

——解读：万科青青家园　万科西山庭院

现代住宅的批量产物——淡漠小区。疏离的邻里关系，隔膜的友爱交流，冷淡的日常沟通。

传统的中国有“间”，现代的西方有 block，也就是圈层，这是人文城市的缺憾。

开发商及营销推广商都应是人文城市的构建者，是城市的人文公民！

淡漠小区的产生源于开发商和广告商圈层意识的缺失，因为邻里、友爱、交流都是建立在共同的圈层上的，当下中国社会没有十大阶级关系，只有各式各样的生活圈层，圈层其实就是没有自觉意识的潜阶级。

为圈层建房子，怎么来打破淡漠小区？我们来看一个开发商和一个广告商的努力。

平等、共享、均好，这是万科部分产品的设计原则，也是圈层意识的上层建筑，这样才能保持圈层的完整感，具体到产品上则表现为：

1. 低层、低密度才适合人的交流，人多了、楼高了，距离就远了；

2. 多层次的公共空间利于人的全面接触，不仅是共享的园林会所，还要有学校、商街、幼儿园等生活配套的共享；

3. 开放式的小区规划，用“格调眼”来取代人为限制，当然，最基础的是相近的总价。

产品体现上需要特别注意的是：“灰空间”——半私密半公共空间的营造，人与人的日常交流大都从这里开始和完成。

检验一个产品圈层值的重要值：口碑和购买率。万科在30%～60%，有圈层才有邻里才有口碑推荐。

一个产品从开发到成型总是受各种因素的影响，用产品塑造圈层总是不完整的，那就要经过广告的再塑造。

圈层形象的广告塑造如果非要有个理论，那就是“定位”理论，即“我是这个范围、位置、感觉”的双向认同。不要直接把定位的圈层策略喊出来，把握住具象的特征和不具象的调性才是圈层广告塑造的方式。

产品缺少圈层意识和广告缺少圈层塑造，是我们的双层缺失，感谢万科制造，让我们在有圈层意识的产品上进行圈层塑造的广告探索。

案例一：青青家园

万科青青家园2期3类产品的三种圈层塑造

1. 选择型客户

小资圈层——感性青年——圣瓦伦丁街

绝对差异化的产品

德式风情建筑：明亮，温暖，成熟，尺度严谨。

色彩第一人称：德国秋天的颜色，调色生活，20栋栋栋不同。

自然人居：低层低密度建筑，亲地亲自然亲生活。

层层退台：户户拥有小天地和私家露台。

永别黑楼梯：外飘扶手楼梯，风景陪你踏步，阳光心情回家。

把自然搬进家中：楼内设天井，四层共享，每日对景就餐。

庭院里的自然：私家花园地平上抬90公分，禁止目光入内。

家庭风向学：此阳台全封闭，防西北风、防沙；南阳台全敞开，引领清风阳光。

第一印象圣瓦伦丁街

咖啡一定要是悠闲的，
啤酒一定要是快乐的，
红酒一定要是深情的，
音乐一定要是原酿的，
书籍一定要是纯洁的，
心情一定要是随意的，

朋友，最好是在圣瓦伦丁街遇到的。

（百米成熟商业街——圣瓦伦丁街，位于小区主入口处，全欧式风情设计，餐厅、超市、咖啡厅、鲜花店、西饼屋、银行、邮政一应俱全——青青家园的第一印象。）

2. 需求型客户

小小资圈层——感性的理性青年——准婚族

板楼中以 G 为主的 90 平方米左右的小户型却遭遇销售瓶颈。针对销售遇到困难的 G 户型，我们创作了一系列以“爱情”和家为切入点的推广。

爱情有些想家了！

把记忆搬进阳光里
把心情搬进清风里
把视线搬进风景里
把憧憬搬进房间里
感情拒绝租赁
誓言拒绝流浪
快把爱情搬进青青家园里！

那些山盟海誓的话该有个窝了！

工作是容易的，存钱是困难的

恋爱是容易的，成家是困难的

相爱是容易的，相处是困难的

决定是容易的，等待是困难的

一切是困难的，可在青青是容易的

3. 舒适型客户

大资圈层——理性青年——恋荒癖

非差异化的产品

青青四期的产品和前三期相比有着很大的变化，比如：

1. 地段概念之变，不再是纯郊区地段，而是城市边缘地段；不再是绝对的第二居所，而是可能的第一居所。

2. 低密度大小区没变，但四期本身的容积率升高。

3. 不再是纯郊区形态的低层花园洋房，而是城市形态的板式带电梯住宅；不再是差异化产品，而是主流产品形态。

4. 性价比之变，单价提升了，总价略有提升，但建筑形态低了。

5. 不再是创新户型，而是常规户型。

6. 园林配比方式之变，组团式共享式的园林。

7. 客群之变，由年轻小资变成相对理性的中青年。

坦言之，四期的青青在产品质量上并没有提高，产品形态、价格都会成为制约销售的关键因素。

老枪

重逢这么多鸟儿，却不会再玩那把百发百中的“老枪”。

产品利益点：园林

东南西北

小时候的选择决定一生的朝向。

产品利益点：板楼、通透

线轴车

当年那辆夺冠的小车，能否再表演一次L型急转弯？

产品利益点：L型观景阳台

沙包

儿时那奋力一掷，意味一生对距离的追求。

产品利益点：40米楼间距

小船

看着小镇流水，不由得怀念起那艘力争上游的小船。

产品利益点：中央水系

手帕小老鼠

也许不再玩“小老鼠”，却拥有更幸福的童年。

产品利益点：配套学校、幼儿园

万花筒

从万花筒旋转的那一刻，就记住这满目琳琅的感觉。

产品利益点：配套商街

土电话

简单一根线，发现距离会变得贴身般亲切。

产品利益点：万科物业

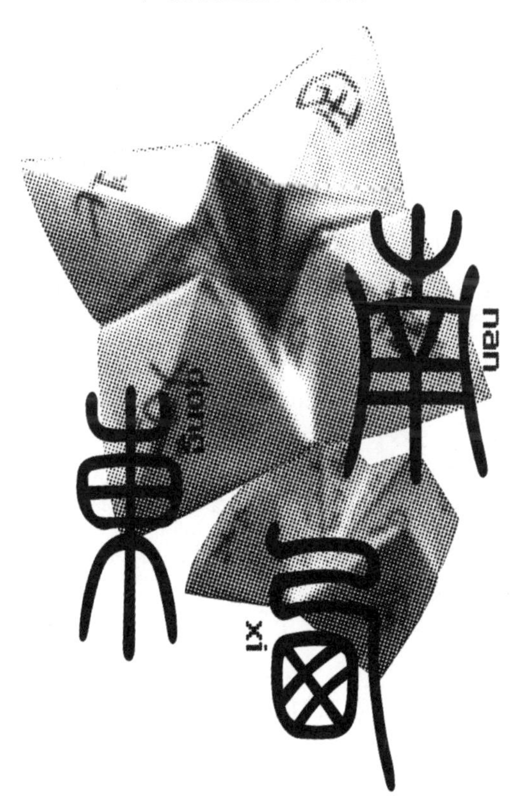

案例二：西山庭院

品质型客户

中产阶级——理想中青年——文化院校情结

北京西部人群一直是一个特殊的群体。这个客群集中，并呈现出明显的精神偏好，即这是一个中年群体，有良好的教育背景，所在行业都有高知特点。这个代表中国当下人文知识分子的庞大群体，被称为“理想中年”。

中国知识分子是一个很尴尬的群体，在社会阶层中一直扮演着精英的角色，但实际上，这个群体却一直受到主流化意识的排斥。这样的角色错位，造成了他们既出世又入世的悖论状态，在出世和入世间游离不定，艰难地寻找平衡点，朱耷就是最典型、最戏剧化的代表。

很少有人能够成功地寻找到平衡点，更多的人往往是走了两个极端：要么极端出世，真的成了纯粹的隐士；要么特别入世，人文变成了入世的手段。

社会不断进步，也更加包容。从朱耷到现在西山的业主，虽然生活有了很大的改变，包括居住的状态和条件，但他们扮演的社会角色依然尴尬。

他们一方面在入世，渴望拥有成功的事业和名望，得到公众世界的认可；一方面也在出世，希望回归家庭，能够拥有自我理想的世界，追寻高山流水、桃花源般的世外意境。正是中国知识分子的这种尴尬现状促成了西山庭院对这个群体的探讨和思考。

在这样的背景下，根植人文沃土的“新八大山人”系列的诞生就有一定的必然性。社会永远在前进，“人”的精神追求一定会受到建筑越来越多的关注！

THE DISTORTION
RECORDS

创异志

怀念那时候，一切客户沟通以少见面为原则，能电话就电话，能MSN就MSN，不得不见也要戴上口罩互避耳目，提案变得像接头。其实，非典只是改变了沟通方式而已，并且效率更高。埋头在如今冗长的文山会海里，我总忍不住怀念几秒非典时期那段『有病』的时光！

一 异志

后非典时代的地产广告

“残酷戏剧”大师阿尔托把传染病称作“高等疾病”，说它在给人们制造灾难和恐惧外，在精神上也有其积极的一面，那就是唤醒社会的良心和激发人类的“潜智慧”。

这是一个“后”文化流行的年代，你可以为自己的广告找到后古典、后现实、后印象、后现代、后后现代等各种“后”字版本，却没有一个属于“后非典”。

后非典时代，没有经典可以借鉴，没有先例可以取巧。后非典时代，广告人必须“真唱”。

非典给北京人的地产广告带来的影响是前所未有的。想

想看，在非典时期，一个专业的地产广告公司所有的客户都会遇到同样的问题，而非典结束后要解决的问题又是完全不一样的，也就是说“你要在同一时间内——为多个客户——用不同的方式——处理同一个危机”。

新问题+难问题搞不好，危机公关、危机策划、危机创意就会衍化为广告人自身的危机。

多倍的挑战也意味着多份的机会。多样的困难也昭示着多元的可能。

案例 A

词语——发烧——通风——弹性办公——免疫力

CBD　优士阁　商务公寓

背景：项目既定的卖点和推广策略都很明确，问题是在后非典时期人们对广告的关注率下降，无论头楼办公还是投资都会趋于谨慎，这时候该怎样重新唤起大家对广告的兴趣和对项目的关注？

思考：一切没变。一个在后非典时期怎样表达和表现的问题。广告无力矫正整个社会的热点与焦点，关键是表现方式要符合特殊时期的社会大语境。

策略：特殊时期特殊表达。每一个人的社会或自然事件都伴随着词语而来。非典的到来，重新赋予了一些词新的生命，并使之流行。找到这些关键词，与项目本身的卖点巧妙地对接，在人们对这些词依旧记忆犹新的时候，无疑会制造新的关注和流行。

行动：寻找的过程很简单，非典时上报率最高的词肯定就是最具广告杀伤力的。难点是要找到这些词和项目的内在联系并重新包装卖点，否则只会适得其反。

表现：

关于投资——地面战——户外立牌

“不准发烧！——保持 36.8 度投资热情”

“提高投资免疫力，靠自己！”

投资性是本案一直在诉求的，但这也是 CBD 众多商务项目的共同诉求点。而在后非典时期大家的投资热情下降的时候，直面诉求投资性显然是不明智的。于是，调转角度，抓住人们害怕发烧的心态，以劝慰的口吻，从批判冲动投资的角度出发，提醒大家“提高投资免疫力，靠自己”，从而暗示出“选择本案是冷静的和聪明的”这一广告目的。正是投资性和非典关键词的嫁接，使得本案和 CBD 众多无差异化的投资性诉求区别开来，从而在无意中达到了树立广告差异化形象的目的。

关于卖点——空间战——系列报广

“该通风的不止是空气，还有你的商务氛围！”

——办公室的空气要健康，办公室周围的商务空气更要流动、健康，“CBD”这个老卖点在后非典时期得到了新诠释。

“该弹性办公的不止是时间，还有你的空间！”

——弹性空间是地产广告的常见词，与非典时期弹性办公关联起来则唤起了人们对那场恐慌的非常记忆。

（由于非典的原因，报纸原本拥挤的版面空出来了，这时一个通栏的醒目度可以比得上过去的一个整版，而且平日难以做到的异形版组合现在也容易实现了，所以给客户建议以两个跨版连体的通栏为一期广告的版面。）

关于视觉——眼球战——做减法

关键词本身就足以吸引眼球——后非典时期才有的特殊效果，这就够了。所以，设计上要减法再减法。

案例 B

概念——O_2 公寓——H_2O 写字楼

市中心　富海中心　综合性建筑

背景：与上一个案例不同，这是一个尚未在市场进行推广的新楼盘！而在非典前后，大家对写字楼和住宅的消费观念发生了微妙的改变，在短期内位于绝对市中心的写字楼和住宅会受到一定冷落。如香港淘大花园的 SARS 爆发，导致港人置业更倾向于近郊的低密度住宅。地段是地产的金科玉律，“市中心”这一原来的大好卖点突然变成了项目的难点，而地产是短推广周期的项目，如果项目推出后得不到市场的迅速认可，后果就不堪设想了。

思考：一切都改变了。像上个案例一样把项目卖点和非典流行语简单对接肯定是行不通的。必须把以前的推广思路全部推翻，深度解剖非典后的消费心理，找一个能够支撑项目整体的全新概念。

其实，非典之后人们急于选择近郊物业是带有很大冲动性的，非典的爆发让人们本能地选择空气更好人流密度更低的地方，但市中心的便利和成熟是永远不可替代的，人们不是不爱市中心，而是更爱健康，可是总不能坐等消费者恢复理智。

客户也敏锐地意识到了这点，决定在写字楼和公寓里安装更先进的分户式环路中央空调，来解决人们对传统中央空调的不信任感，并把写字楼才有的新风换气系统首次引入公寓里。这样，打“健康”概念就有了差异点和支持点，就立得住脚了。

策略：用“健康”概念包装楼盘，把差异点直接化为诉求点。

但可以想见的是，非典过后，会有一批所谓的“健康住宅”出现，所以还要在“健康住宅”这个大概念下寻求表现的差异化。

由于项目位于中关村中心区，客群定位是以中关村人群为主的，而他们大都从事 IT 和数字行业，那能不能用一种更数字化和符号化的语言来表现呢？

行动：动脑会，打“健康”概念但坚决不用“健康”这个表达；客户沟通会，坚定客户提到的以上两点想法。

表现：

核心概念：O_2 公寓 +H_2O 写字楼

——O_2，氧，新风换气系统；H_2O，水，水环路系统。非典的特殊语境创造了特殊的词汇和表达。通过后非典时期人们对健康的极度敏感和预定客群的审美特征，推出了一个全新的楼市概念。

系列报广：

“O_2 公寓，够鲜风！”

——直接把新风换气系统这一最大的差异点作为诉求点，同时隐喻项目是公寓中的“健康先锋”——树立项目的形象。因为在公寓中装设新风系统它是第一家，而位于市中心有新风的公寓更是绝无仅有。当然，只有概念、形象、差异点是不够的，还要把它们深化到购房者的生活细节中去。

“小心你家空气的保鲜期！”

“不用开窗也新风！”

“一套公寓，一天 12 次新风！”

——用生活的细节提醒消费者对健康的专注，变抽象的健康概念为具体的生活利益，引发大家对其他公寓的比较，从而迅速强化购房动机，促成购买行为。

（考虑到非典对人们媒介接触形式的改变，以上的广告主题还会通过网络、户外媒体、DM 进行反复诉求。）

案例 C

意识形态——幸福——友好——高尚

天竺区　美林·香槟小镇　Townhouse

背景： 非典前进行了初期的形象推广，通过 7 天的法国香槟游记的形式以及把罗丹的“思想者”搬到展会的公关活动，成功地树立了法国葡萄园乡村小镇的形象。非典的突然爆发让形象推广期提前结束了，而非典后 Townhouse 的热销又使它的功能卖点诉求期提前到来。

思考： 问题是所有的 Townhouse 都会做同样的诉求，非典这样的大事件除了表层的词语和概念，难道不能给我们留下一些更深的什么吗？

当然不是，非典在很大程度上改变了我们的社会意识形态。当人们从非典的恐慌和惊乱中苏醒过来，开始回忆时，非典对我们生活曾有的改变也就越来越清晰了。同样地，经历了前两个案例，这个推广案也应该多些对非典的思考和沉淀了。

结论：因为非典，我们在不知不觉中建立了许多社会和生活的新规则，可以说，这种潜在的新规则即后非典时代人们的家园新规则。

策略：从意识形态的角度切入，挖掘生活潜在新规则，唤醒人们非典之后的生活潜意识，产生思想和情感的共鸣，继而达到对产品功能卖点的认同。

行动：思考、思考，再思考，沉淀、沉淀，再沉淀……

表现：

"迷乱 5 月逝去后，这儿的宁静幸福地说：深呼吸！"

系列报广一：

"幸福，就是自由地呼吸陌生空气"

——非典让我们失去了对空气和人的信任，我们变得害怕一切陌生。

——非典给我们一个短暂的幸福新定义，在窒息的社会氛围里和口罩的束缚下，每个人都不由得在内心低语："幸福，就是自由地呼吸陌生空气。"

（美林·香槟小镇纯自然的地段环境）

系列报广二：

“友好，就是给别人一段可以信任的距离”

——非典之前人们的交往要握手、要热情、要亲密。

——非典的到来彻底改变了我们原有的社会规则。

（美林·香槟小镇超大的楼间距）

系列报广三：

“高尚，就是不让自己和别人拥挤”

——也不要让自己的家和别人拥挤。

——非典时期足不出户也许是最道德的。

（美林·香槟小镇超低的建筑密度）

关于视觉：后非典时代，风景是不需要包装的，一张最单纯的风景照，就有足够的说服力和诱惑力，所以，项目的效果图就永远消失在了风景的背后。

三种方式，三次从流行词语到意识形态的层层深入。

三个过程，三度从表象诉说到深层打动的递进创作。

正像阿尔托所说的，传染病在精神上也有它积极的一面：后非典时代的广告人必须真诚地面对和挖掘自己的“潜智慧”！

非典终将完全逝去，这些后非典时代的典型案例也终将会被遗忘。也许有一点值得记取，那就是以上所有这些叙述，全都是在非典最肆虐的时候完成的。

二 异志

夕阳下的房地产广告

北京的房地产广告已经进入“前夕阳时代”，对房地产广告最大的伤害是不把房地产广告当作广告，但对房地产广告更大的伤害是把房地产广告只当作房地产广告！

在我从事房地产广告以前，许多人对我说：你是做产品广告的，做不了房地产广告。当我真正成为了一名房地产广告人后，又有人对我说：你是做房地产广告的，所以你不懂产品广告！

其实，我做产品广告的经验和做房地产广告一样多，我所在的公司本土客户和国际客户都有，之所以被大家这样误解，是一种叫“圈子”的意识在作怪！房地产广告人在这个圈圈里鲤鱼打挺优哉游哉，“小圈子”意识造成了房地产广告始终故步自封。

你有多大的边界才有多大的空间，无论作为创意人还是经营者，都要有“大舞台”意识，都要站在本土广告的最前沿和国际广告的大范围中考虑问题。北京的房地产广告已经进入“前夕阳时代”，仅在房地产广告领域有市场占有率的广告公司早晚会遭遇危机。我始终把房地产广告当作广告大市场的一个有机组成来看，每一个作品都坚持用“房地产”和“广告”的双向标准来解读。

我也一直在说：对房地产广告最大的伤害是不把房地产广告当作广告，但对房地产广告更大的伤害是把房地产广告只当作房地产广告！

关于“北派”和“南派”

一提到北派、南派，大家首先想到的是空间的限制。其实，这更是一个关乎时间的问题。

中国最早的房地产开发都出现在南方城市，所以南方做出了房地产开发初期最好的房地产广告。随着房地产开发的深入，北京成为一个全国瞩目的大市场，应该说北京这个大市场+房地产广告自身的积淀和发展，成就了今天的北京房地产广告，北京做出了中国房地产开发中期最好的房地产广告。如果说，在房地产的初期，北京更多地受南方房地产广告的影响的话，那么，现在的北京房地产广告则更多地影响着南方。

广州、深圳的房地产广告更传统、更保守一些，北京的房地产广告则更现代、更突破一些，出现这样的结果，城市地域的不同是次要因素，房地产开发深入期的市场转移和房地产广告自身的发展才是决定因素。这是一个独立、融合、分裂，再独立、再融合的过程，是一个起伏、变化、曲折的过程，从房地产开发初期到现在，北派、南派绝对平行独立地发展不是历史真实。

随着房地产开发的继续深入和房地产广告的进一步发展，还会形成新的话题、新的兴奋点。北京、深圳、广州、上海，谁会是下一个呢？不得而知。无论怎样发展，南北之分会越来越淡化，很难再以公司办公地点所在的城市特征来判断这家公司的风格属性，因为现在不停地有外地的房地产广告公司杀进北京，北京的房地产广告公司也在不停地走出去，毋庸置疑，房地产广告的同一性趋势会越来越明显！但是，房地产广告的同一化真的好吗？

一部作品就是一个灾难

这里只能通过我的一次实际操作来说明我对创作的感悟。

我们做了《7宗醉》之后，又以北青加报的形式推出了《十诫》，至此，《圣经》三部曲全部完成。事后我发觉我和我的团队进行了一个前所未有的劳动，即以连版广告的特殊形式，近30幅报广的史诗般篇幅，构筑了一个宏大的平面广告系统工程。

“一部作品就是一个灾难”，在大家都追风模仿美林·香槟小镇广告的时候，我意识到了自我超越的困难。

不模仿别人只是最低级的原则，不模仿自己才是真正的原则，对于创作者而言，只有过去的作品被人谈论是尴尬的。

用概念来包装推广项目是北京房地产惯用的推盘手段——美林·香槟小镇的广告创作就是这样一个完整而生动的典范。然而，追求概念也使得北京大部分的房地产广告丧失了沟通力，“态度”“立场”“观念”只适合某些项目，并不是放之市场而皆准的广告真理。

我们做了新的尝试，“ZAMA·咱们”是对固有模式和我自己的一次有意识的反动！放弃要酷、放弃小资，无论买房子还是卖房子都是平民的“咱们”。

不做概念引导，不做利益打动，不做功能展览，而是直接进入心灵的深度沟通。

不营销现在，不承诺未来，不美化过去，只寻找共同的经历、共同的记忆、共同的感受，先有圈子，再有房子！

甚至放弃或半版或整版的媒体投放形式，采用首版半通栏的形式为主要载体，在降低广告投入的同时增加到达密度。

如果说“香槟”是最长的房地产广告，那么“咱们”则是最短的房地产广告，是一次小预算、小投入、短中见长、小中见深的心灵广告战役。

一部作品就是一个灾难，每一个灾难都孕育着一次痛苦的美丽！

我们现在遵循的大部分广告法则来自奥格威和路易斯时代，这些法则是在帮助一个产品从无到有创立品牌的过程中被固定下来的。然而，我们现在接触的大部分广告工作都是要延续品牌和维护品牌的，或者压根儿就不需要品牌，所以广告人总是在说：客户不需要创意，市场不需要创意。

幸亏有了房地产广告，因为任何一个房地产项目都是从无到有，都需要在短时间内迅速建立品牌以完成销售，它比起其他类产品来说，更需要创意的爆发力。这使我获得了一个和广告大师近似的角度，来印证理论与执行的正确性。

然而，在我做其他产品广告时，又更多地发现了这些“广告真理”的不适性。另外，我在几个广告公司工作时，感到无论港台还是本土的总监都不是很尊重汉语，或者说对汉语缺少应有的自觉与规范。

广告即沟通，可语言不通怎么沟通？我想无论是国际公司本土化，还是本土公司国际化，都要对汉语的广告语境有充分的自觉和认识。

说到汉语广告，首先就是文案。于是，我抽暇就汉语在广告中的使用为主题，写就了《小丰现代汉语广告语法辞典》一书。

4A 的话语权属于英语、港化的粤语或闽南语，内地市场的语境属于汉语和汉语中的方言和俚语。内地的好文案一定要尊重母语，挟洋自重的文案是队伍中的“汉奸”。汉语广告的诞生绝对不是用汉字写文案的问题，而是怎样掌握汉语这种思维方式的问题。当然，这个大话题不是靠一本书就能解决的，希望广告人共同来关注汉语在广告中的运用与规范化问题。

一个写作者的追求

每个广告人对于广告都有自己的进入角度，这与他的专业属性和过往经历是分不开的。

我写过并发表过诗，写过剧本并投拍过电视剧，这些对我不仅仅是积累，更是继续。其实，无论是大学时在中戏宿舍里写剧本还是在广告公司写文案，我的身份始终没有改变——我只是一个写作者，就像无论别人把我归于房地产广告圈，还是产品广告圈，我给自己的定位始终是一个写作者。

我认为在中国未来的广告舞台上——一家没有原创性的广告公司是不会有话语权的。我现在所在的世纪瑞博不是要做最大的广告公司，而是要做最原创的广告公司，要做有话语权的广告公司。

虽然，我们已经是北京房地产广告圈里获奖最多的公司，但我也一直坚持说：获奖不如原创重要，获奖容易，做一件真正的原创作品难！

事实也是如此，原创谈何容易？在这点上，世纪瑞博有许多自己的怪法子，比如降低广告书籍的阅读频率和图库光盘的使用频率。因为，原创是从忘记开始的，阅读和借鉴要适可而止。

我一向认为，你做出多大勇气的作品你就有多大勇气说服客户，没出街的稿子永远都是废弃品。真正有实力的广告队伍应该是从市场真枪实弹搏杀出来的。许多人觉得这样很吃亏，但这样获得的成就会让我们心里都觉得更甜美！

电脑特技——如渐变、羽化、光影效果等在世纪瑞博也被限制使用，我们更欣赏从手中从心里流淌出的东西，更强调用人脑而不是电脑解决问题。

不开长会——真正良好的沟通与会议的时间长度成反比。提倡“健康广告”，不无度加班不昼伏夜出，一个总在开夜车的公司大多不是业务繁荣而是管理不善，一个总要报加班餐费的创意小组需要改善自己的工作效率！我一直这样要求我自己和我的伙伴。

无论过去、现在还是未来，我和世纪瑞博始终在“原创中国新广告”的路上！

三 异志

创意 / 创异 / 创义

创意不是偏正词组，它包含了两个同样的内容：一是创造，二是意趣，顾此失彼都是不对的。对比国外的优秀创意，国内的创意常常忽略了后者。我们有一堆自以为很“创造”的作品，却不够“有趣味”“有意思”。

没有任何广告人有强迫别人阅读的权利，趣味性是好创意的基本道德。

创意要有“创异性”！这里说的“创异”，不只是消费者阅读感受上的，还有广告人主观认为上的；也不仅是表现内容上的，还包括表现形式和执行手段上的。

许多广告人把国外的广告改头换面当作创意，理由仅仅是国内的消费者没有看过。另外一种做法是为了“创异”而“创异”，完全把“3W”原则抛到脑后。

一味地借鉴和故意地不借鉴优秀广告都是不可取的。所以，当你做完了一则创意，要看一看它“创异”了吗；反过来，当你有了一则“创异”也别忘记自问一句：是“创意”吗?

有“创意”，够“创异”，是不够的，好的广告还要有“创义”！芝华士的创意在展示品味之际，不忘述说人间真理。贝纳通引领世界潮流的同时，重新解读人生的意义。好的“创意”，首先要将本土的语境赋予意义，一味“洋审美”的创意永远不会有“创义”！

答客辩

Coca-Cola
Coca-Cola
Coca-Cola
Coca-Cola
1063
CASTRO
Production
Scene
Slate
Take
Roll
Director
Cameran
Date
Day/Night
Sync/Mute

『坐在最后那排的同学！请回答问题！』

『小丰老师，关于这个问题你怎么看？』

看来，无论做学生还是做『小丰老师』，都逃不了回答问题，也许人生就是一场没完没了的答题游戏。弹指一挥间，不管是否愿意，时光之手已经把躲在最后一排的那个小破孩放到了人生的最前排。

『如果有一天不做广告了，你做什么？』

『不知道！』如果到那一天，我希望自己能把这本书轻松地扔在一边，真心地骂一句：『真烂！』

答辩

房地产广告这 20 年

《喧哗与骚动》，福克纳这本书的书名可以概括这 20 年来房地产业的发展。

从集团购买到私家置业；从排队拿号到高空置率；从土地使用放开到“国六条”宏观调控。

——我们于喧哗与骚动中，经历了国家、政府、房地产开发企业到消费者的惊慌失措再到理性与规范的种种角色调整与扮演。

从一个城市到全国各地；从一个产品到产品系列；从一个项目、一个企业到一个品牌。

——我们于喧哗与骚动中，收获了万科、中海、金地、华润等渐趋品牌化和专业化的房地产开发企业。

从深圳到北京；从南派地产广告到北派地产广告；从爬行现实主义到原创多元主义。

——我们于喧哗与骚动中，见证了一个个经典性和探索性房地产广告案例的诞生。

20 年，专家们所臆想的房地产泡沫不仅没有破灭，而且还流淌成了一条喧哗与骚动着的大河。

20 年的喧哗与骚动，起起落落走走停停，让我们停不下跟不上。

20 年的喧哗与骚动，沉渣泛起鱼龙混杂，让我们听不清看不明。

20 年的喧哗与骚动，应该溯本清源。

20 年的喧哗与骚动，应该大浪淘沙。

我们不知道这条河还要喧哗与骚动多久，但我们已经看到这条河越流越清，越流越缓。

20 年的中国房地产业，依旧喧哗与骚动。

20 年的中国房地产业，依旧在路上。

地产广告与产品广告

可口可乐的广告是没有每日电话统计的。通用汽车的广告是没人计算受众真正到场率的。

如果你想养尊处优，为一个成熟品牌做长期的保养和维护，请你去 4A 广告公司，当然，你想把它做得精彩和把它做死一样难。

如果你想焦头烂额，创造一个项目的从无到有从 0 到 10，请你来做地产广告，不过，你要常常被当作销售不佳的替罪羊而且百口莫辩。

产品广告是跨区域全时空的，地产广告常常是一城一时的。产品广告的提案对象更多的是企划总监，地产广告则是销售总监。产品广告重策略，地产广告重战略。产品广告是单点诉求，地产广告是多点诉求。产品广告的视觉表现以电视为主，地产广告以平面为主。产品广告的文案重听觉，地产广告的文案重阅读。产品广告只说服一个人的一次，地产广告要兜售一个人的一生。产品广告奉行的是奥格威们的经典广告法则和评委们的获奖广告标准，地产广告没有法则没有标准，如果有也以原创为准。产品广告是脑力劳动，地产广告是脑力劳动 + 体力劳动。

哪个更有挑战性？明摆着！

关于原创

世纪瑞博的理念是“原创中国新广告”！这也是我的信念，中国广告的新生命必须从原创开始。

“如果我们的稿子模仿了别人，请把稿子毙了！”

“如果我们模仿了自己，请把我们毙了！”

我们有太多几年如一日地重复自己的单一风格的公司或个人，他们其实是“伪原创”！

我想我们是中国最先有自觉的原创意识的一个公司。我们也是坚持最苦的一个公司。我们的《7 宗醉》等作品在全国各地一再被模仿被抄袭。在中国目前的广告环境中，你的原创常常变成别人的模仿。

地产广告的年鉴卖得很好，但大部分被用来做了工具书，许多公司直接从上面“扒”作品。拿来主义尚可倡导，扒来主义应该杜绝。

原创，是最初的专业，也是最终的专业。记住，如果你选择了原创，也就选择了一条最艰辛最漫长的无人喝彩的征途。

房地产广告的现状

目前的房地产广告是中国广告中最活跃也最封闭的。

目前的房地产广告是中国广告中最原创也最原始的。

目前的房地产广告是中国广告中最有思想也最浅尝辄止的。

目前的房地产广告是中国广告中最有立场也最故步自封的。

目前的房地产广告太多的自发盲目，缺少创作的自觉。

目前的房地产广告太多小聪明小智慧的风味小吃，缺少大餐和正餐。

目前的房地产广告太多的模仿和剽窃以及模仿的模仿、剽窃的剽窃。

目前的房地产广告太多的爬行现实主义，把创作变成了服务业。

市场的需求导致广告的生态。房地产广告的光荣与失败，崛起与没落，终将由市场孕育与偿还。

“出来混，早晚都要还的！”

房地产广告的前景

房地产广告现秋阳高照秋风习习，但远还不是冬天。

房地产广告的终极是黄页广告？欧美房地产广告的命运这样告诉我们。

在中国，这或许需要一个更漫长的时间，房地产广告还有足够的时间苟延残喘。

在中国，房地产广告运行的轨道和命运或许会有所不同，世界上从来没有一个时代和一个国家同时有那么多人需要购买住宅，人类历史上也从未有过这样繁荣的房地产市场，这个市场的存在决定了房地产广告的存在，及存在形式的不同。

无论怎样，我们处在了后房地产广告时代，市场会进一步细分，竞争会进一步加剧，房地产广告会从综合的房地产服务机构分离出来，将来的某一天，又会分久必合重新合并回去。

公元20××年，房地产广告终于凤凰涅槃，还中国的房地产广告业一片祥和平静与净土蓝天！

时效性与经典性

两者并不矛盾。一个真正的作品要经得起这两个时间概念的检验。一个是时间的点，一个是时间的长度。广告创意人对生活对生命首先要有这两个时间概念，这是最本质的。

我反对没有时效性的广告。但客户与广告公司对时效性的看法是不一样的，也不应该一样。当这两者发生冲突，一个专业的广告人要懂得坚持自己的观念。

我反对自私的广告。许多“飞机稿”成不了经典是因为它们是自私的。真正的经典性是博大兼爱的，完全抛弃了客户和市场的时效性也就失去了经典性。

时效性与经典性都不是闭门造车。一个作品在出街前，你要学会用别人的眼光别人的角度来审视它。其实关键是你的作品是否有了穿越时间的深度和厚度，还有解决现实问题的锐度，单度创作偏颇其一，三度创作才可三者兼顾。不过，这只是我个人的“三度文化”。

变化与影响

任何政策法规调控的变化，无非都是令这个市场越来越理性、规范、公平。作为这个行业的服务机构，也会被要求越来越符合这个市场的规律。

这是一个抬高门槛的过程，你必须具备规模网点人才的优势。这也是一个淘汰的过程，你也必须做得更专业更有竞争力。

市场会越来越小，利润会越来越低，优胜劣汰，适者生存，这块蛋糕越来越小，分享蛋糕的人也会越来越少，如果你想留下来吃蛋糕，就踏实耐心平和地做自己的专业，专业永远有市场。或者跳出去。

我们是个不仅仅做地产广告的公司，也没有把自己定位于一个行业，但我们是个以专业为本的公司，理性、规范、公平的竞争环境对我们利大于弊，我们欢迎这种变化，但不会为此刻意改变什么。

甲方与乙方

你不适合做所有甲方的乙方，首先要明白这点。世界上也没有为乙方而生的甲方，这你也要明白。

双方距离太大，就互动不起来，这样的客户多到一定程度，会给你个人和公司带来极大的危机。

甲方要求有几种：

1. 不专业且对产品项目有伤害的。这种要求坚决要抵制，但要抵制得有策略，让他明白利害也是你的义务。

2. 不专业但对产品项目没有伤害的。这种要求其实是对你的要求，你要把这个不专业的想法变得专业。

3. 很专业也有利于项目的。不要为了表现自我而非要反着干，配合他，抓住机会，你扬名立万的时刻来了！

我一直相信，只要专业够强大，你就有主导权。因为客户不专业才会找你，但怎样让客户信任你的主导是个更大的专业，这也是广告乙方要重视起来的专业。

好坏的标准

我认为：短时间创作不出高质量的作品，短时间内只能创作出高质量的“行活”。

房地产广告对你的创作确实有看“短时间”的要求，在这个时间内出作品，还要取决于你工作之外的“长时间”。也就是说，任何“短时间”内创作出来的作品，都经过了“长时间”的业余积累。

如果你想在短时间内出作品，那么就要长时间地去修养和积累，这个没有快捷方式。短时间内创作出高质量的“行活”则不难达到，那只是多干常干就可做到的“熟练工”。

评价一个房地产广告作品的好与坏有两个标准。

一个是有标准的“标准”，那就是是否达到了广告目的，这个是硬标准，一个偏离了广告目的的创作再好也是坏的。

一个是没有标准的“标准”，那就是是否原创，原创是没有标准的，它也许不能获奖，但它有真正的价值和智能含量，真正原创的创作再“坏”也是“好”的。

还有两个小的补充标准，一是是否引起了注意和争论，哪怕是批判，一个让人连评论欲都没有的创作肯定是“坏”的；二是是否引起了模仿，一个没人模仿的作品，那么也没有多大的创造成分，也是很“坏”的。

其实真正“坏”透了的，是那些不好不坏不痛不痒的创作，因为许多坏作品是因为一个新想法没有实现好，而不好不坏的作品压根儿就没有想法。

提升自我

提，先要沉。沉不下心生活，沉不下心读书，沉不下心搞懂产品，沉不下心创作。浮躁是地产广告人的普遍心态，但和任何艺术创作一样，广告创作同样需要深厚的文化修养与生活积累，沉下去，才能提上来。

升，先要降。给自己的假性自尊降降火，给自己的获奖情结降降温，给自己的自我陶醉降降烧。虚升的房价总要降下来，浮夸的自信总要降下来。不降，怎么能升?

任何技巧都可以通过学习获得。任何通过学习就可获得的东西对创造都不是那么至关重要！抵达乐土的路，只能走“窄”的门。提升自我，也只能走“窄门”。

二 答辩

如果有一天不做广告

1. 广告对你的生活有什么改变？你满意这些改变吗？

广告就是改变。广告教会我看待一切改变。

广告只能改变你的生活态度，广告对你的生活无能为力。你在广告中得到的在别处也可以得到，你在广告中失去的在别处也会失去。

如果你厌恶了改变，如果你达到了满意，那么你就应该告别广告了。

改变永远是现在时，满意永远是未来时，这就是广告式的生活态度。

一切变化皆合理，一切变化皆自然。是的，广告能给你的生活很不崇高，准崇高也不是，但没办法，谁让你一直对广告说愿意呢？

2. 你认为广告人专业技能是越细分好，还是越综合好？

世界上先有专才，后有通才，当然，更多的是不专也不通的才。

一个样样都不专的通才是可怕的，这样的通才没有立身之本，一个只有一技之专的专才作用是有限的，中国历来不缺少工匠。

无论对于一个公司的现实需要，还是一个广告人的自我发展，都应先分后总，先专后通，现在的情形则经常是反过来的，这是急功近利的结果。

只有一种人可以例外，那就是天才，比如达·芬奇，不过如果达·芬奇仍旧活着，他会选择广告吗？

3. 新媒体对创意会有什么影响和改变？

两个词：一个是坍塌，一个是重建。

经典广告理论面临着一场坍塌，许多我们坚信不疑的广告真理在网络广告面前会成为谬误，但这会是一场缓慢的坍塌，也许比我们倒下用的时间都要长。

坍塌之后是重建，最好的创意是建立在废墟上的。

中国原创广告的一个机会就在这场重建里。因为在传统广告领域，我们落后了欧洲几十年，网络广告来了，重新洗牌，大家又重回到起跑线，起点是同步的，结果也必然是公平的。许多广告人离开奥格威不能做创意，未来的网络广告不认识奥格威，新事物更容易接受新事物，这从主观和客观上都为中国原创广告的崛起做好了接生准备。中国的新广告就在这场坍塌和重建里。

4. 多数的出街创意甚至是“飞机稿”都有似曾相识的感觉，原创还是你信奉的原则吗？

我的公司和个人都有一个自我使命：原创。

在世纪瑞博的PPT文件里有这样一段话：如果你发现我们的稿子重复了别人，请把我们的稿子毙了；如果你发现我们的稿子重复了自己，请把我们毙了！

原创，应该是种行业行为，但在现在的中国却成了一个行业理想。

大部分“飞机稿”其实都有着强烈的功利心，是对国际大奖评委们的趣味妥协和审美贿赂，想要原创，就要有一颗平静和寂寞的心，就要远离欧美主流广告话语的影响。

原创，是最初的，也是最终的。

5. 你认为，在中国运营的外资公司及本土公司，是否真正找到了适应复杂多元的中国消费群的沟通方式？

中国目前的消费市场是极具动态和缺少规律的，这决定了我们难以用某种固定的沟通方式来和它对话。

我们只有以战养战，以动制动！

这种变化中的摸索导致了很多错位，导致了我们广告效果和广告创意的反向比，常常是有效的广告反而没有什么创意，有创意的缺少广告效果，在这点上，外资公司和本土公司没有什么本质差别，都在做着自己不认可的实效广告（消费者也不是那么买账），创意就交给了“飞机稿”去意淫，灵与肉的分家，说明我们对这个市场的惶然无措和无力把握。

也许这只是过程，但我想中国这么庞大的消费市场，这么广泛的消费群体，是不能用几种固定的消费方式搞定的，但局限在某个领域某个群体的广告沟通或许能够建立通道。

广告与消费者的沟通方式，我们应抱着动态的眼光来看，广告和消费的生命活力也许正在于此。

6. 你希望有怎样的工作伙伴？谁是你最好的搭档？

最好的搭档不如最好的团队。做 CD 你要有强力的搭档。做 ECD 你要有很牛的团队。

搭档是遇到的，多数情况下你无法选择。团队是带出来的，但需要你带到吐血。

除了外部的搭档和团队，你内心里还要有一群很牛的工作伙伴，我的内心搭档们是卡夫卡、马尔克斯、高更、尼采等这些真正的世界大师。他们才是你最好的工作伙伴，你无法选择你遇到谁，但你可以选择把谁放在心里。如果可能的话，你也要介绍你这些内心的伙伴与你团队的人认识，这样，你才能有一支完整的团队，有一群强大的工作伙伴。

7. 有两条创意，一条是可以得奖的，一条是推动销售的，你会选择哪一条？

飞机大王们是广告和销售的灾难。我永远选择后者，我也希望我的手下永远选择后者。

得奖只是销售的副产品。两者不完全矛盾，但是有主次。不要带着两颗心去服务你的客户，创作可以是自私的，效果必须是无私的。

8. 对现在的广告现状满意吗？为什么？

中国广告处于后殖民状态。民族广告还是星星之火。

民族的，才是世界的；世界的，未必是民族的，这些观点我在《小丰现代汉语广告语法辞典》里一再表述。

原创之路是孤独的，因为你在相当长的时间里要与欧美主流广告话语沉默地对抗，而这是和你的业内生存息息相关的，诱惑和妥协都是一种必然，更有一种媚俗的低层次生存，以专业牺牲换取订单，这两种广告状态是中国广告的主流。

中国本土广告的崛起之路漫漫无边，我们看不到几个勇士的背影，却有一帮帮麻木的看客。

9. 广告的理想状态应该是怎样的？怎样才能实现？

广告应该更纯洁。
广告应该更灵性。
广告应该更原创。
广告应该更美学。
广告应该更娱乐。

谈广告的理想状态太远，当下的问题是广告能有个干净的生存环境，有个健康的身体，不要有那么多公关、那么多抄袭、那么多敌意、那么多虚荣、那么多浮躁。个人对抗不了整体环境，但必须要有人对抗！英雄难免悲壮，但我们需要这种悲壮。

只有个体的突破，才能带来大众的追随和觉醒。让我们期待本土广告风云人物的出现，并为他们准备好必要的空气、土壤和环境。

10. 考虑过转行吗？为什么？如果转行，希望在哪个行业？

我一直在从事写作这一行。有人在设计广告，有人在策划广告，我在写广告。确切地说，我是在从事写作这个大行业，我写作过诗，写作过舞台剧和电视剧，写作过广告语法，我一直在转行，却一直未离开写作这个行业。

具体的写作内容不一样不重要，怎么来划分这个行业不重要，重要的是你还在写作，重要的是你是个“作者”！

对画录

在我的另一本书里我曾经说过，检验你是否是一个文案高手标题玩家，最好的方法是去论坛里发帖子看点击率。

广告猛人首先应该是个网络达人，这条规则既适合『罗大佐』这个短暂的网名，也符合未来广告的发展规律。

网络给广告带来的影响会远远超出我们的贫乏想象，在未来的某个时间里，也许你不相信——广告人都是网络人！

对画

小丰语法应该反掉！

关于《小丰现代汉语广告语法辞典》的对话

对话双方：

★小丰。

▲劳博：知道者（PFT）国际广告公司《广告圈》特约记者

“为什么反”和“反什么”

★小丰：其实做我们广告这行会分三个阶段：一是做稿子；二是做广告；三是反广告。我是做反广告。

注意我语法书中的那句话：反广告比做广告重要。怎么说好？比如阿巴斯·基亚罗斯塔米的《橄榄树下的情人》就有很多电影语法的错误，但它仍旧是一个完整的故事，而且很棒。

广告和艺术有区别，署名和不署名是广告和艺术的重大区别，但被当时的反广告把艺术反掉了，我现在反回来，是想还原一些被广告剔除的营养。

▲劳博：小丰提到的三个阶段中，个人认为第二个阶段会很漫长，国内的广告观现在都没有很好地建立。广告观的建立需要一段很漫长的时间，反的话除非是产生了很多规矩，否则就是时机未到。我担心程序未建立起就推翻的话会打掉这个行业仅有的自信心。

现有国内的规则远远未成熟，所以不被完全接受。（小丰插话：国内的规则怎么不成熟？简直如铁笼一样成熟！）现在很多规则是盲从于国外的某些大规则，但这是一个必要的过程。小丰的“规则如铁笼”的观点是指目前国内的规则单调和笼统，未能激发有效和精彩的创意。真正好的广告理论能够指导入行时间不长的人进行正常作业并能有所突破。实践经验也同样重要，只有经过失败的痛苦反思，才有资格反省和不断颠覆现有的作业模式去寻求突破。

规律，圈定禁区还是力求打破？

▲劳博：小丰推出了《小丰现代汉语广告语法辞典》，在总结了一些规律的同时，也肯定限制了相对的空间，这是不是广告界的“圈地运动”？广告是一个需要不断打破规律的行业，所以不免有一些顾虑：树立规范是为了认识还是打破？

★小丰：《小丰现代汉语广告语法辞典》其实只重复说了一个道理，那就是语无定法。这是一本悖反体的书，以立法的形式来反对立法，就像德里克·贾曼的《蓝》——用电影的形式反电影。既有的语法成规被打破一次，我们的语言生命就生动鲜活一次！

怎样验证一个规律的绝对正确？

▲劳博：来重温一下小丰一些精彩的观点：文案有时就是讲故事；文案要说出来：好的文案是要耳朵、眼睛等五感等兼顾的；语速、语流是非常个人的，等等，很精彩。每个文案都要找个最有感觉的说服习惯，不一定是规律，是形成思维的习惯，先说服自己，再说服顾客。

★小丰：不要寻找写作的规律。如果有规律的话，也最好只存于你的下意识里。有时掌声是对你的写作的印证，有时骂声是对你的写作的更好印证！其实这不仅是一本谈“招数”的书，更是一本讲广告态度和立场的书！

做广告要多用“过去进行时”？

▲劳博：这个提法很独特，但其实我对此有不同看法，房地产里其实更多的是对未来使用的承诺，即便普通的商品，你传递了使用经验后，最终还是要承诺他未来的使用感受。未来进行时、正在进行时未必不是好的时态，关键在于写作者如何理解商品并准备如何向他人推荐。

★小丰：说服不如分享，说服别人去接受一个产品，不如和他分享使用这个产品的经验。广告人不是理性的专家，而是不经意的说服者！

中国人做广告怎样说中国话？

▲劳博：在国内由于普通话占据绝对强势地位，所以研究普通话的使用习惯基本上就是研究了广告语言。很多本地化的语言（即方言）如果在当地使用，极具亲和力，但对外地人就不利。如粤语在香港的使用很频繁，闽南语在台湾的使用也通行无阻，可是面对外来人的时候就显得苍白了。

★小丰：普通话不等于汉语。方言不等于汉语。你该使用的语言由你所在的市场语境决定。

中国人的广告语言应该是怎样的？

▲劳博：方言还是许舜英？还是有探索的无限可能？探究中国广告的语言，不妨从中国的语言说起，文学种类（诗、小说、散文、杂文、话剧、对联、谚语、俚语、打油诗等）中可以作为广告语言可资借鉴的范例真是太多了，所以本人坚信中国的广告语言没有迷失，只是尚欠探究而已。

★小丰：提倡汉语广告不是要复古。我一直强调这是一本《小丰现代汉语广告语法辞典》。汉语被现代广告忽略了，所以它有更大的可能性。

关于广告的欲望原理

▲劳博：电影的挑战是如何讲一个好故事，广告的挑战在于怎样引起欲望。两者对于人性都需要有极深的了解和探索，以及对敏感度的良好把握。现在国内很多广告说实话对欲望的理解不够——对生活状态和对物的欲望。故事讲述的可能也是欲望，对物的欲望。

地产广告里调性成功的话就很容易打动顾客。里面有邻居为谁、认可度多高和虚荣程度的因素。

如果把广告还原为艺术的话，就太了不起了。买房子是很多人一辈子最大的买卖，房地产广告里之所以诺言（欲望之一）很重要，是因为大家对这个东西很看重又害怕看错。

★小丰：这点也要反，广告能讲个好故事就够了，欲望原理更多的是理论。其实一样的，我正在做一个牛奶的推广，不做什么创意只做调性，我在实践中把欲望置换为心灵。

其实市场最大的特点是非理性和不确定性。4C、4P 理论都是把目的直接暴露出来，很功利，做得越专业越让人怀疑，其实越贵的东西越不理性。

关于广告文案中的文学性

★小丰：其实奥格威奉行的是功利广告原则，不知你们有感觉没有，再按他老先生的方式写文案——文字的品质感就特次，他扮演的永远是一个假装得很专家的促销员。

另外许多人在谈广告和文学的不同，我却尽量把广告丧失的文学性打捞起来……效果不像大家想象的那样差。比如，话剧、诗、散文、小说、语录、传记、游记的重要元素都曾在我的广告中出现。

▲劳博：现在亚洲广告里泰国、印度、新加坡都形成了自

己的广告语言，中国内地还没有。美国的文案很促销，他们可以大声地叫卖而没有人觉得不妥，所以文学性会流失。

“泰国、印度有，新加坡更多是直接使用了欧美的语言。”

语言更多时候是个人的习惯，像阿三的打油诗、罗大佐的诗化内文。我觉得如果每次都能让读我们内文的那些顾客闻到文字的香味，强烈感觉到其中的感情，就是对他们最好的报答。只有最贴近消费者心理习惯的语言才能形成大气候的行业语言。矛盾的是，语言使用的集中化、多元化并行发展是这个行业的两种惯性。

电影的生存现状比广告要好，而广告行业的真正时间要少很多。电影在国内延续发展至少有60年（忽略“文革”的十年中断），中国内地真正有延续性的广告经历只有大概25年（1980—2004年）。不要羡慕电影在国际上的地位，只有经过长时间的实践和积累，广告才能用汉语或中国化的形式让国际眼光认同。泰国的广告很单纯很有效，其实就是泰国国民心态的一种文化映射。

文案的价值

▲劳博：要评判一个文案的好坏，有时我宁愿把标准定

在思考和执行的平衡点上，就是一个文案能想到什么和把这个想法执行得怎么样。

在美国的广告公司，文案基本上提供创意思维和爆发点，文案写作不过是常规工作，于是我们可以看到美国4A很多的ECD都是文案出身。而欧洲广告公司的广告则侧重艺术性，要求想法和视觉都要很出色，于是ECD这个职位大多是美术出身，但这两个类别都渴求由完人（即想法和画面都很出色的人）担当。而对文案而言，文字的艺术化处理是基础，是对文案工作的基本要求。

其实，我们本次着重文案写法的讨论，有时间的话我们不妨另外进行一场“文案创意能力”的讨论，以实现文案职能的全面性。

★小丰：好的文字本身就是创意，好的视觉也是。文案是一篇广告的灵魂，好创意应该从灵魂中来！

语言的本土化

▲劳博：更多的汉语使用方法其实在港台先取得认可，这可能跟行业在当地的成熟程度有关系，如“人头马一开，好事自然来”“钻石恒久远，一颗永流传”，这两句如果用粤语发音，可以更强烈地感受到音频和情感相乘后的优美效果。

许舜英现象在某种程度上代表了台湾的广告积累和高度，使用更显成熟。之所以把“许舜英广告”当成现象，我个人觉得她这种方法不是很适宜普及的文案形式，不易形成口碑相传。内地的文案很多停留在诗和散文的范畴，其实话剧里的对白更家常更直白更活泼，个人认为是广告文案值得借鉴的一种形式。

★小丰：我在一本楼书里曾经实验过舞台场景和舞台语言。没有谁规定广告不能像散文和诗，没有谁能拿出证据说那样一定没有广告效果。生活里有什么，广告就没有理由拒绝！

任何一种固定的规律和套路都不是广告的全部。很多广告人一直在阉割广告的外延。

文案独特的语言

▲劳博：每个文案最擅长的必定是自己的语言，生活的积累和学识的汲取相加或乘方后，才能慢慢形成属于自己的语言习惯。所以好的文案难找，因为生活和学识积累对于25~30岁正当盛年的文案来说，需要时间。这就意味着你要用3~5年（指离开学校后）的生活、学识积累和所有人对话，其中的沟通压力不妨想象一下。

★小丰：积累和修养是广告人的核酸，现在有太多的“行活专家”！别忘了，奥格威和孙大伟都是30岁以后才开始写文案的。

“零语态、零语气、零语调”，杜绝个人风格

▲劳博：“零语态、零语气、零语调”，是罗大佐提出的一个经验，相信很多文案也会同意这个观点。让作者的文风跟从产品的性质和个性，全面发展品牌的个性，文案为品牌而生。

观照文学作品，刘震云早期的作品《新兵连》《塔铺》属于这类风格；余华的《许三观卖血记》《活着》也是同类风格；挪威某作家的小说《饥饿》也是这样的风格。（当然，某记者的《零距离：李响与米卢的心灵对话》是例外。）与文学创作不同，文案写作越早确定风格，越意味着他与“伟大文案”的距离增大。在广告作业中，我们很担心文案把自己的风格注入品牌性格，更希望文案甚至他的搭档能够戴着品牌的枷锁，跳出美妙的舞步来。

★小丰：“零语态、零语气、零语调”，不意味着失去个人风格，就像每一张脸都可以面无表情，但依然会留有它的本色。

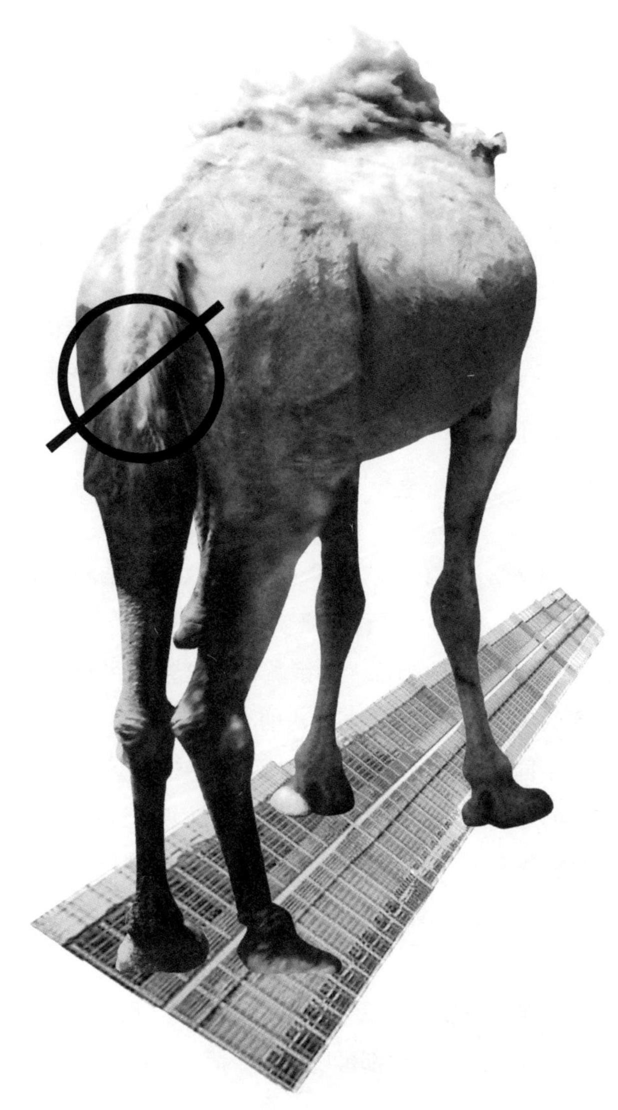

有人说我是“剑宗”高手，其实无论“剑宗”还是“气宗”，到最后都与“剑”“气”无关，最后的区别仍旧是用剑的人。

每个产品以有自己的风格为大，但每一篇好文案都会留下作者自己的隐性标记！

文案的角色？

▲劳博：广告文案写作时应身处怎样的角色？文字里，喜欢写诗的人很重视通感，擅长写散文的人则很重视个人感觉和现场感受，写小说的人就想着时刻给你讲个故事，喜欢写杂文的则文风犀利……回到广告上来，究竟哪一种写法更有效率和说服力？个人经验，给朋友写信的感觉是比较有效的。试想一下，你有拒绝过读亲密好友（甚至情人）给你写的信吗？读的时候有没有百感交集？

★小丰：还是那句话，所有的方式都是工具，如果大白话能解决问题，那么它就是诗，就是散文。广告作者的写作风格应该是隐性的，许氏（许舜英）做派只是成就了一种广告文化，放在现实中考虑，总有那么点不道德！

怎样执行广告语言中国化？

▲劳博：在您的广告作品里，更多的是能看到《7宗醉》

《HOUSE·十诫》《7天·创镇纪》等《圣经》上的知识或文字，只有诗化（通感的大量使用）的内文才能感受到中国诗的味道，可以看出您对西方文化的运用很得心应手。但我和很多朋友一样，还是有点遗憾，未能在您最满意的作品里看到纯粹的中国元素的中国式表达。

★小丰：鲁迅、胡适的中国性是在向西方的借鉴中体现的。“纯粹的中国元素的中国式表达”，是书法艺术的法则，但它已经失去艺术的现实生命了，汉语是在融汇中演变的——这是汉语的现实，提倡汉语广告并不是要贩卖古董，那只是“伪汉语”！

《7宗醉》《HOUSE·十诫》《7天·创镇纪》的外在形式是西方的，但它的韵味和意境，最重要的是它的思维方式是汉语的，汉语不是封闭的，它允许任何形态的事物进入，关键是要将它们有效消化。

《ZAMA·咱们》其实更体现了纯粹汉语的力量，许多人告诉我说被它“击中”了！

中国现代广告应用很成功的中国语言习惯有哪些？

▲劳博：我自己列举不出来。“晚报，不晚报”好像是一个例子，去年中国IBM的《顾晓鸣教授》的概念和表现让我

很震惊，可惜这是老外（Scott Mollan）做出来的。还有就是北京房地产广告内文的各种写法。比较成功的房地产广告文案中，很多元素都取材自西方文化，您怎么看这个问题？上述现象，是项目本身属性的问题，还是创作者知识结构导致的结果？

★小丰：崇洋是部分中国人心理的一部分，西化是现代汉语的一部分（我们毕竟不是在搞古汉语），就像美林·香槟小镇是法式建筑，我不能背离这个主题。广告是大众艺术，要受集体意识和无意识的制约——只要它是真实的。广告是真实的谎言！

SLOGAN、标题、内文怎样全面本土化？

▲劳博：中国文化承载中国广告，我们在作业时其实无形中总会受到影响，古诗、对联我倒不觉得绝对不能用，而是不妨探索怎么用的问题，你要一个受中国文化熏陶20多年的人完全抛开他所受的文化影响去重新开始探索，未必是最好的办法。如白沙的“鹤舞白沙，我心飞翔”就用了词学中对仗的手法，大家接受得就很舒服。帮助一个文案找到他最舒服的表达方式，不但是文案本身的责任，更是他的总监和同事的任务。

★小丰：这不是一个中国或西方的问题，这是一个传统与现代的问题。对联、古语没有什么不好，但它们早已不符合现代人的口语习惯，隔着古代的文体和现代人沟通其实还是站在广告外面说话。

何时能形成中国化的广告传统？

▲**劳博：**小丰你现在能否预测，中国广告的基本传统在近十年有可能形成吗？这也是很多文案经常问自己的问题，也可能是整个行业想要发问的问题。

★**小丰：**慈禧能出现是因为她老公和自己的弟弟失和。我们可以判断，但历史永远不会按我们判断的发展：必然对历史的发展起作用，偶然对历史的改变起作用。

中国传统如何跟国际接轨？

▲**劳博：**在我们大量接触的国外广告和文案中，有非常优秀的成分。我相信眼界越开阔，心胸就越开阔，下手就越没有边界。我们从国外的文案（标题和内文）可以看出，欧洲人喜欢讲故事和煽动情绪；美洲人喜欢创造新点子，新想法层出不穷，聊天式的内文和标题成为主流。

从我的角度看，中国广告里能够自成风格的，可以找出许舜英流派、香港 SUNDY 流派，而内地的广告则未能找到自成一派的广告文化。不知道是时间积累未到导致火候未够，还是行业尚缺乏潜心深入作业的习气？

★小丰：许舜英流、香港 SUNDY 流是作者化的文化现象。“作者电影”也是电影文化发展的一个结果。广告是否需要作者，因为它与真正的艺术有本质上的区别，这个问题恐怕不会有标准答案。

对于当下中国的广告，恐怕“原创”是更迫切的。确实，这是需要时间积累的。但和前几年不同的是，现在有一些中国本土的广告作品在民间流传（虽然它们未被西化标准的广告奖所接受），这说明我们的广告作品已经开始具有生命力，广告其实更应该是一种民间传播，而不是殿堂加冕，让我们一起更多地关注中国的民间广告。其实，这些作品在当下中国的生命力和影响力远远大于那些所谓的金奖作品，我一再地说：妄自菲薄是中国本土广告前进道路上的最大敌人。

对画

网络娱乐的广告江湖

——新浪娱乐频道《七种武器》广告访谈

子路：您是在什么样的背景下进行新浪网的这次广告推广的？

小丰：这是个非常有趣的背景，就是网络这个媒体本身需要在其他传统媒体上做广告。这也是网络这个新媒体发展过程中的必然阶段。网络的出现，极大地削弱了传统纸媒体的统治地位，但它自身仍未强大到可以完全代替传统媒体的地步，甚至它还需要在传统媒体上推广宣传自己。简单地说，这是在传统媒体上给网络这个新媒体做广告，它是为网络做的广告，但不是网络广告。

子路：传统媒体和网络媒体的平面广告有什么不同吗？

小丰：这其实是另一个问题，就这次创作而言，在形式上和传统媒体的平面广告没什么不同，区别是气质和内容上的。个人认为，网络和传统媒体并不是一个非友即敌的简单关系，世界许多著名的报纸如《纽约时报》等都在出网络版，通过网络推销自己，在相当长的时间内，新旧媒体还要相依为命，互帮互助。

子路：我们进入核心问题，这是一组新浪网娱乐频道的广告，把娱乐作为一个产品来看，它就有很多特殊性，关于这一点，您在创作中是怎么理解的？

小丰：广告主是特殊的，是网络企业；广告的产品是特殊的，是娱乐信息。在大家日常的观念里，媒体是不需要做广告的，娱乐也是不需要做广告的，因为它们就是广告本体的一部分。这样问题就来了，就是怎么为“广告”做广告？特殊的广告主和特殊的广告产品决定了这组广告也必须是特殊的，否则就是失格的，广告产品的娱乐性也决定了这组广告必须有娱乐性，否则就是失败的。网络之网络，娱乐之娱乐，广告之广告就是这次广告创作的核心，这样说有些玄而又玄，但这是最本质和直接的。

子路：那么在具体的广告表现上，这三点是怎么体现的呢？

小丰：先说网络性，这可以直接地从广告的美术元素中感受到，首先是单个元素上的，借用了网络游戏中出现的许多图形；再就是构图上的，有强烈的递进感和动作性，非常flash化，这些都是网络广告的平面特性，它与传统产品广告的视觉单中心制不同，整个画面是散点透视的，有多个视觉中心，有一定的实时浏览感。

再说娱乐性，首先它借鉴了古龙的“七种武器”这个娱乐性概念，然后对应了新浪娱乐频道的七个功能特点，再把它们具化成一组组视觉意象。这些视觉意象的形成则来自于马楚成的漫画、日本的大友克洋的剧场版电影以及流行的网络短片，综合了各类娱乐性视觉，从而找到了自己视觉的娱乐性。在这里，我要说一句，广告的科学性和艺术性一直被视为经典广告理论的两大基石，但随着网络这个新媒体的出现，广告的娱乐性就变得至关重要，在未来的网络广告世界里，娱乐是广告的基本道德。这些都是现在回想后的梳理和思考，在具体创作的时候只有一束大概模糊的光亮，飞到尽头时才能看到大片的阳光。创作的过程是神秘的，它的秘密有时候连创作者自己都想知道。

子路：这组广告看起来不那么像广告，这种广告性是刻意营造的吗？

小丰：这组广告的特殊性决定了这一点，它的广告性介于传统广告和网络广告之间。它要在竞争对手的传统媒体上让受众对它感兴趣。这也是我个人的特殊性，广告为什么非要像广告呢？广告要和广告保持距离。无论我们多么热爱“广告”这两个字眼，在大多数人心里却首先是排斥。有的人为了让广告像广告而做广告，我则相反。或者说，我更喜欢伪装自己的广告，希望广告不是强迫性阅读，而是不期然的相遇。

子路：记得古龙七种武器中的最后一种是拳头，你的广告并不完全相符吧？

小丰：我反对为了做一个广告而削足适履，但我同样反对死搬硬套。我喜欢似是而非，广告既要熟悉又要陌生，适当的变化本身也是个吸引点，比如你就会想为什么和自己记忆中的不一样，其实如果太一样了，你反而没有了继续探寻下去的欲望。广告是兴趣的艺术，非常微妙。

子路：一种武器一支单稿，再加上一支总括的，这组稿子一共是 8 支稿，和我们常见的系列广告不太一样。

小丰：是的，我把它称作连续广告，而不是系列广告。就像连续剧和系列剧的区别，连续广告之间的关系更紧密，当然，你单独看其中的几集也没问题。我们现在许多系列广告其实就是一支稿子，更换个别元素就成了另外几支稿子，换汤不换药也自称为系列稿，我称之为“伪系列”。

子路：连续稿这种形式对媒介发布有什么要求吗？

小丰：熟悉我的人知道我不是第一次使用这种形式，我曾经尝试过把 8 支稿子在同一张报纸上一起发布出来。连续稿的发布可以是不连续的，你可以把它当成一个整体来看，你也可以把它当成系列稿，一支一支地发布。这组稿子如果在网络上发布，可能性更多，它更符合网络广告动态和纵深的特性。

子路：对于这种网络发布在传统媒体上的广告您有什么建议？

小丰：这组稿子是个擦边球。整个广告的过程，也很擦边。网络这个行业的发展现状和它与其他传统媒体的关系决定了这点。媒体是不愿意花钱做广告的，作为新媒体的网络也概莫能外。网络和传统媒体的合作是因为彼此需要，但又都三心二意。双方的媒体发布是交换而来的，对方给什么自己就等值交换。这样整个广告的程序就颠倒了，是发布牵着目的走，不是根据自身的需要和目的有一个严整的发布策略和计划，而是有了什么样的媒体可以免费发布再进行广告思考，不可否认，这样节省了成本且能达到部分广告目的，但却解决不了最终的问题。总是依靠擦边球是赢不了比赛的。

子路：您怎么看网络广告的未来？您将来会投身于网络广告吗？

小丰：网络广告的未来？我首先想到的词是坍塌，也就是说我们在传统媒体传统产品广告上形成的经典广告理论面临着一场坍塌，许多广告真理在网络广告面前会成为谬误。因为网络不仅仅是一个媒体，更是一种全新的销售方式，甚至可以说是一种生活方式。一切都改变了，广告业该换个活法。但这同时也是机会，中国广告的机会，因为在传统广告领域，我们落后了欧洲几十年。网络广告来了，重新洗牌，大家又重回到起跑线，起点是同步的，结果也必然是公平的。当然，这不是说，网络广告就和传统广告一刀两断，许多经典广告时代的广告优势，仍会在网络广告市场兴起的初期充分保有，但是它们已经失去核心竞争力了！这同时也是一次原创的机会，许多广告人离开奥格威不能做创意，未来的网络广告不认识奥格威，新事物更容易接受新事物，这从主观和客观上都为中国原创的广告做好了准备。我的公司也已成立了网络事业部，我当然会深深地投入。

子路：介入网络广告市场，这是广告市场的大势还是您个人兴趣使然？

小丰：两者都有，但又不全是，应该说，不仅仅是市场和经营的需要，还有原创的需要。别忘了，我和我的公司的使命是：原创中国新广告。中国的新广告就在未来的网络里！

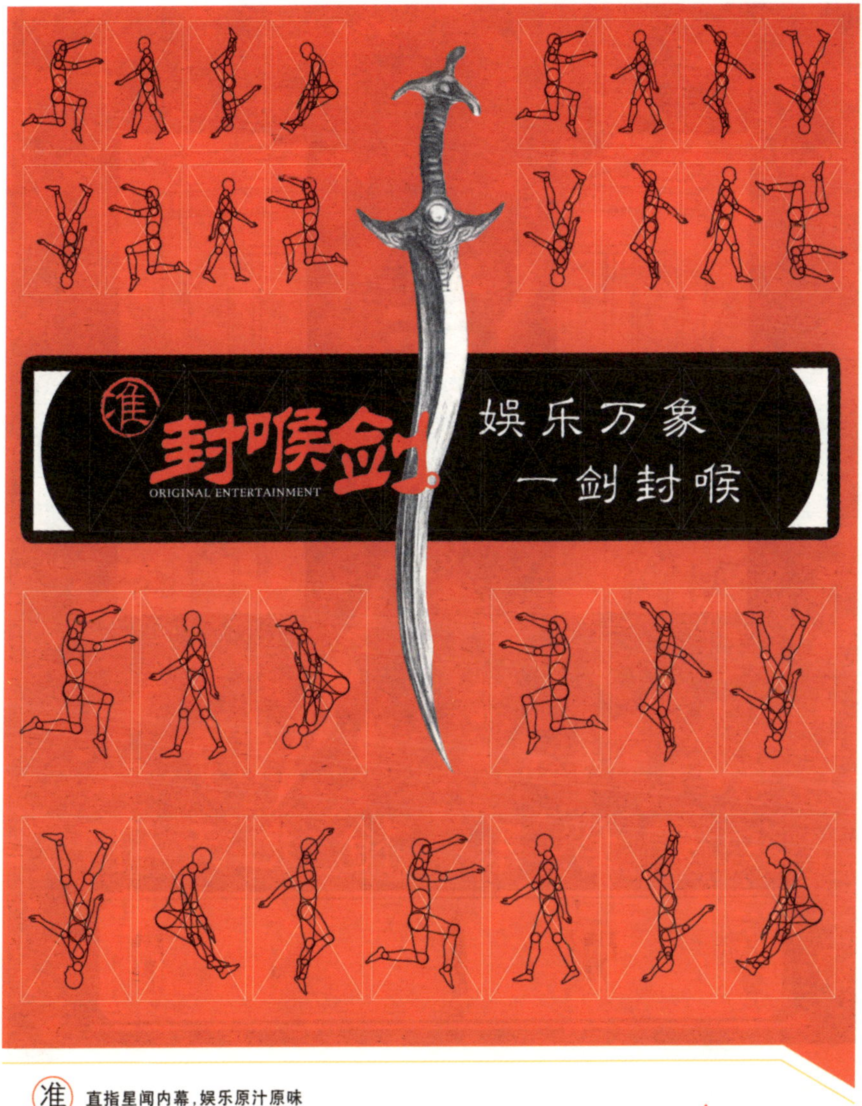

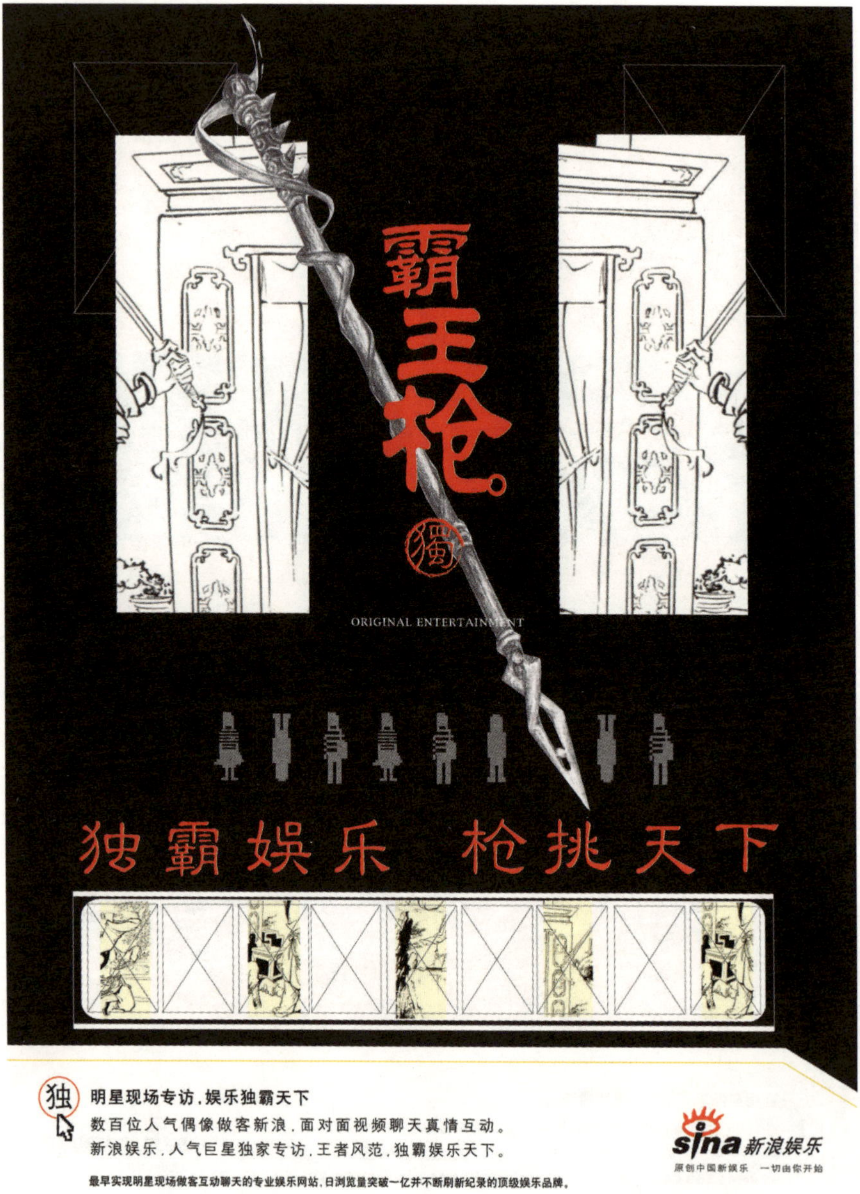

霸王枪。

獨

ORIGINAL ENTERTAINMENT

独霸娱乐 枪挑天下

明星现场专访，娱乐独霸天下

数百位人气偶像做客新浪，面对面视频聊天真情互动。

新浪娱乐，人气巨星独家专访，王者风范，独霸娱乐天下。

最早实现明星现场做客互动聊天的专业娱乐网站，日浏览量突破一亿并不断刷新纪录的顶级娱乐品牌。

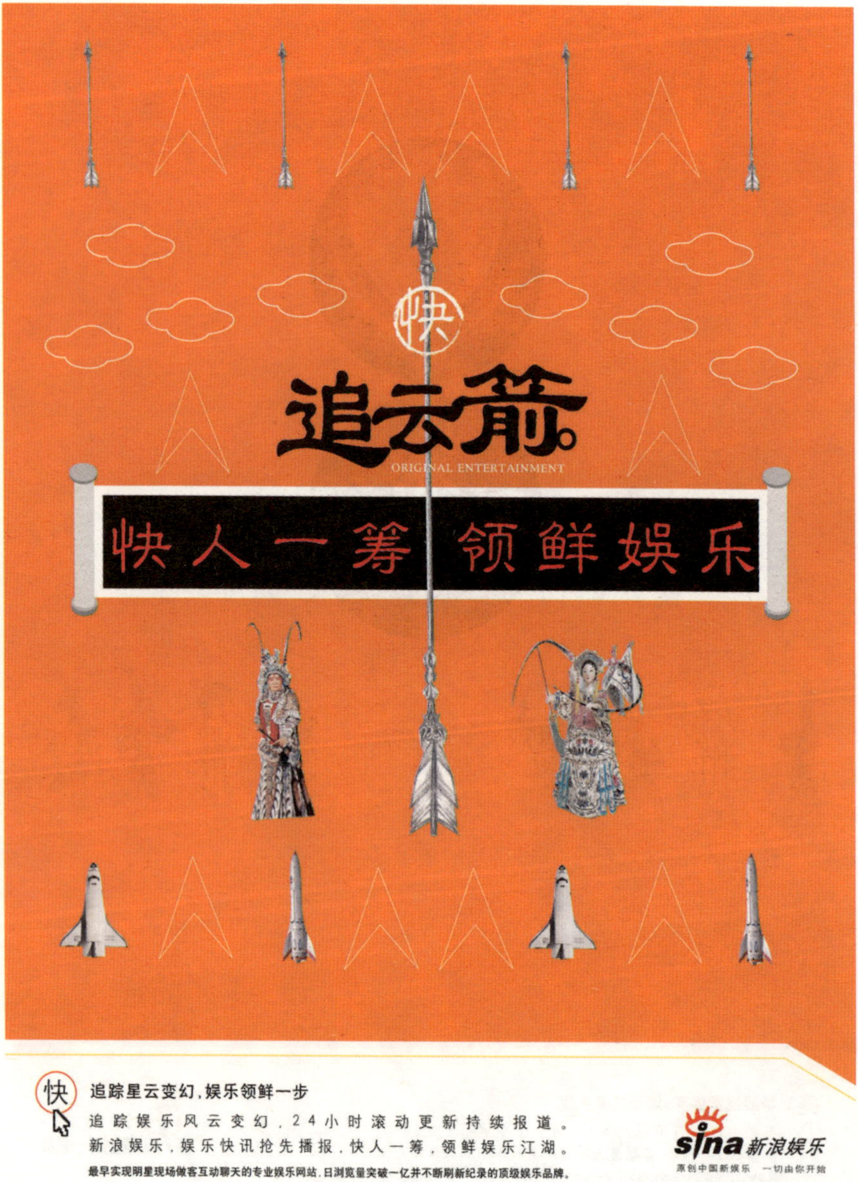
快
追云箭
ORIGINAL ENTERTAINMENT
快人一筹 领鲜娱乐
快
追踪星云变幻，娱乐领鲜一步
追踪娱乐风云变幻，24小时滚动更新持续报道。
新浪娱乐，娱乐快讯抢先播报，快人一筹，领鲜娱乐江湖。
最早实现明星现场做客互动聊天的专业娱乐网站，日浏览量突破一亿并不断刷新纪录的顶级娱乐品牌。
sina新浪娱乐
原创中国新娱乐 一切由你开始

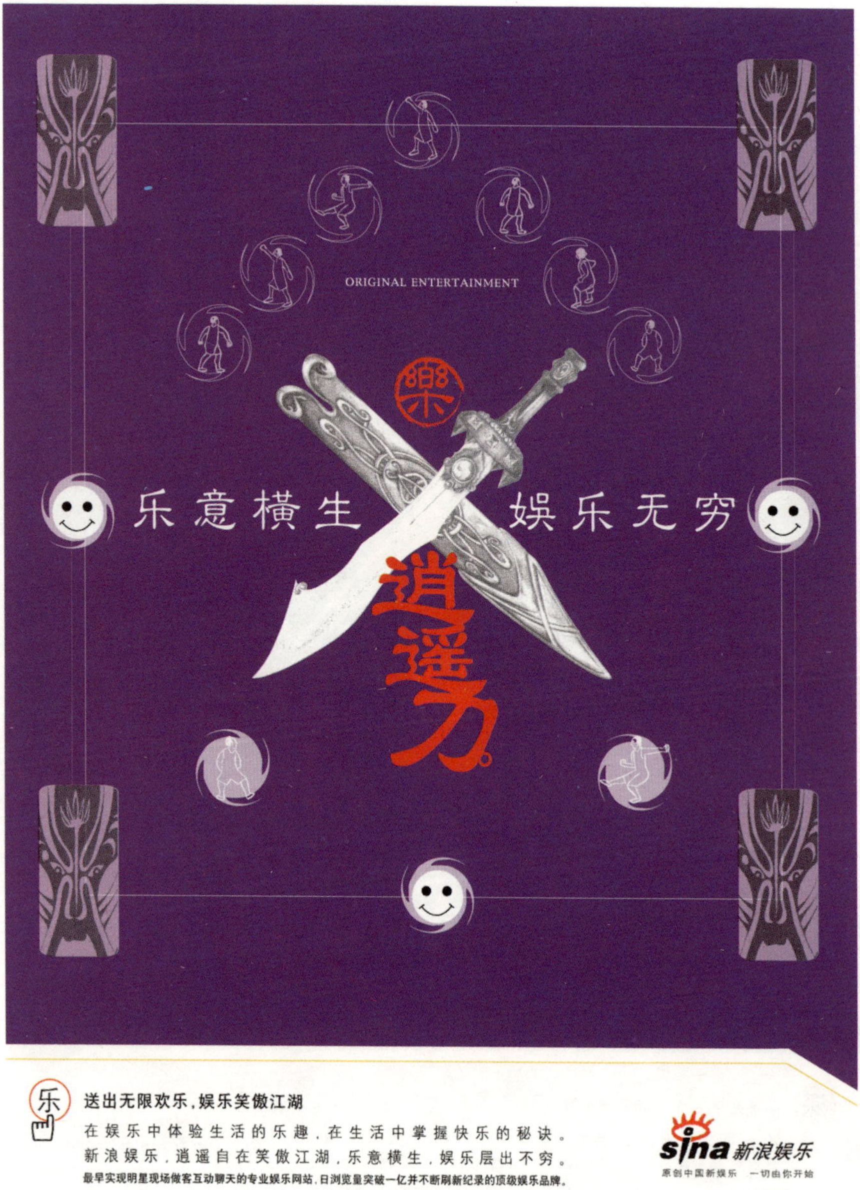

ORIGINAL ENTERTAINMENT
樂
乐意横生
娱乐无穷
逍遥刀
乐
送出无限欢乐，娱乐笑傲江湖
在娱乐中体验生活的乐趣，在生活中掌握快乐的秘诀。
新浪娱乐，逍遥自在笑傲江湖，乐意横生，娱乐层出不穷。
最早实现明星现场做客互动聊天的专业娱乐网站，日浏览量突破一亿并不断刷新纪录的顶级娱乐品牌。
sina 新浪娱乐
原创中国新娱乐　一切由你开始

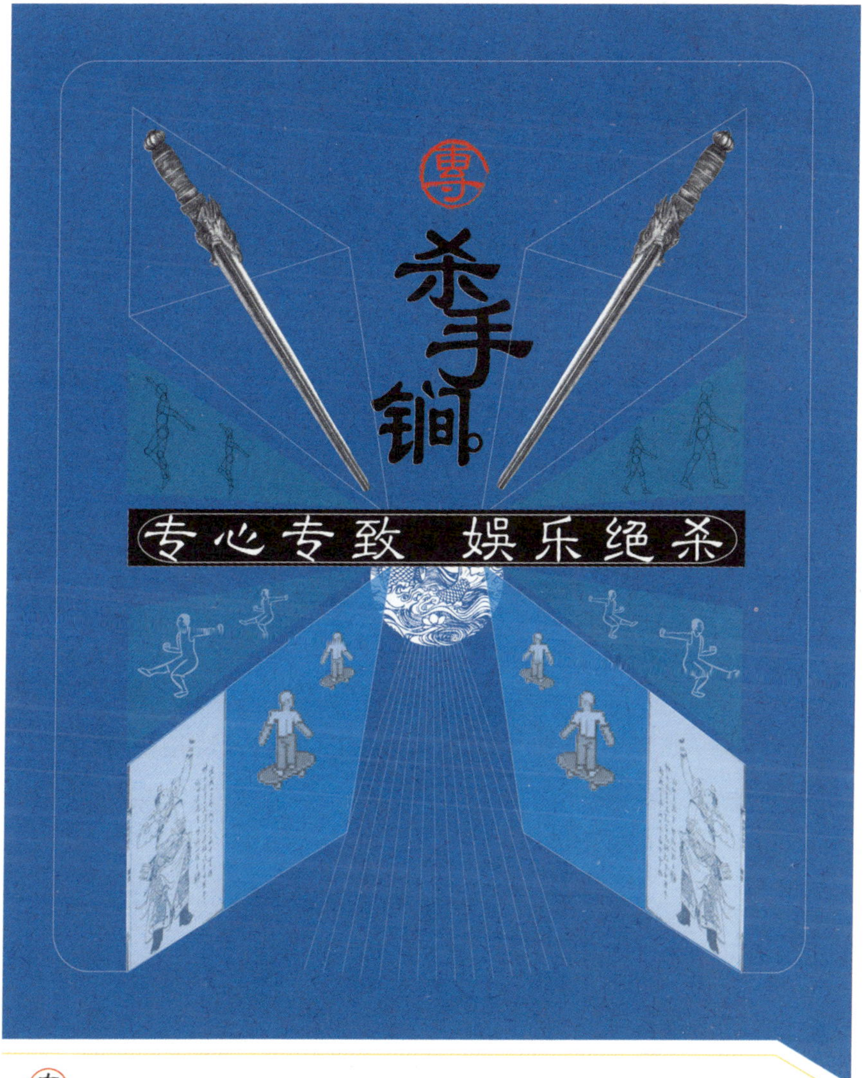

专

杀手锏

专心专致　娱乐绝杀

聚焦热点专题，娱乐一网打尽

撒遍娱乐天罗地网，冷血无情，斩尽杀绝，不放过一条漏网之"娱"。
新浪娱乐，聚焦热点娱乐专题，专心专致，绝杀娱乐天下。

最早实现明星现场做客互动聊天的专业娱乐网站，日浏览量突破一亿并不断刷新纪录的顶级娱乐品牌。

三 对画

三十岁前不要做公益广告

——新浪公益广告访谈

子路：公益广告一直是个特殊的广告类型，也为许多广告新人所喜爱，每年各类的公益广告比赛都会涌现出一些得奖新人，我们能不能说公益广告是广告新人的成长土壤呢？

小丰：恰恰相反，对公益广告的沉迷毁灭了很多所谓的广告新人。有个有趣的现象，就是越是广告新人越觉得公益广告好做，越是广告老鸟越觉得公益广告难做。我们每年公益广告的那些得奖新人，一旦离开公益广告，就变得无比平庸，消失在广告的茫茫人海。之所以这样，还是因为公益广告的特殊性。公益广告被新人热爱，是因为它的限制少，不需要讲解产品，不需要捕捉消费动态，甚至没有效果监控，于是许多广告新人把它当作另一种形式的“飞机稿”。抱着这种想法的广告新人一旦在将来的工作中遇到真正的消费品广告，就会一筹莫展，甚至不如那些“白纸”新人进入得快。只有广告老鸟们才能深切体会到，公益广告所要传播的是人间最稀缺的消费品——爱心，但这个稀缺产品又不是生活必需品，它所受到的限制不是比普通消费品少，而是更多。做一支好的公益广告要调动你的人生经验、日常的生活体味，甚至你的人文修养，那是非常不容易的一件事。我个人甚至认为，三十岁之前的人不适宜做公益广告！

子路：不能完全同意您的看法，毕竟公益广告为众多广告新人提供了展露自己的舞台，并且每年都不乏形式出新的好作品。

小丰：问题就在这里，许多人把公益广告当作舞台，而不是战场——向社会爱心的缺失宣战的地方，因为是舞台，所以就有表演，技巧的表演、形式的表演、创意的表演。但这些都是外在形式上的，我们每年参加那么多公益广告的比赛，真正留得下记忆的作品又有几个呢？为什么我们的公益广告很容易在国际上拿奖，但消费品广告屡战屡败呢？对于一个创意人来说，技巧只是基础课，更没必要通过公益广告来获得。

子路：新浪的公益广告背后是否也有着商业的考虑，在实际创作中怎么来平衡公益和商业这两者的关系？

小丰：一个人绝对富有了，才有资格有心情做慈善；一个企业十分强大了，才有资格有财力做公益。公益和商业并不矛盾，我们的许多公益也需要商业的推动。当然，任何企业做公益都有附带目的，你可以说是伪善，但伪善要比不善好。就新浪这次公益广告的目的而言，还是非常纯粹的，作为一个前卫的行业，它希望能倡导一些与国际同步的传统精神和美德，我认为这是互联网这个行业很重要的一个觉醒，它在拼命地奔向未来的道路上终于有了寻找传统精神的渴望。无论是否具有商业色彩的公益广告，都应该着重于公益，没有了公益性，商业性也不成立，这两点不用刻意去平衡。

子路：为什么选取一些我们并不是很熟悉的国际节日作为广告的内容呢？

小丰：这些节日我们是知道的，但又常常忘记，这就像我们的爱心，人皆有爱心，但人人都健忘，提醒这些节日也就是提醒爱心。前面说过，作为未来行业新浪希望寻找一些和国际同步的传统精神，于是我们从一些国际性节日入手（而非传统节日），再在这些节日中挖掘传统精神，也就是说要用中国人熟悉的内容和方式，在传统精神和国际节日之间架一座观念的桥梁，这里说的传统精神并不特指中国的，而是人类普遍共通的一些传统精神和美德。但在创意上，我并不想正面去表述这些东西，灌输一些意识形态和观念是中国公益广告的一大弊病，不刻意灌输，而是要选取意想不到的角度直接进入人心，让受众在心灵的震颤上感受到这些观念。

子路：朱自清、吴天明、猫王、丽江的候鸟、反腐的女记者，甚至是人体炸弹，都让我们感到这组公益广告离我们很近，是什么把他们统一在一起的？或者说他们整体想表达什么？

小丰：是人文精神把他们牢牢地黏合在一起的。我们经常看到名人做的公益广告，但这种广告是只有名人没有人文的，名人只是主题、口号的道具。其实名人是离大多数人比较远的，他们虽然有一定的号召力，但未必会让人觉得可信。关键是名人要怎么运用，不能只是摆设。这组广告里我也借用了一些名人，但我把关注点放在他们不为常人所知的另一面，也就是他们普通、平凡、更生动鲜活的一面，比如朱自清的《背影》中“父亲”的形象感动了无数人，带给我们审美上的愉悦，但我们却忽略了他也是一名普通的“父亲”，在父亲节这个特殊的节日，我们是否也应该给他一些祝福？再比如说猫王，大家只记得他的吉他和凯迪拉克，却忘记了他也是毒品的牺牲者。在这里，名人被还原成了“人”，他们也像我们一样平凡，会犯不该犯的错误，你甚至会同情他们，这样就不再是有距离的沟通，而是感同身受的理解。除了还原名人，我们还要发现凡人，比如几十万平凡丽江人为候鸟所做的牺牲，比如一名女记者用钢笔揭露的惊天罪恶。从伟大中找到平凡，从平凡中发现伟大，众生平等，切勿把公益广告当成教育。

子路：人体炸弹那一篇给了我极大的震撼，这种力量来自哪里？

小丰：这是悲剧的力量，尤其当这种悲剧是真实的，发生在我们的身边时，就尤其令人震撼。当然，看一篇新闻报道你感受不到这种震撼，这还需要创作者对这个悲剧有深刻的认识和强烈的表达。比悲剧更悲哀的是麻木，千万不要去煽情，用最正常最冷静的笔触去描写会更给心灵以刺痛，人体炸弹的制造者是母亲，如果以劳动时间来计算，恐怕这是世界上最奢侈最昂贵的炸弹，这就是战争的荒谬，是对生命最彻底的践踏，但你不要去谴责，要把谴责留在看到这则广告的每个人的心里。公益广告常常追求震撼，但千万不要流于视觉的震撼、文字的震撼这些外在的东西，震撼心灵需要你首先震撼自己，公益广告其实是广告自己的爱心，创作者的爱心是检验一则公益广告的重要标准。

子路：公益广告最检验广告人的爱心，我同意这点。

小丰：不止是爱心，还有公德心。那些把公益广告作为表演舞台的广告人，需要三思。

子路：您认为我们的公益广告和欧美的公益广告差距在哪里？

小丰：贝纳通的《心跳篇》并不是一则公益广告，但很多人把它视为最好的公益广告。可见，爱心在则公益在，无所谓广告的初衷和形式。我们的广告人或许缺少点真诚和爱心，连公益广告这块净土都变成了“飞机场”，成为了某些人追名逐利的砝码。所有的技术差距都可以弥补，但心灵的贫乏无可救药。

子路：那么怎么解决这一问题？您认为怎么提高中国公益广告的水平？

小丰：就像孔子在乱世讲礼一样不合时宜，在中国广告的乱世，我们如何呼唤广告人的真诚和爱心？但总要有人去讲，也要有人呼唤。另外，希望我们能少搞些所谓的公益广告比赛，减少些公益广告上的功利负累。广告制造了那么多虚假，总需要留一块空白自我赎罪；广告人玩弄了那么多价值游戏，总需要留一个窗口释放真诚和爱心。

㊃ 对画

文学与广告的互文实验

子路：“越界”是当下中国艺术界提及频率越来越高的一个词汇，广告创作也深受其影响，广告也需要“越界”吗？作为广告人，我们该怎么看待这个现象？

小丰：我更喜欢“互文”这个词，“越界”背后无论是怎样的理论体系和思想背景，它的通行含义是：模糊界限，打破界限，既可能是不同艺术形式的也可能是不同思想的。但它的问题是只打破，不建设。越界是过程，是动作，但不是结果，越界之后怎么办？没有答案。我的回答是，越界之后要互文，就像嫁接之后要共生，这样才可以产生一个全新的生命体。艺术思潮和广告一直有“共振”现象，但艺术常常是自觉地进行着自己的运动，广告是被影响者，是跟随者。

子路："越界"和"互文"都是比较抽象的理论概念，能否具体形象地来说明二者的不同？

小丰：波普艺术就是越界艺术，它打破了许多界限又重新拼凑，但没有共生互文，这也是整个后现代主义艺术的困境——消解和越界之后怎么办？消解本身成了目的。我们看到中国的一些油画家一遍又一遍地用西方油画的手段和波普的艺术形式来包装中国的文化符号，这就越了中西之界吗？其实这是一种"拿来"的越界。这就是艺术吗？具体到广告，比如 flash 广告就是一个越界的新媒介形式，它打破了平面广告和电视广告的一些天然的界限，但绝不是我们把一幅幅静止的漫画 TVC 化就可以了，不能幼稚越界，为越界而越界。

我们看过很多像《英国病人》那样的伪诗意电影，这种电影其实也是一种幼稚越界，如果你去看看帕拉杰诺夫的《石榴的颜色》就会看到互文，看到共生，诗、散文、戏剧、舞蹈、电影完全生长在一起，没有任何打破和拼凑的痕迹。它们已经互为文理，生死同源。在那里没有界限也无所谓打破界限。我们有许多广告创意也是简单地借鉴西方，拼凑西方，虽然用的是东方素材、中国元素，但界限没有消除。希望我们的广告能少些简单越界的艺术。

子路：怎么才能做到从越界到互文呢？

小丰：越界和互文的根本区别是有没有扎根于自己的母体。许多人的越界，已经跳出三界外了，把自己的母体文化都丢了。当然，有更多的越界者根本没有进入自己的文化母体，根本就还在界外。中国艺术家真正获得国际认可的并不多，但凡获得认可的都是找到了自己的酵母的。比如徐冰之于中国的汉字和书法，蔡国忠之于中国的烟花，三宅一生之于日本的歌舞伎。

如果从时间上说，20世纪80年代的中国艺术家更多的是在越界，那么90年代到今天则出现了更多的互文。广告尤其如此，港台的广告经过外国CD当家的年代才慢慢产生了许舜英和孙大伟，内地的广告也在慢慢产生自己的广告“作者”。

子路：那么您的广告创作依存的母体形式是什么呢？

小丰：文学，从形式到内容的文学。我一直在试图恢复广告的文学性，注意！

不是嫁接或增添，因为我认为广告最初就是一种文学，就像《诗经》来自民间田埂的吟唱，广告也来自大街小巷的吆喝,《诗经》可以是文学，广告为什么不能是呢？现代广告文学性的丧失源于三大阉割力，一个是广告赤裸的功利化，没有任何技术含量的职业叫喊正大行其道，另一个是读图时代对图像的过分推崇，我不反对没有文字的广告，但我反对没有文学性的广告。设计或图像也有其文学性，当图像成为纯信息载体，那么图像的丰富可能性也被阉割了。最后一个是广告人的自我阉割，自我阉割表现为以获奖广告的思维来指导实践，而不是从自己的广告母体向外生发变异。西方的艺术和广告较之东方是理性的，生硬地模仿和照搬其实是一种伪创造，这种伪创造阉割了所有真正的艺术灵性，文学性只是其中一部分。

子路：中国书法和烟花是我们独一无二的，所以造就了徐冰、蔡国忠，可文学并不是中国唯一的，它作为文化母体形式的依据何在？

小丰：它是唯一的，汉语的文学是唯一的，因为它是用汉语写的。其实也不在于你所找到的母体形式是不是本民族的、唯一的，而在于你有没有摸到它的根，是自内而外的一种生发，在生长中越界，在生长中遇到另外的生命体再一起生长，而不是自外而外的越界。我试图摸到它的根，但我首先做的是形式上的恢复，广告这个文体本身已经被固化僵化了，我在实验，实验汉语文学和广告文体这一外来形式之间的互文，当然也是中与西的互文。

子路：能否举一些具体的广告案例呢？您的实验有哪些？

小丰：理论表明你是不是在一个自觉的状态。实践总是前置的，我也是在自己不断的实践中慢慢捉摸到一些理论，一些规律。我进行的第一个实验是在一个叫《新起点》的楼书写作中，我在其中加入了小剧场话剧的元素，把产品的一些物理空间转化为一种戏剧情境，比如它有多部电梯——这是商务楼盘的重要卖点，但我把它当成一个戏剧场景来写——一个年轻白领每天都猜测究竟在哪部电梯上才能偶遇自己心仪的女孩。有些文字的叙述也借鉴了台词对白式的写法。

所谓文学与广告的互文，其中一个重要的主旨是令功利性物理性的广告鲜活起来，也就是挽救文学向广告文案转化中丧失的那部分。美林·香槟小镇的《圣经》三部曲具有史诗的规制，它融合了游记（《7天·创镇纪》）、寓言（《7宗醉》）、训诫（《HOUSE·十诫》）等史诗中含有的文学形式，这是一个很充分的实验，前所未有地把各种文学体裁植入广告文案中。另外比较重要的一点是，这个实验改变了我们传统系列报广文案的长度，让越来越精简的广告文案突然有了文学性的长度，我希望把广告的受众变成读者，重新找到阅读的快感。严格地说，它不是一个系列广告，而是一个连续广告，也就是说三部曲共 28 支广告才构成了一支完整的广告，它所做的突破和探索大大冲击了我们对传统广告形式的认识，以至于我们现在的广告标准都不能容纳它。

各广告节及奖项都规定系列稿最多不超过 4 支，我被要求把这组稿子分成 7 组不同的稿子来参赛。这是荒诞的，但也很好玩，这说明我的互文实验真正越界了！古龙的“七种武器”被我放进了新浪娱乐频道的广告里，在新浪的另一组广告（公益广告）里我采用了报告文学的形式与写法，科幻小说式的情节出现在《东方夏威夷》的报广里，万科西山庭院的“八大山人”其实是 8 个人的人文传记，古典宋词的意境和现代诗的笔触在《颐园·碧水云天》的广告里相遇，“ZAMA·咱们”甚至实验了“短信文学”这种新文体，还有北京香颂对歌词的借鉴，等等。文学对广告文案的进入扩大了后者的内涵和外延，我看到了广告模糊的新生命。关于这些，我在《小丰现代汉语广告语法辞典》里也有一定的表述，如“广告人每天都要和故事恋爱”等，其实，广告人也一定要学会和文学恋爱。

子路：您前面说过，这是一个读图时代。换句话说，这个时代不是文学的时代，那么这样倡导广告的文学性是否有些不合时宜，在没有人能静下心来读文字的时代，这样的实验是否能达到广告的目的，是否背离了广告的本质？

小丰：我是这样理解读图时代的：读图不是说我们不需要文字了，而是我们需要更少的文字来代替以前很多的文字。至少在中国，图字一向是一体化的，是互文的，中国的文人画总少不了文字或者书法写下的文字，这些文字是画面的有机部分，是整个作品美感结构的自我需求，中国的“图审美”离不开“字审美”或者“文审美”。这种根深蒂固的审美倾向不会因为读图时代的到来而有根本性改变。这也可看作互文的一个操作层面的东西，不是图大或字多的问题，而是两者能否达成互文的关系。我们常常发现，没有文案的好广告作品，其实传达了最清晰明了的文案语句，是你一看到画面就有一句话或一个词呼之欲出的；而没有图画的好广告作品往往文字本身就是图画，书法就是这样的，许多借鉴了书法艺术的广告作品也是这样的。

我一直在强调设计的“文学性”，设计或画面不应该是一个物品的物理记录，而应该是精神扫描，应该掌握每个物品的性格特征和前世今生。广告的目的是什么？“看得到”是一种普遍追求的广告目的，但我认为“读进去”才是一个好广告的真正目的，这个读不是指文案，而是说广告对人心的深入。读图时代让我们学会了抓眼球，却忽略了消费者的其他感官，读图时代让我们越来越表面化、浮躁化。一个图画没有可深入的内容，也就只是“看得到”而已，没有人可以“读进去”。没有人能静下心来读文字的广告时代，是因为我们缺少可以让人读得下去的广告，读进去才是我们的广告主旨，很多广告都不得要领，背道而驰。

子路：前卫的广告实验究竟对广告主的意义有多大？这种实验的实际效果如何？毕竟广告主的广告费安全第一。

小丰：某种程度上说，创意是在强化产品和信息的辨识度，我想再进一步，在辨识之后还要可读。这是纵向的实验。我们的广告史经历了一个很长时期的横向实验阶段，其实不是什么真正的实验，更多的是向国外的广告进行借鉴，是对别的艺术形式的吸收，现在我们需要纵向的实验，纵向的实验才是中国本土广告自己真正的实验，中国广告正处在横向与纵向发展的坐标点上，这种实验无论对广告人还是广告主都是必需的。

广告的本质是超前的，只有超前的才有引领性、关注度和新鲜感，安全的、保守的广告创意才是在用广告主的钱冒险！我想大家认为好创意是冒险，是因为广告的大众消费属性。但在很多时候，我们对大众消费进行了很多主观臆想，还有我们那些针对大众消费的市场调查，其实只是一种更科学和理性的臆想而已。接受调查和进行消费是不同的两个过程，前者是理性的，后者是感性的，不一样的性质怎么能互为因果。我不反对市场调查和创意测评，但我反对把这些拔高到唯一的标准。喜新厌旧是大众消费的本质之一，安全的创意往往是旧创意，反而是最不安全的。

我的实验至少创造了差异性，实际执行的效果也和大家的臆想大不相同。只有付出了真正智慧含量的东西，只有那些真正与众不同的创意，才能让广告预算的价值最大化，才能给产品带来高附加值。实验和效果不是对立的，至少我的实验事实这样告诉我。中华民族是崇尚中庸的民族，几千年的民族意识和广告主的集体无意识，构成了一张巨大的牢不可破的网，我要做这张大网的漏网之鱼。

子路：我们再回到互文上来，互文和个人风格是什么关系？从市场的实效角度来看，广告需要个人风格吗？

小丰：让我们回到16世纪，那时候的欧洲也在讨论作者风格和作品风格的问题。首先，风格是必需的，无论是作者还是作品。2006年获得诺贝尔文学奖的作家帕慕克有一部作品《我的名字叫红》，便反映了细密画创作的这种冲突。传统的细密画大师认为：风格是个人的瑕疵。我的理解是：风格是个人的实验史。互文则是实验的一种方式，它产生作者风格也产生作品风格。广告虽然不是纯艺术，但我认为它像艺术一样，需要作者风格也需要作品风格。只有作品风格的广告作者是短暂的，这类广告作者其实不具备个人风格的能力，只会一种风格的广告作者我也归入此列。

单一风格的作者一直都在重复一种作品风格，而不具备个人风格（当然，少数天才例外）。个人风格和作品风格都是在实验过程中逐渐形成的，是多种风格的统一而非一种风格到底，我们见过太多一生只重复一种风格的创意人，没有风格的创造力和变形力，就没有真正的个人风格。

广告背后创意人的个人风格和广告的目标没有直接联系，但它却是好创意的源泉，因为每一个好创意本身就是一次实验，都是创意人对自己的突破。多元性是市场的天性，市场需要集合各种个人风格以达到自我的丰富，市场也要求每种风格不停地发展变化以维持活力，这是市场的动态生命的需要，广告也概莫能外。

子路：您的论点有一个混淆，就是广告和艺术的混淆，应该说这是本质不同的两样事物，如果视广告为艺术，消费等同于欣赏，这对以市场为目标的广告是不是一个原则性的错误呢？

小丰：是有一个混淆，我认为需要混淆，当下的广告都太把自己当广告了，不是混淆的太多而是混淆的太少，但关键是怎么混淆。混淆、越界、互文（我们又回到这个主题）是三个不同的文本层次，但三者之间有递进关系。互文是出于形式创新的需要，同时也是广告这个形式的内容需要。传统的广告内容只有一个：传播信息。现代的广告内容除了信息外，还要给消费者的消费过程增加体验。我这样来看广告，它其实就是一个消费行为的美学体验，而不是利益计算，后者的消费行为是痛苦的、丑陋的，广告有使命让消费行为变得愉悦和充满美感，这种伴随着消费行为的消费体验其实就是消费本身的一部分，现代消费者的购买行为不仅仅是要消费这件物品，也同时在消费这个购买过程。消费行为的这个本质性转变被大多数人忽略了，他们仍旧抱着旧的广告观念不放，这才是你说的“原则性错误”，也就是太把“广告”当“广告”——只是通过一些小聪明在传播信息。

谈到欧美和中国的广告差距，我认为技术上和艺术上的差距都容易解决，但有两个差距我们难以逾越：一是广告创作者作为消费者本身的经验差距，你要通过广告来引导和增加消费的体验，但我们的广告创作者本身的消费体验就很少或者层次很低；二是作为市场主体的消费者的体验差距，这决定了我们是个低消费低体验的市场，这个差距也决定了我们的广告面貌。

子路：广告和文学的互文能解决您以上所说的问题吗？这是中国新广告的出路吗？这种实验和探索对我们当下的广告市场的意义又有多大？

小丰：我无法计算我的实验对中国广告的意义，也不想计算，我只知道它们被阅读、被模仿、被议论，也被批判。我更看重这种民间生命力，它们没有像那些获奖广告一样在一年内被遗忘（大部分的获奖广告，在新年度的获奖广告出来后就被彻底遗忘），这说明它们真正来自我们这块土壤，有着这块土壤的自然生命力。广告和文学的互文只是一个方向一个方法的探索和实验，是点的突破，怎么可能解决所有问题，但重要的是要有人坚持这种探索和实验，中国广告的出路首先在于这种本土实验精神的存在，也希望中国的广告市场能够有容纳这种精神的空间，哪怕只是一点点。从没有一个外来的国家和民族能够在文化上征服中国，广告也不可能。我希望能有更多的中国本土创意人回到自己的土壤，重新建构我们的广告，"原创中国新广告"需要整体性的参与，需要每个广告人自我意识的觉醒。从来没有什么救世主，中国新广告的出路归根结底在于中国广告人自己。在这条漫长的路上，会充斥着烈士们的尸体和遗愿，这是我可以预见的结果，虽然如此，但我仍旧要原创到底！

异言堂

我一直是个广告作者。

我一直也只想做个广告作者。

『作者』的出现，标志着一种艺术形式和一个人的成熟。

《荷马史诗》是群体创作，莎士比亚才是作者。

《诗经》没有作者，只有收集编辑者；《三国演义》体现着群体创作向个体创作的转变；写了《红楼梦》的曹雪芹才是真正的作者。

关于广告作者这个问题，我会在下一本书里专题探讨，不很明白这个概念的可以去查查法国『作者电影』的相关资料。中国的本土广告什么时候能很牛呢？个人认为，这取决于中国广告什么时候能有自己真正的广告作者。

异言

房地产广告的数码时代

——《沸城·五感》系列广告创作访谈全记录

创意篇 / 知性的酷　西式的中

对话者：

丰信东（以下称小丰）：北京世纪瑞博广告公司董事总经理、执行创意总监

金鹏远（以下称痛楚）：全景视觉副总裁、视觉方案提供方

劳博：北京宣亚广告资深文案

劳博： 7宗醉、八大山人、十诫，还有这次的五感，您的创作一直和数字有着不解之缘，这是刻意为之还是偶然？

小丰：数字是自然界与人的巧合，数字创作是我与创作的巧合，从偶然到必然，从无意识到有意识，数字有意无意间成了我个人隐性的风格印记，不过，这次的五感不仅和数字有关，更和数码有关，这是一次房地产广告的数码实验。

劳博：数码摄影在商业广告摄影里是什么样的状况呢？

痛楚：国外的商业广告摄影基本数码化了，这是不可阻挡的趋势，新技术带来新思维，怎样更好地掌握和运用数码摄影是商业广告摄影的新课题。

劳博：为什么采用数码摄影的手段来进行这次的广告作业？

小丰：每个数字都蕴含无数变化，我不希望我的创作一成不变。摄影是最初级也是最高级的广告表现手段，但在大多数房地产广告里这个手段运用得比较初级，一种是情景摄影，就是在园林、现房、样板间里设计一些情景，然后忠实记录下来。另一种是素材摄影，用摄影来解决素材问题，拍些楼盘实景或人物、道具，再进行后期处理。这两种实践都比较爬行现实主义，没有真正发挥摄影的潜力和魅力，我想做些不一样的探索。

劳博：在当今的房地产广告里，摄影好像并不是主流的表现手段？

痛楚：这个情况跟房地产广告的性质有一定关系，房地产广告作品真正存留媒体的时间相对较短、摄影作业的制作成本高，一般开发商不愿意采用，即使有偶尔采用的项目，也是低成本摄影，如万科的品牌形象稿采用的方式，还是建筑摄影的手法，并不是创作摄影。

劳博：对于项目本身，采用摄影作为表现手段的必要性在哪里？

小丰：我反对很多经典广告理论，但赞同“广告是为了促进销售”这个观念。沸城这组广告的目的非常明确，就是要做形象和质量的提升，为单价和总价都有所提高的新一期产品的销售提供支持，这样我们也势必要提高广告画面本身的质量。另外，有个很现实的问题，就是项目的现场并没有完全呈现，而且也没有样板间，有拍摄的必要性但又没有什么好拍的，在这个微妙的阶段进行摄影激发了我的创作兴趣。

痛楚：房地产广告以往的摄影往往集中在样板间，或楼盘、园林完全呈现以后，用事实说话，这些还是把摄影当作记录来看的。在项目推广的前期，怎么去表达项目的一种概念、态度或是一种生活方式？如果你把摄影当成一种表现而不是纯粹的记录来看，就有无限的可能，这样的摄影，才是创作摄影。

劳博：“表现的摄影”，最需要把握的是摄影的风格和调性，这一点怎么定位和执行？这套稿子看起来，有点冷，体温有点低，不容易让人感动。这是刻意的吗？

小丰：这是目标客群决定的，客群的美学决定创作的美学，决定摄影的风格和调性。在北京的文化地图上，北京的西部客群是一个很特殊的群体。我们将这次广告的目标客群假想为中关村的中级白领，知性是他们的第一特征，但他们又不像北京东部的小资们那么爱扎堆，喜欢和任何事物都保持适当的距离，他们一样年轻，也追求国际化的生活，但骨子里却有着根深蒂固的中国情结。他们的生活美学折射到广告思维里，就形成了我们要的风格，我用八个字来总结，那就是：“知性的酷”“西式的中”。

劳博：那么这次广告摄影行为要表现的主体是谁？是那五个模特代表的人群吗？

小丰：是空间，确切地说是空间背后的文化，文化才是Big Idea，技巧都是小玩意儿。对许多房地产项目来说，真正的购买是文化购买、观念购买、认同购买，是反喻，关于房子的基本信息他们自己会主动了解，但是否对这个项目有精神的认同则在潜意识里主导着他们的购买行为。这套稿子是符号化的反喻，我们日常的空间是缺少“五感”的空间，在这种“五感”空间里我们还怀着“红苹果”“黄灯笼”般的朦胧希望，挖掘了这些潜意识你才能诉求他的意识。

痛楚：中国的美术是写意的，北京的西部也是写意的。这次创作对摄影的挑战在于，要用摄影这种最具象的手段来写意，要用亚当斯来表现郎静山。创作摄影要求摄影师与广告公司的主创一起来创作，而这一直是中国的艺术摄影师和商业摄影师所忽略的。不了解广告的目的，不清楚客群的审美，是不可能拍出成功的商业摄影作品的。

小丰：快速消费品是感性消费，购房是理性消费。快速消费品需要情感的高温，需要消费者马上决定买还是不买；房子说到底还是理性消费品，说服的方式不一样，需要全面地说服，需要圈层、文化、价值甚至观念的认同。

痛楚：快速消费品的拍摄需要拍感觉，但比较集中和简单，抓住一种感觉就够了，房地产广告的拍摄内涵和外延都要大得多，比如这套创作就拍了五种感觉，五种感觉背后是五种生活哲学。房地产广告给商业摄影留下了很大的创作空间。

NORTH AMERICA
JOYFUL LIFE 日心说
視覺
视觉沸城
Energetic City Life
我家的日心说 3居阔板 奢景阳光居所
6000元/
83200161/62/63/65/66
沸城

沸城
ENERGETIC CITY LIFE
NORTH AMERICA
JOYFUL LIFE 守恒定律
聽覺
听觉沸城
园林的守恒定律 中央阔景 弯月型公园
6000元/
西五环内/奢景阔板/稀贵三居/荣耀登场
83200161/62/63/65/66

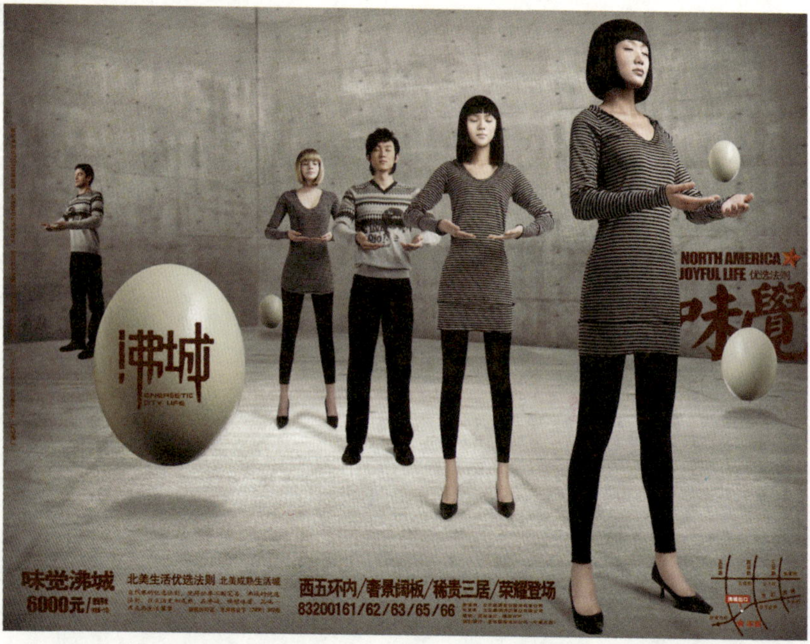
沸城
ENERGETIC CITY LIFE
NORTH AMERICA
JOYFUL LIFE 优选法则
味覺
味觉沸城
6000元/
北美生活优选法则 北美成熟生活城
西五环内/奢景阔板/稀贵三居/荣耀登场
83200161/62/63/65/66

NORTH AMERICA
JOYFUL LIFE 引力学
觸覺
沸城
触觉沸城
Energetic City Life
河与园的引力学 西五环内 自然生活城
6000元/
83200161/62/63/65/66

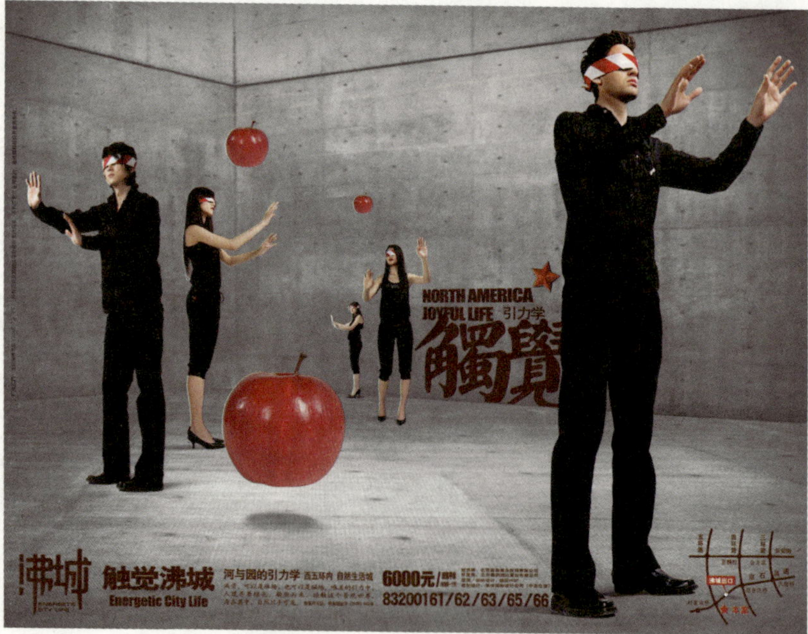

NORTH AMERICA
JOYFUL LIFE 相对论
感覺
沸城
感觉沸城
Energetic City Life
时间与距离的相对论 瞬间即达 连接一座城
6000元/
83200161/62/63/65/66

执行篇 / 符号的反喻　细节的生命

对话者：

张庆榕：北京世纪瑞博广告公司设计总监

郭　影：北京世纪瑞博广告公司文案总监

金鹏远（痛楚）：全景视觉副总裁、视觉方案提供方

劳　博：北京宣亚广告资深文案

劳博：作为具体的创意执行人，二位对这个创意是怎么理解的?

张庆榕：沸城五感是个非常纯粹的有高度的创意点。五感是人类对世界感官体验最本质最根源的，对空间、时间、颜色、味道等一切的感觉都来自五感，婴儿出生时就从母亲那儿遗传了触觉基因，通过味觉、听觉、视觉等发现世界是五彩缤纷的。“五感”体现了沸城的五个产品价值，画面统一丰富，五种空间、五种色调、五种情绪、五种氛围、五个世界，文字作为视觉元素与画面成为一体，冲击力十足，加上五种不同的道具穿梭在空间，有着超现实的合理性，也充满了启发性与未来性。选择摄影来表现这个创意其实是选择了挑战和难度，如果想执行好，前期的密切沟通非常重要，我们也正是这样做的。

郭影：在现场拍摄之前，我们进行了充分的讨论，把我们要表达的思想彻底固定下来。这是一种符号化的表达式摄影，我们借鉴了许多小剧场话剧的表现手段来构筑场景。我们用模特的体态和动作来象征化地表达“五感”，用各种道具表达背后的生活哲学。大家可以看到，每支广告中除了模特，都有一种具象的对象作为道具。比如《感觉篇》中的表盘、《触觉篇》中的苹果、《听觉篇》中的石头，用表盘来体现相对论，用苹果来影射万有引力学说，用石头来表现守恒定律，每个感官表象都与一种现存的理论学说有所联系，在增加趣味性的同时又使广告不乏厚重感。每个道具的选取都非常困难，因为既要表达一种理念，还要便于拍摄，另外更要注意五支系列稿的统一，还好我们终于找到了。这让我意识到，从文案到真正的画面实现还有一段漫长的路要走。

痛楚：从创意到拍摄完成到后期，一共也就一周的时间，沟通就变得无处不在，商业摄影常常把自己摆在一个机械的执行角色，我一直强调用摄影机进行创作，没有这种贴身密切的互动，这个工作就是一个“不可能完成的任务”。

劳博：我注意到画面里人物的服装都比较随意，是特意要追求这种风格吗？

痛楚：这个“随意”也是来自项目和创意的要求，因为这是一个北美风格的项目，而北美的服装则是非常随意的，随意也就意味着缺少特点，好在这里的服装不是主角，只是起着一些风格暗示的作用。但服装永远是拍摄时最重要的细节，如果不是时间紧迫还可以做得更到位一些。

张庆榕：抓执行就是抓细节，比如石头这个道具在拍摄中遇到了问题，拍下来后缺少一种“灵气且有生命”的感觉，但怎么让一块冷冰冰的石头“活”起来呢？后来我们在石头上先喷水，然后再拍，终于找到了“灵气”。

劳博：这次的创意拍摄也有不少遗憾吧？

痛楚：摄影和电影一样都是遗憾的艺术。人物的发型多少有遗憾，后期做了一些修补工作，另外还有人物的队列也是现场即兴调度的，如果之前的讨论更充分，就可以做得更好。

行业篇 / 原创的性格　摄影的眼界

对话者：

小丰 / 痛楚 / 劳博

劳博： 摄影手法一定能给房地产广告带来良好的广告效果吗？

小丰： 中国的房地产广告经历了三个阶段的转变。

第一个转变，是产品策划到广告包装的转变。像早期的现代城 SOHO，干脆就是卖了一个独有的概念，还有的只是卖产品的一个独特属性。后来大家的建筑风格逐渐相似，各种建筑功能同质化严重，项目的差异化只能更多地依赖广告包装。

第二个转变，是信息广告到印象广告的转变。一开始，大家都注重项目信息的炫耀和比较，后来发现大家的功能信息差不多，消费者也越来越理性，这就需要挖掘这些物理功能之上的东西，精神的内容就转化为广告的印象。还有现在的媒体越来越多元庞杂，干扰很大，广告的第一目标就是从这些杂音的污染里跳出来，先要给人以鲜明的印象，尤其是报广杂志类的广告，越来越向印象和形象转变。

第三个转变，是单一执行到多元表现的转变。从效果图的频繁使用，从纯粹设计的角度，到插画、摄影手法的开始尝试，地产广告经历那么多年的发展，需要更多的突破尝试。

房地产广告的自身发展要求更多的尝试，摄影这种非常重要的广告表现手段势必会越来越多地被使用，摄影与广告的更多可能性将在这种碰撞中生发出来。任何表现手段都在于怎么应用，不能简单地说某种表现手段就一定能达到某种广告效果。《沸城·五感》只是一次个案的尝试而已。

劳博：商业摄影在国外的广告表现中已成为一种主流的表现手段，但在中国的广告表现中尚无同样的表现，除了广告主的执行意识不够外，是否与中国商业摄影本身不够成熟有关？

痛楚：中西方摄影的差距比较大，比设计行业和西方的差距还要大。原因在于，设计行业在软件和硬件上都具备了和国际接轨的可能，国际上最新最快的技术和理念，通过网络马上就能到达我们的眼中。而商业摄影行业远未成为一个行业，更多人是在艺术摄影中探索，也许有些人溜达着，就到商业摄影的领域中来了，也是运气或者生存需要。

目前的情况是，商业摄影师对客户需求、广告公司的创意出发点以及对图像的要求没有一个统一的认识，大家只能从自己的理解去翻拍广告公司的设计稿，这样就会导致广告创意画面和摄影的脱节。而实际上，广告公司和客户都需要我们摄影师提供视觉解决方案，目前大多数商业摄影师只能提供技术支持，没有理念支持。

商业摄影在国际上已经比较成熟，我们由于发展时间短，客户和摄影师都没有做好准备。

小丰：设计没有技术壁垒，摄影有。眼界和意识形态决定你的作业高度，摄影艺术家不等于商业摄影师。另外，图库化是一个讨厌的现象：大家都认为图片能解决所有问题，结果现在连摄影师们也有强烈的图库化思维倾向，只提供素材式的半成品，认为剩下的都是你自己的事。房地产广告是残酷广告，一个广告出去，电话量、有效电话量立刻就有反馈，商业摄影如果经不起这种残酷考验，那就永远进入不了房地产广告的主流市场。

劳博：图片的使用已不能满足房地产创意的要求，从使用图片到使用商业摄影师的转变是必然的吗？

小丰：我们需要的是视觉解决方案，不是图片也不是摄影，这需要和摄影师的创作互动，需要双方全程贴身互动的合作，换句话说，如果把这样的创作型摄影师比作一个产品，那么现在的状况是：市场需要这种产品，而这种产品目前还没有被批量生产出来。其实中国的许多艺术摄影也是伪艺术摄影，观念摄影和题材摄影都只是借助一些天然的东西在玩而已，既没有触摸到艺术的本质也没抓住摄影的灵魂，我们的摄影师缺少完整的商业意识，我们也缺少一个完整的商业摄影行业。

痛楚：完整的商业摄影师，要提供视觉解决方案，不是记录素材，也不是翻拍草稿。其实，现在摄影上的技术壁垒也并不是特别大，主要还是摄影师的眼界和思想不够。

劳博：目前在国内，哪个行业的商业摄影比较完善？

痛楚：时尚行业，服装、珠宝等，汽车也频繁使用商业摄影。总的来说，商业摄影距离形成一个行业，还有一段路要走。

劳博：怎样理解创意、摄影与销售的关系？

痛楚：当创意和摄影帮助了销售，销售才会对创意和摄影有反要求。中国也有一些客户对创意和图片的质量都有严格的要求。这说明好创意一旦带动销售，反过来客户也会重视创意，重视你的画面质量，我希望这是一个良性循环，直至优秀的创意和图片能够推动一个行业的审美判断力。房地产广告有一个可以量化的标准，那就是电话量，我觉得这对商业摄影是一个很好的考验和机会。

劳博：现在无论是房地产广告还是商业摄影都有很强烈的西化倾向，你们怎么看待这种现象？

小丰：这个说法我不太同意。中国目前比较原创的广告都出现在地产广告领域，这是这个市场的特殊性决定的。人类历史上从来没有，任何一个国家也从来没有这种现象，即同时有几亿人都要购买同一个商品——住房。欧美国家甚至印度的土地都是私有的，不可能大规模开发，也不可能形成中国现阶段这种巨大的房地产市场。这个市场是前所未有的，这也决定了房地产广告是没什么传统的，这要求你必须原创，必须走自己的路，但确实有些楼盘一味地把西方的生活方式拿来做噱头。

痛楚：我也同意地产广告比较“原创”这个说法，但目前中国比较原创的广告都比较文字化，这些稿子得不到国际承认，因为有语言障碍（这就如同房地产广告在广告奖上的命运），东方式的视觉除了一些纯设计大师得到了世界性认可，摄影方面尚没有。许多获奖的“飞机稿”从思维方式到表现手法都是非常西化的，但千万不要把它们当成我们创意和摄影的追求方向。这次《沸城·五感》的创意摄影也是本着原创思想的一次尝试。

劳博：那么怎样才能做出东方式的创意和摄影呢？

小丰：先要提倡一种原创的性格，另外要先有人走出来，其他人才会跟着走，整体的广告环境和话语短时间内很难改变，我只能从我做起。

痛楚：我们想从最基础的做起，去好好拍一下老祖宗留下来的视觉元素，如重拍长城、敦煌什么的，先从素材开始，一切从头再来。

异言

新八大山人：西山庭院的中国式理想

曹建强（以下称老曹）：北京世纪瑞博广告公司总经理

丰信东（以下称小丰）：北京世纪瑞博广告公司董事副总经理、执行创意总监

“人文地产”是当下中国房地产一个曝光率较高的词，各大开发商言必称“人文地产”，各广告公司也言必称“人文地产广告”。万科一直是“人文地产”的倡导者，万科西山庭院则是其最具人文气质的代表性项目，其推出的“新八大山人”系列广告引发了“人文地产”及“人文地产广告”的种种关注和议论。为此，我们对西山庭院“新八大山人”系列广告的创想者进行了访谈，剖析其创作历程，深度探讨“人文地产”最大的精神表征——“人文地产广告”这一热点话题。

人·文·人文·伪人文

"要认识人文地产广告，就不能不先认清伪人文地产广告"

小丰：中国当下真正的"人文地产"很少，真正的"人文地产广告"更是少之又少，许多人文地产只是在借"人文"的名义作秀，许多"人文地产广告"也只是在摆一种叫"人文"的pose，中国当下的房地产圈"人文"的分贝很大，含量很小。

那么什么是真正的"人文"呢？顾名思义，一为"人"，就是对人的关注，对人的重视，就是从过程到目的真正的以人为本；一为"文"，其实还是对人的关注，但要把人放在文明和文化的高度来审视、来表达。

所谓"伪人文地产广告"也有两个表征，一是"人"的物理化、道具化、简单化。许多房地产广告都会出现"人"，但请注意，这里的人只是广告的道具，只是功能的奴隶，只是某种品味或时尚流行的标签，我们看不到他们当下的状态处境和思想欲念。回避当下也就回避了人，无论你用文化做了多么厚的一层茧，没有对当下的人的关注，这层茧就是空心的。越是"伪人文"的地产广告越爱用"人"来做表现和表述，从而来掩饰其对当下、对人的关怀的缺失。二是貌似很文化、很文明、很文艺。以生涩的用词、玄虚的哲理、理性的口号摆出一副高高在上的pose，人为刻意地营造距离感、模糊感、陌生感。还有一些广告把“人文”的“文”片面地理解成了“文脉”，遇到任何项目都要挖地三尺找文脉，一块破石头非追溯为古砚，一片烂玻璃非要升华为水晶，这样的“伪人文”广告看第一眼也许你会被吓住，看多了也就识破了！应该说，“新八大山人”的创意正是从避免“伪人文”的种种表现——“去伪存真”开始的！

物理地标·精神地标·文化图腾

“人文地产广告要有人文地产做支撑”

老曹：不是所有的广告都要一味“人文”的！西山庭院之所以推出人文广告是基于西山特殊的群体。

北京西部人群一直是一个特殊的群体。这个客群集中，并呈现出明显的精神偏好。即这是一个中年群体，有良好的教育背景，所在行业都有高知特点，他们在所从事的行业中都是佼佼者，就是大家艳羡的所谓的“成功者”。人们习惯将这个代表中国当下人文知识分子的庞大群体，称之为“理想中年”。

对这个群体来说，建筑质量固然是选择产品的一个重要标准，但在物理层面之外，他们更关注项目的软性质量，比如品牌、山水文脉、庭院文化、邻里关系、生活氛围等，他们更注重居住的品位和感受，从而呈现出独特的特点。

作为专业的地产品牌，万科善于探讨消费者的内心，然后对消费者的精神追求和人文取向进行解构，再将诸如此类人文的东西在产品上逐一体现。西山庭院就是万科根植于“理想中年”这个特殊的客群和他们的精神偏好来做的一个西区项目，它遵循万科一贯严谨的专业态度，将人文取向和精神追求在产品上很好地呈现出来，使之成为西区一个重要的物理地标。

万科深刻的市场研究，准确的产品定位，吸引了目标客户——“理想中年”的到来，而这个群体的到来又加强了项目的人文特征，于是，在产品和消费者之间就形成了一个良性的互动，让西山庭院当之无愧地成为西部居住区的一个人文地标。

这样的背景，对产品的广告推广提出了更高的要求，传统的硬功能宣传显然已经不能适应这个群体的需求，当然也打动不了他们日渐挑剔的品位，一种新的思路必须出现，来替代表层的探讨，这种新的思路就是人文广告。只有人文精神，才能把项目的深厚内蕴准确地体现出来，使它成为一种文化图腾、一个精神地标、一个居住的文化标签，并以此感召更多的同类人群。

中国式理想 · 中国式性格 · 中国式生存

“其实无论人文地产广告还是人文地产，都要从人谈起”

老曹：探讨西山庭院“新八大山人”系列的广告创作，不能背离其根植的西区市场和消费客户。

中国知识分子是一个很尴尬的群体，在社会阶层中一直扮演着精英的角色，但实际上，这个群体一直受到主流化意识的排斥。这样的角色错位，造成了他们既出世又入世的悖论状态，在出世和入世间游离不定，艰难地寻找平衡点，朱耷就是最典型、最戏剧化的代表。

很少人能够成功地寻找到平衡点，更多的人往往走了两个极端：要么极端出世，真的成了纯粹的隐士；要么特别入世，人文变成了入世的手段。

社会不断进步，也更加包容。从朱耷到现在西山的业主，虽然生活有了很大的改变，包括居住的状态和条件，但他们扮演的社会角色依然尴尬。

他们一方面在入世，渴望拥有成功的事业和名望，渴望得到公众世界的认可；一方面也在出世，希望回归家庭，能够拥有自我理想的世界，追寻高山流水、桃花源般的世外意境。正是中国知识分子的这种尴尬现状促成了西山庭院对这个群体的探讨和思考。

在这样的背景下，根植人文沃土的“新八大山人”系列的诞生就有一定的必然性。社会永远在前进，“人”的精神追求一定会受到建筑越来越多的关注，但无疑，西山庭院前行了一步，哪怕只是一小步。

八大山人·身份暗喻·产品物语

“八大山人，是一个人，不是八个人！新八大山人，是八个人，不是一个人！”

小丰：这是人们的一个小误区！“新八大山人”系列就是从这个有趣的错误开始的。

很多人都有一种错觉，想当然地认为八大山人是八个人。一个有趣的错误成为“新八大山人”广告创作的发想点，在产品表现上延展出八个不同的层面。“八大山人”是一个人，俗家姓朱，名耷，1626—1705年，江西南昌人，明宗室弋阳王裔孙。明亡后出家为僧，法名传綮，字雪个，号个山，别号个山驴、驴屋等，最后号八大山人，遂以此名于世，“八大山人”工诗文书法，他绘画，花鸟、山水俱能，尤以画鸟为长，而山水更别具一格。

朱耷是一个人文符号，是“理想中年”这个群体身上烙刻下的中国式性格最明显的代表。

新八大山人，不是一个人，是八类现代名士。西山庭院以谐音的方式寻找到八个情趣各异的人物形象，来代言八个产品功能点、八重人生境界、八种人文情怀、八种隐身富贵的生活哲学。他们身上烙刻着中国文人最闪光的东西，更重要的是，他们在对应客群心理特点的同时更对应了产品的八大居住价值，在推广上达到产品外在硬功能和内在人文灵魂的契合，同时也保证了“人文广告”的严肃性和严谨性。

新八大山人之一

不知姓字名谁，只知此人恋“西”，东南北中非西不去；只知此人有“癖”，嗜山，嗜水，嗜园，嗜院成癖，甘愿与西山厮守终生，做一名当代“徐遐客”是也！

“徐遐客”：谐音于云游名家徐霞客，代言的是崇尚自然精神的群体，在产品承接上与项目三山五园环绕、依山傍渠的特色巧妙地契合。

新八大山人之二

古有陶渊明，今有陶先生。每日立于院墙前，目光灼灼，神情专注，名曰“赏砖”，众人皆笑其痴。一日雨至，仍立于“砖”前，自语道：一日四时色不同，此非砖也，其美如“陶”也。自此，人称其为“陶先生”也。

“陶院明”：谐音于东晋隐士陶渊明，代言社会中渴望寄情山水的现代隐士，在产品承接上，与项目建筑规划具有的古朴立面，陶艺瓷砖，院落规划一致。

新八大山人之三

姓李不姓“里”，名字保密，反正不叫“商隐”，有人说他是IT老板，有人说他是一代儒商，自从购得如意美宅一处，便在八小时外隐去，正道是：只在西山里，云深不知处！

“里商隐”：谐音于著名诗人李商隐，代言文化商人群体，承接产品位于城市里、学院里、山水里，闹中有静，静中可隐，更点明项目提倡的隐身富贵的生活哲学。

新八大山人之四

此公为当代画坛八怪之一，一向以奇峭怪异而闻名，然自院居西山以来，画风陡转，笔下荒诞风物皆不见，只余小桥流水与工笔庭院，真真是怪哉！

“正板桥”：扬州八怪之一，画家郑板桥，代言各个领域的自由艺匠，也承接特定的产品形态，诸如：正南正北，阳光通透，低层低密等。

新八大山人之五

自号“双山居人”，一爱西山，一爱书山！自从一日偶遇西山庭院，便携笔带墨急急迁来！笑曰：外有西山，内有书山（万圣书园），“双山居人”今日名副其实也！

“书东坡”：谐音于文豪大家苏东坡，代言学院精英这一客户群体，也承接项目外有清华、北大书院人文底蕴，内有万圣书园，于山水大宅中聚拢读书好友的人文氛围。

新八大山人之六

昔日名利场上打太极，身不由己；今朝西山松下打太极，多少烦尘雨打风吹去。此公据传为社会名人某某某，具体生平不详，不知何年何月居于西山庭院，只知人称“太极张”。

“心弃疾”：谐音于南宋时期社会中坚力量辛弃疾，代言特定时期的社会名流群体，在字面上直接传达了项目提倡的“慢”生活和在纯净山水中颐养身心的居住理念。

新八大山人之七

“西行百二十步，隔篁竹，闻水声……青树翠蔓，蒙络摇缀……潭中鱼可百许头，皆若空游无所依”——此文明明摘自古人柳宗元之《小石潭记》，今偏有某自由作家称：此文为某日饭后，于庭院外散步所见所得。真乃是：假假真真莫能辨也！

“柳中源”：谐音于柳州刺史柳宗元，代言西绅官贵这个高端阶层，承接项目所具有的园林美景、BLOCK 院落、丰富水景，描绘出恍如世外桃源的自然境地。

新八大山人之八

商界，人称西山王；书坛，自认王羲之。忽有一日顿悟：人生功夫在世外，纸上得来总是浅，于是弃商封笔，就此归隐。要问此人是谁？禅曰：既非西山王，也非王羲之。

“王西之”：谐音于书法大家王羲之。暗示各行各业的领袖人物，也体现产品具有最好的观山视野，最佳的园林位置，是西山的群楼之王。

中国式的理想、中国式的生存、中国式的人文命运、中国式的性格在当下这个大情境里有机地交织，第一次出现在了中国的广告里。

反复古·反枯燥·八大山人

"人文广告最怕太人文！"

小丰：创作人文广告最忌的就是过于人文，过于枯燥。

一提到人文广告，很多人就"复古"起来，马上就会想到晦涩的古汉语、优雅的诗词文字，甚至是陈年的老古董。

"八大山人"这个命题很多人会倾向于做得特别古，这是广告的惯常思维，但我们却喜欢反其道而行，在语言表达和画面的表现上都强调超脱性、趣味性。

"新八大山人"在文案风格上进行的大胆尝试，拓宽了广告文案的容量，以前在广告文案表现上很少出现的人生经历和人物小传第一次登场，而介于现代和古语之间的文字风格让广告语言戏谑、幽默，风趣之外更有情趣。

"新八大山人"的设计借用了中国画的"大写意"，同时也植入了许多具象的元素，我们称之为"具象的写意""抽象的写实"。

就是活到今天，八大山人的画也肯定会有所改变，我们是在做"新八大山人"而不是"八大山人"，所以我们在视觉元素上只保留了“哭之笑之”这个标志性的符号，其余的则在八大山人的绘画手段上进行了再创造，所以我一直对美指说：设计手法上一定要反八大山人，但要保留住其超脱的境界和人文韵味。

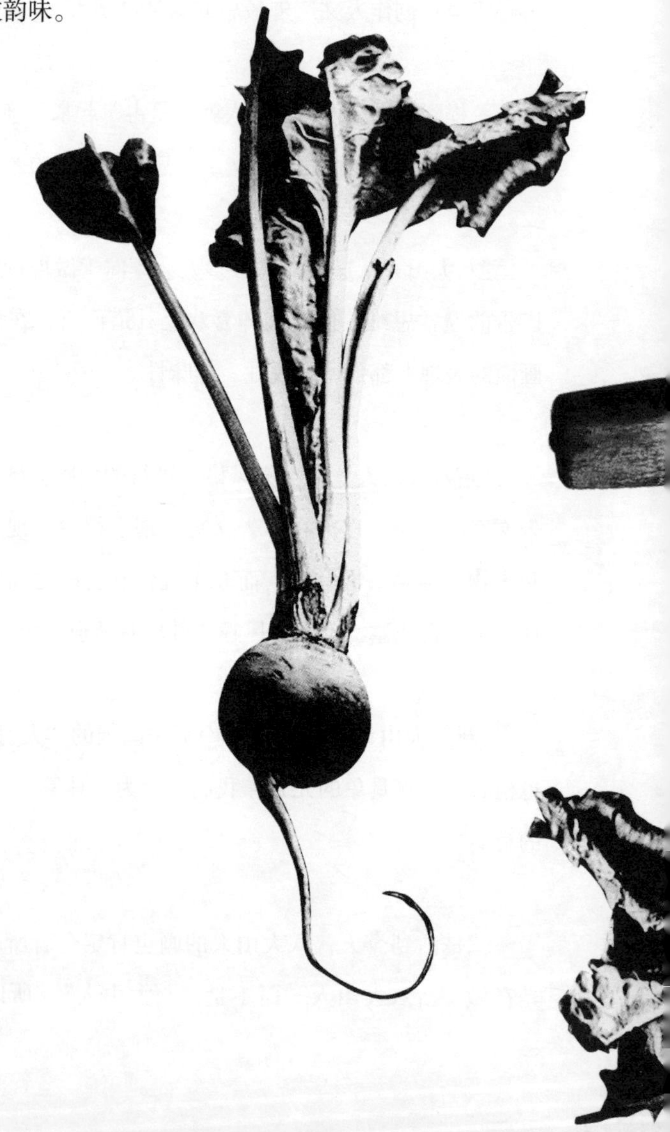

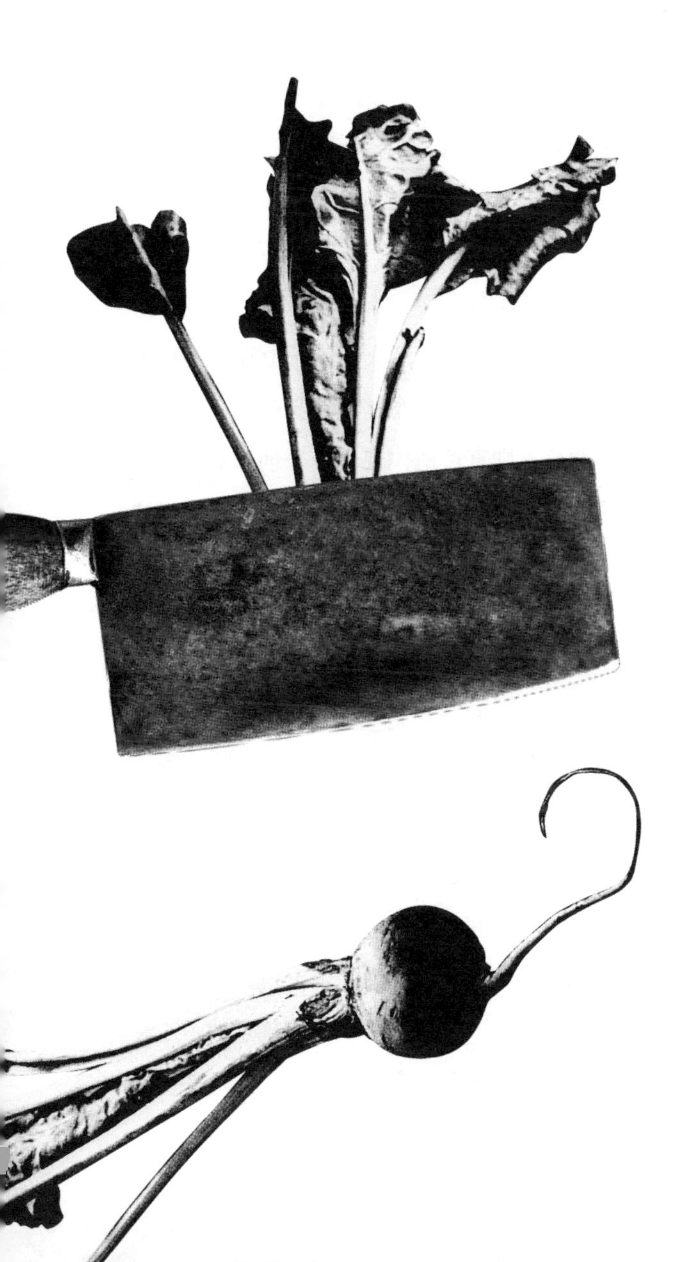

作品·作品·还是作品

小丰：“作品感”是一种自我认同的成就感，是一种自我进步的激励和对完美主义的坚持，这是西山庭院业主这个精英群体的共通心理。

对“作品感”的坚持不仅在客户本身，万科追求的“作品感”，促使其更专注于产品细节，从而使西山庭院在物理层面上成为一个优秀的楼盘。世纪瑞博作为地产广告专业机构，对“作品感”的追求则直接地体现在广告创作上，对广告的“作品感”让其对不同的创作思路不断否定，最后成就了“新八大山人”系列创作。

好广告的诞生虽然有一定的偶然因素，但西山庭院开发商、广告公司、消费者三方互动却是“新八大山人”系列得以成功面市的必然结果，缺一不可。

人文是需要积淀的，好标题也是需要积淀的，好广告更是需要积淀的。西山庭院浓郁的人文气质与世纪瑞博“反广告”的创作思路在“新八大山人”系列广告上得到了完美的体现，我们很难说是谁成就了谁。但有一点是确定的：正是这些真正“人文”的产品和作品的存在，让“人文地产”和“人文广告”不断地成长和进步着。

西山庭院有请
新八大山人
—— 开门见山　三期开盘
新八大山人 系列报广之开盘篇
八大山人：是一个人，朱耷，明末贵族，中国山水花鸟画派巨擘。
新八大山人：不是一个人，是八类现代名士的八种人文情怀和八重人生境界。
人文大宅·院落友居生活
□ 隐于西山脚下，与三山五园为邻，数百年人文积淀一脉相承
□ 1.13超低密度社区，近90%超高使用率，4-5层庭院美宅
□ 600余席人文府邸，130-280m²别墅感户型，尽显大宅风范
□ 13个友居院落，宅、院、巷、街4级庭院空间，构建友居生活
□ 特有精神会所—— 万圣书园，万余珍品典籍，专为精神名士呈现
TEL: 82515591/2/3
万科 西山庭院
www.vankeblock.com

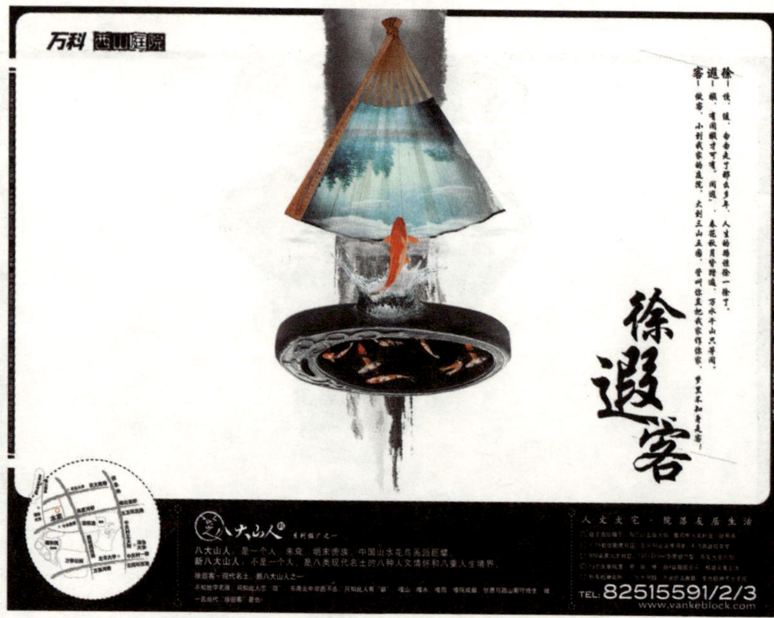
万科 西山庭院
徐—徐，缓，匆匆走了那么多年，人生的路该徐一徐了。
遐—暇，有闲暇才可有"闲遐"，春花秋月皆赠遐，万水千山只等闲。
客—做客，小到我家的庭院，大到三山五园，管叫你直把我家作你家，梦里不知身是客！
徐遐客
八大山人 系列报广之一
八大山人，是一个人，朱耷，明末贵族，中国山水花鸟画派巨擘。
新八大山人，不是一个人，是八类现代名士的八种人文情怀和八重人生境界。
徐遐客—现代名士，新八大山人之一
人文大宅·院落友居生活
TEL:82515591/2/3
www.vankeblock.com

万科 西山庭院
陶—陶乃陶，砖乃砖，我家庭院偏以陶艺精神制砖。
院—归家，众乐乐不如独乐乐；信步，独院院不如众院院。
明—明堂，明厅，明室，明苑，天涯共此时，院上升明月。
陶院明
八大山人 系列报广之二
八大山人，是一个人，朱耷，明末贵族，中国山水花鸟画派巨擘。
新八大山人，不是一个人，是八类现代名士的八种人文情怀和八重人生境界。
陶院明—现代名士，新八大山人之二
人文大宅·院落友居生活
TEL:82515591/2/3
www.vankeblock.com

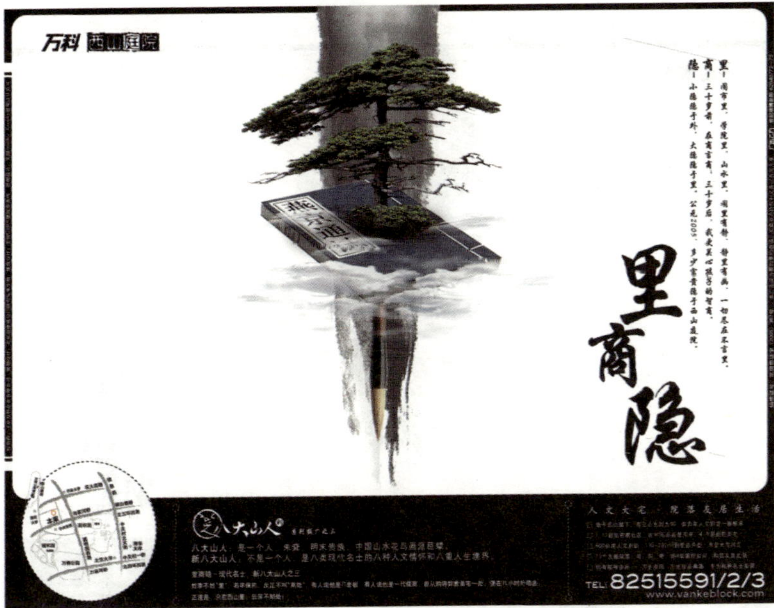
万科 西山庭院
里—闹市里，学院里，山水里，闹里有静，静里有画，一切尽在不言里。
商—三十岁前，在商言商，三十岁后，我更关心孩子的智商。
隐—小隐隐于外，大隐隐于里，公元2005，多少富贵隐于西山庭院。
里商隐
八大山人 系列推广之三
八大山人：是一个人，朱耷，明末贵族，中国山水花鸟画派巨擘。
新八大山人：不是一个人，是八类现代名士的八种人文情怀和八重人生境界。
里商隐－现代名士，新八大山人之三
人文大宅，院落居生活
TEL: 82515591/2/3
www.vankeblock.com

万科 西山庭院
正板桥
八大山人 系列推广之四
八大山人：是一个人，朱耷，明末贵族，中国山水花鸟画派巨擘。
新八大山人：不是一个人，是八类现代名士的八种人文情怀和八重人生境界。
正板桥－现代名士，新八大山人之四
人文大宅，院落居生活
TEL: 82515591/2/3
www.vankeblock.com

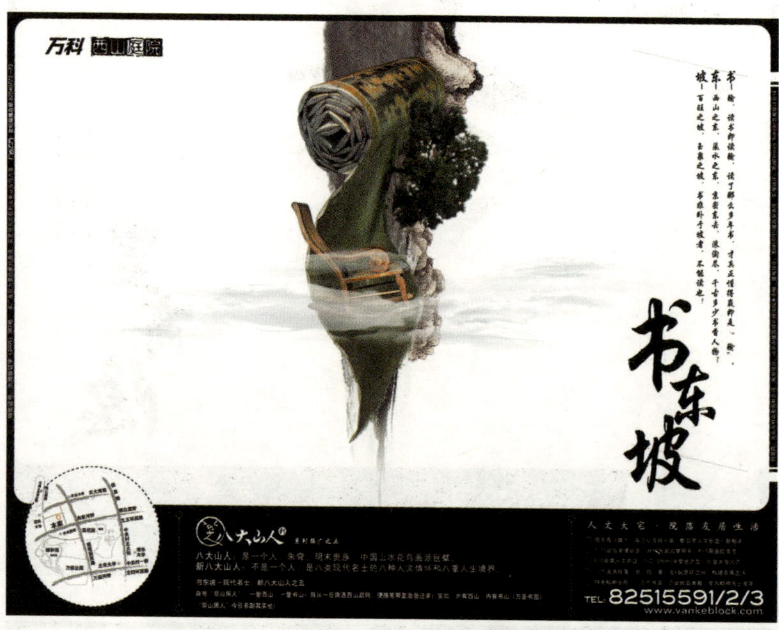

万科 西山庭院
书—轮，读书即读轮，读了那么多年书，才真正懂得最抑是"轮"。
东—西山之东，泉水之东，东来东去，浪淘尽，千古多少书香人物？
坡—百旺之坡，玉泉之坡，书痴卧于坡者，不能读也！
书东坡
八大山人
八大山人：是一个人，朱耷，明末贵族，中国山水花鸟画派巨擘。
新八大山人：不是一个人，是八类现代名士的八种人文情怀和八重人生境界。
书东坡—现代名士，新八大山人之五
人文大宅·院落友居生活
TEL:82515591/2/3
www.vankeblock.com

万科 西山庭院
心—心净自然凉，难怪这里的气温总是低一些。
弃—放心，弃急，守丹田，有人练气功，我在练"弃"功。
疾—急，心有急而心有疾，四十岁后——我决定让一切慢下来。
心弃疾
八大山人
八大山人：是一个人，朱耷，明末贵族，中国山水花鸟画派巨擘。
新八大山人：不是一个人，是八类现代名士的八种人文情怀和八重人生境界
心弃疾—现代名士，新八大山人之六
人文大宅·院落友居生活
TEL:82515591/2/3
www.vankeblock.com

万科 西山庭院
柳—垂柳，杨柳，百柳，千柳，万柳岸，绕风戏月。
中—竹中，梅中，花中，水中，月中，多少红尘往事笑谈中。
源—桃花苑，桃花园，桃花院——我的桃花源。
柳中源
八大山人 系列推广之七
八大山人，是一个人，朱耷，明末贵族，中国山水花鸟画派巨擘。
新八大山人，不是一个人，是八类现代名士的八种人文情怀和八重人生境界。
柳中源—现代名士，新八大山人之七
人文大宅·院落友居生活
TEL:82515591/2/3
www.vankeblock.com

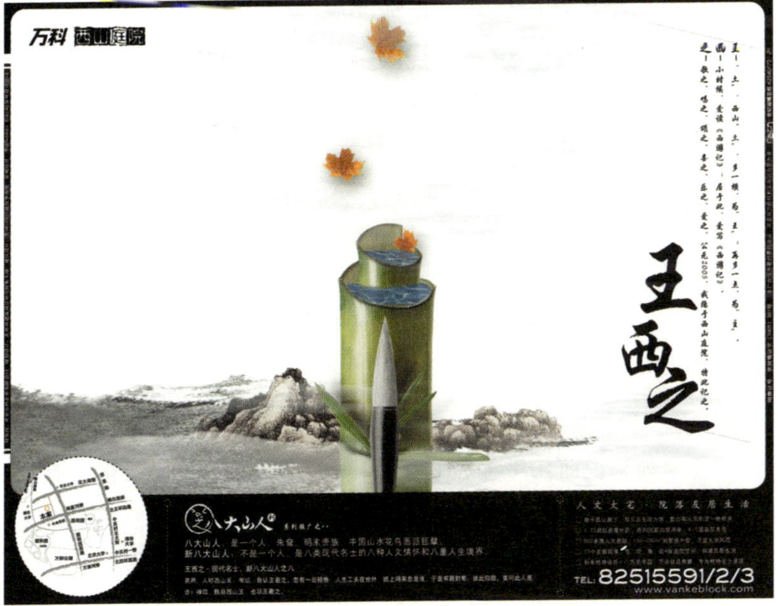
万科 西山庭院
王—“土”，西山“土”，多一横，为“王”；再多一点，为“主”。
西—小村镇，爱读《西游记》；居于此，爱写《西游记》。
之—歌之，唱之，颂之，喜之，乐之，爱之，公元2005，我栖于西山庭院，特此记之。
王西之
八大山人 系列推广之八
八大山人，是一个人，朱耷，明末贵族，中国山水花鸟画派巨擘。
新八大山人，不是一个人，是八类现代名士的八种人文情怀和八重人生境界。
王西之—现代名士，新八大山人之八
人文大宅·院落友居生活
TEL:82515591/2/3
www.vankeblock.com

三 异言

审视“7 宗醉”

我不希望自己的广告被淹没
事实证明，这是花钱最多浪费最少的广告

北京　案例篇　广告主策略谈

美林正大投资集团总裁　杨杰

房地产广告该出什么牌，是和这个行业的市场环境密切相关的。

如果说前几年北京房地产市场竞争主要靠的是价格、地段，那么这几年靠的则是品牌、创新。如何塑造产品鲜明的个性显得尤为重要，如何提高顾客对产品的认知度及认可度，往往成为房地产项目成败的关键。而广告作为产品向市场传达信息的重要手段之一，在准确表达产品信息的同时，必须提高市场关注度。因此，一个好的广告创意往往比广告投放量还要重要。如果问房地产广告该出什么牌，我认为，出的应该是创意的牌，而创意的理念就是只做第一。

应该说，这几年房地产广告的雷同化比楼盘的同质化还要严重，这是缺少逆向思维的结果，我不希望美林·香槟小镇的广告淹没在茫茫的同类广告当中。毕竟广告从某种意义上说也是赌博，如果出错牌，则满盘皆输。因此，我对广告公司在创意上的要求相当高。

作为一个高档的项目，需要广告上的大手笔与之相称，在媒体策略上则需要独特的想象力！

所以，我们不仅先后两次把 7 个半版和 1 个整版在《北京青年报》上一次投放，后来还有过 2 个半版加 1 个整版的形式，这次的《7 宗醉》还在东三环的广告牌做了预告。

总预算没有增加，但印证了实力。事实证明，这是花钱最多浪费最少的广告。

最后说一点，许多广告公司认为，很难找到一个真正懂创意的客户，但作为客户，我们要找到一个真正有创意的广告公司同样很难。

香槟·圣经·7宗醉

北京　广告代理创意禅

北京世纪瑞博广告公司董事总经理、执行创意总监

小丰

我们无力创造《圣经》，但我们至少可以做些有新意的重复。

香槟酒“嘭”的一声打开。我的灵感被幸福地击中！多少天的辛劳苦闷化作一串串泡沫快乐地喷涌。

“有香槟，就有成功和欢乐”——美林·香槟小镇的生活不正是这样的吗！现在我终于明白，在这之前一遍又一遍地辛苦寻找，一次又一次地自我否定，一如香槟的酿制和陈年的过程，直到我把一箱法国原产香槟从燕莎搬回自己办公室的时候，它们的滋味才变得美妙起来！！开发商7天的香槟之旅不就是很有说服力的明证吗，为什么非要寻找一个华而不实的概念呢？！

——就叫“美林·香槟小镇”吧。提案那天，我们带上了香槟，提案异常成功，但开发商却建议香槟暂时不要打开，因为现在还不是要醉的时候。

当香槟遇到《圣经》

“这个世界真正有创造性的作品只有一部——那就是《圣经》！除此之外，都是对《圣经》的重复或再创造！”

记不清是谁说的了，作为一个以创造自居的广告人，这句话带给我的刺激远比那句“人类一思考，上帝就发笑”要彻底和辛辣。

7天的香槟之旅怎样才能上升为创意呢？

每当脑部细胞陷入麻木，创意马力濒于熄火之时，我总是不由自主地想起这句话，让自己在绝望的刺痛中小小地自嘲一下——是啊，或许我们只能重复了，可为什么不呢？上帝7天创造世界不是正和开发商7天创镇有着某种契合吗？

我不读《旧约》，不信基督，感谢上帝——他仍旧在冥冥之中眷顾了我，也许上帝总是分外眷顾虔诚的人——《7天·创镇纪》的系列广告就这样诞生了。

“罪”的诱惑

上一个“7+1”的成功给了开发商信心，也给了我一个更大的难题。开发商决定用这个形式再做一次，并把主要卖点总结成了7个“最”！

媒体形式定了——仍旧是7个半版加1个整版同一期发放，这还好实现，可“最”字是违反广告法的！

我的一再拒绝最终被老板的威逼利诱化解了。

关键之关键：这次的“7+1”要在上一次的基础上有个很好的延续。

在一筹莫展之际，我又不由得想起了那句话，并由《圣经》联系到了7宗罪！哈！有了，从7种欲望来表达7种生活感受。我又一次兴奋起来。

和上次做广告时比，小镇变得更成熟了，这也是这次广告不能忽略的。于是，我又从香槟想到了“醉”！不仅7宗罪，还要7宗醉！注意看画面中人物的姿态，既表现了某种欲望，又体现了某种醉态！是的，作为一个渺小的广告人，我们无力创造《圣经》，但我们至少可以做些有新意的重复。

谢天谢地，虽然我犯下了“7宗罪”，但没有违反我们的广告法。

让“钱”烧得有道理

北京　评论篇　亚豪房地产推广经理　张文杰

我们也曾经见过在媒体上连版发布的广告，如海晟·名苑当年大讲“比较时代”，珠江骏景采用在广东的做法，在媒体上刊登媒体楼书，这些都是项目卖点的堆砌，简单生硬地把楼书搬上了报纸。香槟小镇也是连版发布的形式，但是充分体现了广告减法原则，保证了单稿创意中的“单一诉求”，形成了一套广告组合，其效果绝对强过单稿的渐次发布。

“7宗醉”系列有八支单稿，都围绕着“7宗醉”，将7个不同方面的卖点巧妙地串联，不仅展现了产品各方面的魅力，而且围绕同一个主题形成了互动，一最一醉之间几个概念的偷换，绝不是在玩文字游戏，反而从“最”到“醉”，巧妙地从产品角度“吹了牛皮”，实现了从消费者利益角度体验的转化，起到了很好的互动沟通效果。我们曾不断探求将房地产广告中的众多卖点与核心进行有效利益整合的途径，“7宗醉”系列为我们提供了一个很好的典范。

很多业内人士在争论和比较“7+1”和“7宗醉”的优势，在我看来，两个系列是不同阶段的不同表现形式，而且是递进和呼应的关系。应该说，没有“7+1”的铺垫，就没有“7宗醉”延展的成功；没有“7宗醉”的深入，“7+1”也是单薄的。两个系列实际上有一个纵向传播整合的过程，而且很成功，是一套强化产品个性和魅力的出色组合拳，同时也给我们一向缺少整合概念的房地产广告公司上了生动的一课！

最醉人的广告

北京

麦肯·光明广告有限公司中国区首席创意执行官莫康孙

我自己也有7宗“最”。然而，在美林·香槟小镇的7幅系列平面广告里，都没有犯“最”。出差回京，满桌子都是文件、信件、提案前后的稿件，堆积如山。正不知如何下手，突然眼前一亮，看到一则醒目的报纸广告，虽然是普通的报纸印刷效果，却有瞬间吸引的力量。这就是我要特意多说几句的美林·香槟小镇的《7宗醉》。

这个系列广告的创意手法相当新颖。首先是那充满艺术性的时装模特，在平面上成了视觉中心，起着“地心引力”的作用。画面大量留白，充满艺术设计的意味，（在这里禁不住为客户具有抛开“空气经济学”的勇气而鼓掌，能留一点空间给广告人和读者喘气，真是功德无量！）而创意人以 7 宗罪为灵感，以“醉”海量放大广告诉求，在国内还是第一次看到这样的创意与媒体安排。有意思，够原创，结合“7 宗醉”，切入不同的话题，可谓一绝。

下面，我想以一个广告人的眼光对这一系列“三八”一番：

媒体与创意的灵活运用——如果没有这种连续版面的安排，效果必会大打折扣。

出色的平面设计——7 个半页版面都有一定的格式，但作为中心人物的时装模特有着关键的连贯性。她是有个性的，是 20 世纪 70 年代的 VOGUE，代表某一年代的潮流与经典；她是艺术的雕刻与造型，是结合品位与生活的活模特。好的造型与灵活性，可以让画面中央部分的字体与空间安排有多元性的调整，却又不失其系列性。细看，每一个模特都与一小瓶酒相结合（除了第 6 篇醉，要不然是我醉眼昏花看不到藏在哪里，也或许是设计者懒惰把它安排在画面中），虽是小细节，但相信与香槟小镇有关吧！（遗憾的是，真正的香槟瓶子不应该是这样子的。）

文案的手法与内容——哪怕是结合了“7 宗醉”与“7 宗罪”的原则，也得考虑如何把美林·香槟小镇的信息与读者共享，否则，广告主发飙，搞不好就有人要去借酒消愁了。

其实，我自己也有 7 宗“最”。

1.“最”怕无策略；
2.“最”怕无主题；
3.“最”怕无原则性；
4.“最”怕无话题性；
5.“最”怕杂乱无章；
6.“最”怕多言；
7.“最”怕无动于衷。

然而，在美林·香槟小镇的 7 幅系列平面广告里，都没有犯“最”，这可以说是房地产广告稀有的创意，是值得创意人骄傲的，也是值得我们欣赏的好作品。

房地产广告进入“北京”时代

上海　上海麦肯·光明广告公司创意副总监　韩永坤

房地产广告陈词滥调充斥。正是这种背景给了广告以很大的造梦空间。

北京的房地产广告又跳出来“吓”人了！这是好多人看到这一套美林·香槟小镇广告的第一反应。在领略了它的整个一套广告活动后，深深感到开发商除了有钱之外还真的有胆，除了房地产谁敢这么玩儿。当然要加上一句：除了北京房地产！

北京房地产已经不是第一次这么“吓”人了，美林·香槟小镇已经尝试过一次了！从这两次可以看出，开发商越来越有信心，广告公司也是。这是一种难得的良性循环，至于消费者是不是非要看到这样的广告，那就是另外一回事了，至少我们知道开发商肯定尝到了甜头，否则不会一掷百万再玩儿一次！

每周翻开《北京青年报》或《北京晚报》的周四版，几十页的报纸几乎都是房地产广告的专版展示，除了说明现在房地产的“红火”程度外，站在消费者的角度，如何从眼花缭乱的信息中找到自己想要的，倒真是个考验！

其实，落到房子的本质上，所有的房子无外乎钢筋水泥混凝土再加上位置、户型、价格，这是从产品的角度说！所以几乎所有的广告都在打生活牌，于是我们又看到咫尺、水岸、私家、尊崇、便捷、超市、紧邻、高尚、专属等几乎专属于房地产广告的陈词滥调。正是这种背景给了广告以很大的造梦空间。房地产广告强烈的地域性也让我们“本土语境”的广告有了端倪。

广告环境的改善不总是大环境的事，还在于广告公司自己的坚持。北京的房地产广告公司坚持度始终比较高，所以北京的房地产广告走在了整个圈子的前面。这样说估计会惹另外两个兄弟城市上海和广州的不爽，但的确是事实！作品就是硬道理。只有北京这样的人文环境才会有孕育出这样的东西和机遇的空间。广州也许有，但上海至少这一两年肯定不会有！

“7宗醉”系列代表了一个什么高度，还需要时间的检验！但它的出现，至少让我们看到中国广告的创意环境在渐渐改善。作为一个在北京房地产广告圈里打拼了近两年的人，我知道这里面的辛酸苦辣！能走到现在——真的是不容易！不说了，就此打住。我只懂得创意，不关心《圣经》，不知道有没有第 8 宗罪——多嘴！

在牛 × 的大道上一路狂奔

广州　广东黑马广告有限公司高级文案　刘翔

这是房地产强烈的地域性所决定的。

时下，当全世界都认为中国房地产有泡沫，而且还是大泡沫的时候——当然泡泡们自己可不这样认为，当一众人等正带着幸灾乐祸的心情，期待着楼市大跳水和开发商大跳楼的时候，北京的房地产商却一如既往在牛 × 的大道上一路狂奔。如果说非典时期潘石屹到长城放风筝还有点苦中作乐的话，那么美林·香槟小镇此次抬出《7 宗醉》的大手笔，展现出一条道走到黑的勇气，简直就是不知死活了。

7 个搔首弄姿的女人，7 条小资感觉的标题，7 个半版加 1 个全版的投放，玩创意、玩感觉、玩文化、玩大气，难怪有人捡起地上的眼镜，问：这样也行？

行不行当然要走着瞧，资本蠢蠢欲动，自然是听到了利润的召唤。比起广州房产商的见步行步和上海房产商的老谋深算，北京简直就是广告界传说中的“人傻、钱多、速来”的天堂，到哪山唱哪山的歌。做广告也逃不出这一规律，对谁说，说什么，怎么说，也因时因地而不同，否则就是去错误的地方和错误的敌人打一场错误的战争。北京是什么地方？一个出租车司机都能和你侃 WTO，对这样一群人，恐怕不是九五折优惠就能唬得住的。看看北京的楼盘名字就可以略知一二，动不动就是“贡院 × 号”“西山 × 号”“× 岸公社”之类，就算是起个“× 果小区”的名字，也要告诉你，嫌我土是不是，老子 100 万买的！真是拿钱砸死人不偿命！

像《7 宗醉》这样的广告，其他的广告公司不是玩不出，而是玩不起。这是房地产强烈的地域性所决定的：“× 凤凰城”的“50 万一套的别墅”能卖楼，又何苦去造什么“凤求凰”的典故。没有牛 × 的消费者，没有牛 × 的开发商，也不会有牛 × 的创意。

如果一定要说《7 宗醉》带给我们什么东西，我要说，它起码告诉我们：立足本土文化，将创意发挥到极致，一样能赢得喝彩。广州人立足于粤语文化，上海人立足于吴文化和国际感，处处留心，时时在意，谁说他日不会为中国房地产广告别树一帜！刘三姐唱山歌的时候，又有谁知道多年之后全国人民会传唱“山歌好比春江水”呢？

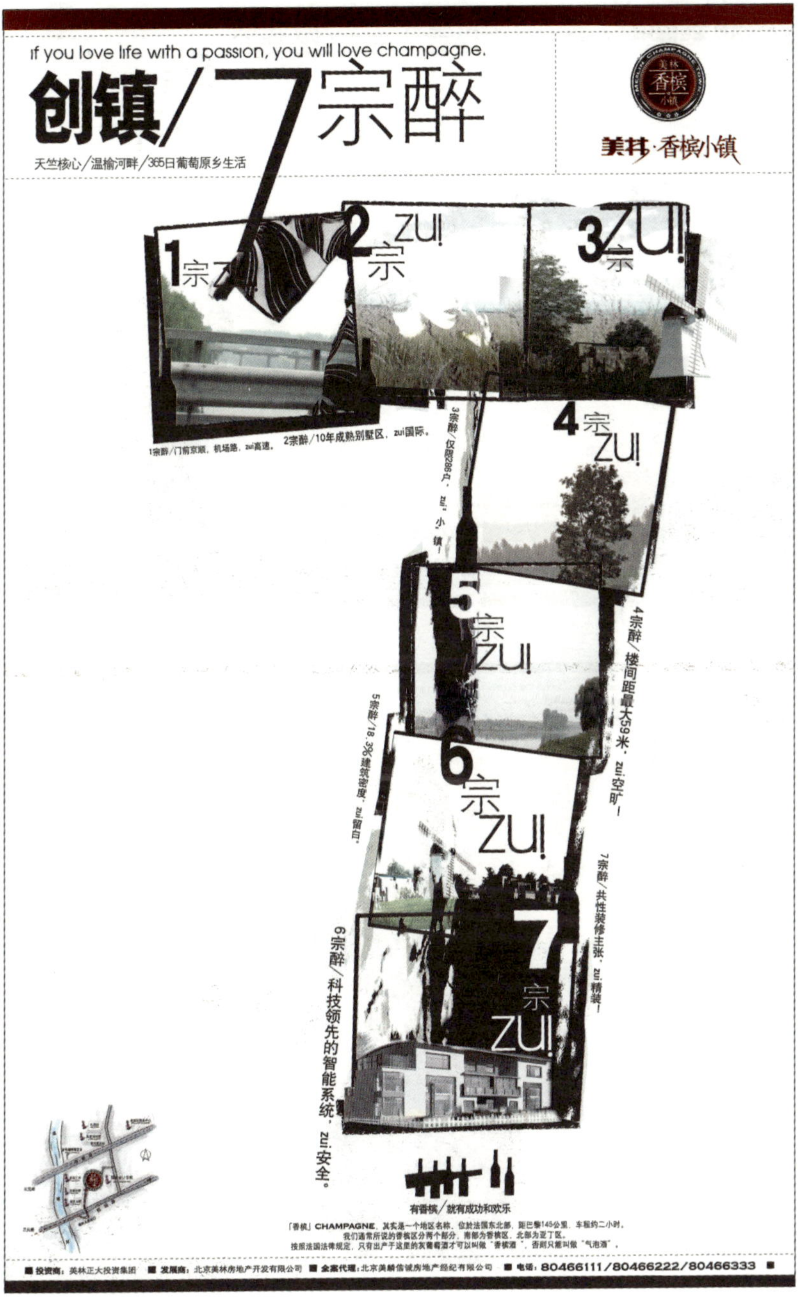

if you love life with a passion, you will love champagne.

创镇/7宗醉

美林·香槟小镇

天竺核心/温榆河畔/365日葡萄原乡生活

1宗 zui!

2宗 zui!

3宗 zui!

1宗醉/门前京顺、机场路，zui高速。

2宗醉/10年成熟别墅区，zui国际。

3宗醉/仅限286户，zui"小"镇！

4宗 zui!

4宗醉/楼间距最大59米，zui空旷！

5宗 zui!

5宗醉/18.3%建筑密度，zui留白。

6宗 zui!

6宗醉/科技领先的智能系统，zui安全。

7宗 zui!

7宗醉/共性装修主张，zui精装！

有香槟/就有成功和欢乐

「香槟」CHAMPAGNE，其实是一个地区名称，位於法国东北部，距巴黎145公里，车程约二小时。
我们通常所说的香槟区分两个部分，南部为香槟区，北部为亚丁区。
按照法国法律规定，只有出产于这里的灰葡萄酒才可以叫做"香槟酒"，否则只能叫做"气泡酒"。

■ 投资商：美林正大投资集团 ■ 发展商：北京美林房地产开发有限公司 ■ 全案代理：北京美麟信诚房地产经纪有限公司 ■ 电话：80466111/80466222/80466333 ■

电话：80466111/80466222/80466333 网址：WWW.MERLINTOWN.COM
一想到回家/去小镇的车子就骄傲起来
美林·香槟小镇
1宗醉 骄傲ZUI
MERLIN CHAMPAGNE TOWN

美林·香槟小镇
电话：80466111/80466222/80466333 网址：WWW.MERLINTOWN.COM
说起温榆河/Townhouse的心不由得嫉妒了
2宗醉 嫉妒ZUI
MERLIN CHAMPAGNE TOWN

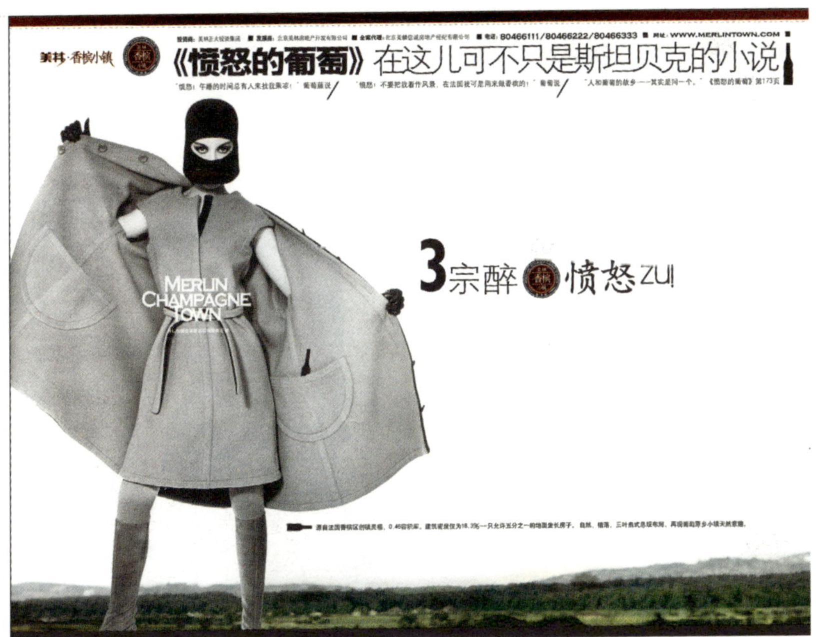

电话：80466111/80466222/80466333
网址：WWW.MERLINTOWN.COM
美林·香槟小镇
《愤怒的葡萄》在这儿可不只是斯坦贝克的小说
《愤怒的葡萄》第173页
MERLIN CHAMPAGNE TOWN
3宗醉 愤怒zui

80466111/80466222/80466333
WWW.MERLINTOWN.COM
美林·香槟小镇
四周的风景/比我家的 house更好色
MERLIN CHAMPAGNE TOWN
4宗醉 好色zui

美林·香槟小镇

电话：80466111/80466222/80466333
网址：WWW.MERLINTOWN.COM
太阳刚刚出来/贪吃的阳光就从庭院溜进了厨房
5宗醉 贪吃ZUI
MERLIN
CHAMPAGNE
TOWN

美林·香槟小镇
电话：80466111/80466222/80466333
网址：WWW.MERLINTOWN.COM
大半个足球场的路呢/小镇的社交有些懒惰了
6宗醉 懒惰ZUI
MERLIN
CHAMPAGNE
TOWN

电话：80466111/80466222/80466333
网址：WWW.MERLINTOWN.COM
house 也精装/搬家的心情立刻变得贪婪
"真正懂得的眼睛从不会忽略我！"原木门说/
"再大牌！这儿的装修风格也吃得消！"家说/
"第一次见面——未来的家给我留了个好印象！"眼睛对我自己说
美林·香槟小镇
7宗醉 贪婪ZUI
MERLIN CHAMPAGNE TOWN

丰言丰语

一直不喜欢约稿，因为那是一种『被写作』。我几乎谢绝了一切商业性宣传性的写作，除了朋友们的私人性邀约。《再别江湖》是应『广告门』劳博主编所约，发表在《广告图》上；《青葱时代》则为洋正老潘的杂志捉刀，也想为北京房地产广告的黄金时代留下些史料性参考。

《二十二条军规》和《色诫书》，其实是寓教于乐的管理性文字。探索文字的管理效能，也是我个人感兴趣的课题之一。

丰语

再别江湖

再别了，江湖！

再别了，白白的江蓝蓝的湖，以及那些红红绿绿的江江湖湖。再别了，江湖，我以千江之水万湖之力再加上2012年伦敦奥运会发言人激动而坚定的声调郑重宣布：再别了，那些江湖，那些千江万湖；再别了，那些千江万湖上的鱼鳖虾蟹和浮游生物。

千江断流千江路，万湖无水万湖田。

我说的江湖，是指网络江湖，其实，早在N个地球年前，“罗大佐”——这个给江湖带来一次次比武论战一场场腥风血雨的网络游魂，就已经毁形灭迹死于非命人间蒸发，自那以后，我再未以“罗大佐”或以任何其他网名在网上发布过一个字，我开始专注于创作埋头于写书。

N个地球年前直到现在，我断然决然地遁迹江湖远离网络一字未发，态度很坚决，后果很严重。

“罗大佐”的宿敌们开始严重地想念“罗大佐”，于是，他们空虚了他们绝望了他们崩溃了他们开始寻仇了；于是，神探李昌钰乘虚而入灵魂附体。他们不是一个人在战斗！“李昌钰们”一边苦守网络默默潜伏静待时机，一边频频现身踏遍论坛勘察现场，稍有风吹草动蛛丝马迹他们就在第一时间坚决指认：这个是“罗大佐”，那个是“小丰”的马甲，弟兄们，上！

当然，他们失望了，假指认乱立案达不到他们需要的惨痛效果，于是，他们开始模仿“罗大佐”“小丰”的口吻留言，或者直接使用这两个名字，借尸还魂以图鞭尸之乐，一拥而上以逞群殴之威，自问自答自唱自骂自娱自乐。直到此刻，我才意识到仇怨才是史上最强悍的福尔马林，可以让几颗残缺的心肺保存得那么鲜活并且拒绝一切自然规律和人间进化。

N 多年了，万物生死轮回了几个春秋，人间风水流转了几多起落。以前的罗大佐今日的小丰同志写了 N 本书做了 N 多事没心没肺狗血淋头快乐而充实地活着，连 A 网门口卖报大妈的腰包都由国产鳄鱼换成了LV 的高仿货，只剩下那“一小撮”还亘古不变地生活在 N 多年前网络论战时结下的仇怨里，时不时地和自己意淫出来的假想敌斗个你死我活不亦乐乎，胜了又如何呢？在他们间歇性的妄想中，罗大佐的作品是装葱的，罗大佐的书是装蒜的，罗大佐的一言一行都是刻意装的。罗大佐如自己一般不仅是个重度网络异装癖还是个天生自我炒作狂，罗大佐没有消失，罗大佐天天泡在网上努力证明自己，罗大佐时时趴在线上制造新闻，不禁又要问一句，这点廉价的网上名声能杀死一滴奶里的三聚氰胺吗？

如今，连许多杂志年鉴的专访我都刻意回避，因为我意识到了时间和生命的宝贵，因为我终于痛彻明悟了自己的理想和使命——而这些，实在是无须，也懒得和一些蜷落在网上的燕燕雀雀们絮聒啰唆。都是老帽了，怎么还按 N 年前玩剩下的思维考虑问题，这让我明白了为什么鸟有高低之别人有上下之分，时间不用多，几年见乾坤。再别江湖，不是因为我对你们还有任何恩怨和兴趣，也不是要依江湖规矩给你们一个脸面交代，只是出于我不愿让人久候的个人习惯：我不做大哥很多年了，干点正经事去吧，乖，宝宝，不哭，那个叫罗大佐的恶人本来就不存在，将来也不复存在。每当月冷星稀，回首江湖心潮澎湃你仍然难以释怀时，就请你默念一万遍千年前落第派掌门人杜子美的那句名诗：尔曹身与名俱灭，不废江河万古流。然后，天还没亮的话，洗洗睡吧！哎，江湖，真的不是这么混的！

再别了，网络的看客和混混们！

你们——因为生逢网络而一发不可收拾，登峰可造极，淋漓也尽致，小人暴动真可怕！真可怕！苏东坡身陷乌台诗案的时候幸亏没有 Internet；鲁迅先生受困厦大风波的时候幸亏没有 BBS，但今天的你们显然搞错了对象，今天的你们只能孱弱到对付一个叫“罗大佐”的小小的网络虚客，虽然这样做不会有任何实质性投资收益，却充分满足了你们零成本做小人的蠢蠢欲望。也许，在网络上趁火打劫的同时，你们仍没忘记自己那个劣根性小癖好——弄几个“血馒头”吃吃！拜托，血馒头是清末民初的时髦事了，21 世纪了，您也来一客三分熟带血丝的普罗旺斯牛排好不好？

不可否认，网络江湖也是娱乐江湖，“罗大佐”同志也曾娱己娱人。是的！我举十个手指头加五个脚趾头赞成网络要“Hi 上天”“娱到死”，但如果你不是阿汤哥章妹妹的话，还是不要把娱乐和无聊作为你的终身职业吧。对于广大的网娱青年们，我只能用剩下的五个脚趾头模仿交警以示提醒：如果网络是你们娱乐自己无聊自己的唯一方式，那么你们的终生也必将会很无聊很娱乐！

N个地球年前，“罗大佐”之所以断然决然退出网络江湖，是因为“罗大佐”发现这个江湖埋藏着致命的诱惑：可以无条件地满足众多屄人们的成名欲，于不知不觉中培养出屄人们的一种虚拟妄想人格。一个屄人瞬间可以变为一个江湖老大，呼朋唤友拉帮结伙有仇报仇没事找事，任意使用网络仿真器具与语言暴力。其实，这个虚拟老大扮演得越成功就离现实中的那个自己越遥远。“罗大佐”本也是屄人一个，却迅速地成为某广告论坛一股强大的黑暗势力。我嗅到了某种隐藏其后的危险，为了避免走向最终的人格分裂，我选择了让“罗大佐”这个“屄人＋老大”一退了之。

N个地球年前，“罗大佐”告别了江湖。在此有必要声明一下，他告别的是那个充斥着种种网络丑现状的虚拟江湖，而坚决不是共产共享共荣共和国的Internet。未来的网络人不一定是广告人，未来的广告人却一定是网络人，从告别的那一刻起，小丰同志就决定沐浴更衣洗心革面清心寡欲从一个案底清白的网络新人做起迎接广告新时代的到来，报纸和电视的诞生催生了前两个广告时代，网络的诞生必将令广告进入新的历史时代。前两个广告时代我们起步晚了几十年，只有第三个广告时代我们是和世界同步的——这也是中国原创广告的历史性机遇。一个伟大的“小三”时代就要来临，为什么非要入宝山空手而归自沉自溺自娱于网络的那些负面糟粕呢？

无意标榜“罗大佐”代表什么，但自“罗大佐”告别了江湖，就像文学界安插在黑道里的卧底孔二狗同志所说：这个江湖已不再浪漫古典，现在冒出来的混子们大都是利益至上主义者，因一己之私而争强好勇，手段无所不用其极，为达目的不在乎什么道义品性，而且没什么战斗含量，超级不能“打”。看着这些进化出了牙齿张着豆瓣嘴在泥泞的名利道路上用肚子缓缓爬行的网上蚯蚓们，我还真有点怀念过往的江湖恩怨快意恩仇意气之争，老帽们，你们真的很纯很古典，一口气憋到现在，何必呢，赶快抓几条蚯蚓河边钓鱼去吧。

再别了，江湖！

这是“罗大佐”这个名字的最后一篇网文，纯属多余，如假包换，偶有雷同，绝无虚构，请各位对号入座，本人概不负责。

再别了，江湖，丰欲静而树不止！

值此告别之际，我诚挚地感谢那些与我共度峥嵘岁月的老帽们！没有你们几年如一日地发扬王宝钏的寒窑精神，怎么能成就罗大佐“人不在江湖，江湖仍旧有他的传说”的网络佳话；没有你们苦口婆心的十年义务制免费教育，那些刚入行的广告新人们怎么知道小丰是何方妖魔呢？我小丰个人的知名度和“美誉度”还要继续依仗你们身体健康福如东海寿比南山，拜托，鞠躬一百八十度的拜托！再别了，江湖；再别了，罗大佐的粉丝和真正的朋友们。

在此，我要告诫一句：请不要再说那些过度维护我的话，如果有人无理谩骂也请不要难过和还击，那样会让某些人机警地跳起来，以为“罗大佐”自食其言别而未走，那样会给某些人制造口实，当作“罗大佐”又一次自吹自擂的如山铁证。“远交近攻，远香近臭”，千古名理，他们宁愿承认美洲某个食人族酋长的儿子的广告成就，也不能忍受本和他们平起平坐的小丰戳破了他们的平庸刺痛了他们的嫉妒照亮了他们的无能？！你就别吓他们了！

记住，网络的精神是平等——任何人都不值得你痛恨和崇拜，是小丰的朋友，读我的作品看我的书就够了。

再别了，江湖。

再别了，那些江，那些湖。

再别了，干干的江黄黄的湖，以及那些不是江的江不是湖的湖。

人生重逢会有时，万流归宗向大海。

再别，江湖！

再别，就是永不再见，一见不见，绝不别而又见。

再别，江湖！

江湖天很晴！我向江湖挥了挥衣袖，不带走半毛钱的云彩。

小舟从此逝，江海寄余生！

Byebye！ Goodbye！

二 丰语

青葱时代：北京房地产广告狗血简史

秋风起了，蟹脚痒了，青葱黄了……

2011年9月8日（星期四 白露 宜：祈福 祭祀 立约 忌：交易 搬家 远行），小丰鼻孔插葱扮猛犸，招呼上圈内的红葱黄葱白葱绿葱们，发起倡议了北京地产全案公司的同业汇活动。

无山，无水，有葱。钢筋水泥写字楼里的小小一隅。圆圆桌上，普洱茶香弥漫，但我的嗅觉却不知道迷走了哪根神经，赫然闻到了盎然的葱味，有老葱的辣，新葱的甜，不知道哪棵葱的麻，却唯独缺少了那种肾上腺素被泥土混合发酵又在某个春天刚刚惊醒发芽出来的青葱味道。

之后某晚，万有引力的老韩在微博发了一张聚会的西洋景，名之曰：北京地产圈十年难得一见的照片。看到这个照片，我内心某个柔软的地方突然被呛了一下，眼角还貌似涌动了几丝干干的泪感。我知道我陷入了告别前的怀念，怀念起那些在江湖上即将逝去或者已经逝去的葱葱们。

必须承认新葱们的破土而出，必须承认新葱们终有一日会成长为参天大葱，但也必须怀念那些曾经站得笔直的老葱们，怀念他们艰苦而又精彩的葱香岁月。回忆之前，忘记之后，在一个新的时代即将来临之前，请让我为即将逝去的那个青葱时代寄上一点干涩的缅怀。

谁是北京第一棵葱不必追究了，文视和瑞得算得上北京地产广告圈的前两棵葱，而且是两棵像样的葱。也许还有更早些的小葱苗，但却是他们真正让葱成为了葱：文视第一个大举引进广告专业人才，至今活跃在这个圈的个别老总还有着文视血统，第一个把地产广告从媒体销售的附赠品中彻底独立出来，让葱们有了葱贸市场；瑞得应该是这个小行业第一个告别单稿时代，改收月服务费的，这让葱农们有了长期稳定的收入。虽然这两家公司没有为我们留下有记忆度的作品，但老葱们的老冲精神，为我们冲出了一条血路。冲士难免成为烈士，据说，这两棵老葱都已经跳出了这片葱油地，一个仍旧叱咤商场，一个求佛问道，跳出三界，不在葱地中。

想起那片青青油油绿绿的葱地，眼前就会涌起一只飞舞的美丽瓢虫。风格瓢虫是一只穿越了时间迷雾依旧保持着新鲜辨识度的精灵。那些荷尔蒙蒸腾极具视觉冲击力的报稿设计，以及无知无畏无理淋漓尽致到底的二杆子精神依旧高蹈在那个逝去时代的狗血画面里。胡一刀，就像是对郁郁的葱地胡乱斩了一刀，伤口崩裂汁液横流青葱之味水漫长空，然后就蓦然倒下，刀藏精绝人空，胡大侠从此不知所踪（很多很多年后，听说，胡哥结婚了，还在做广告）。

当那只瓢虫萦绕在葱地的时候，葱地里忽然蹿起了一株倒栽着的杨葱。葱为什么一定要叶上根下，房地产广告不一定要广告房地产——老杨葱用揽胜的作品如是说，而且一说十几年，成了唯一一个从葱苗时代茁壮到现在并且青光耀眼青得彻底的另类青葱，杨葱再辣也只是一株而已，然而这一株却似乎代表着一极，它反其道而行之的勇气和坚持似乎永远在反思批判着地产广告业的爬行现实主义。这株老杨葱是这片葱地里永远不可或缺的“反对派”和“在野党”。

前两根老葱的历史意义在于，建立了这个行业最初的商业雏形和模式，后两根青葱则为这个行业植入了文化基因并进行了专业精神启蒙。北京地产广告业自此区别于更注重形而下操作的南方水葱们，开启了地产全案广告的“北京时代”。尤为可贵的是，这个时期出现了许多值得铭记的作品：风格瓢虫的《亚运新新家园》《现代城》《骊城》《大话中轴》系列稿件；揽胜的《万科青青家园》《空间蒙太奇》《锋尚》等。这个时期的房地产广告市场犹如雨后的葱地，葱意萌动，葱色朦胧，如红鹤、本色、视觉、达奇、典晶、创意动人、广告红石坊等些许有自我特色的青青之葱们已经在偷偷成长，一切都在暗暗酝酿之中。

这既是一个懵懂中成长的时期，也是一个转变中思辨的时期，从点式服务到全案服务，从设计执行到全程操盘，从手工作坊到公司化运作，变则存，不变则亡，风格瓢虫、本色视觉就因为生长速度没有跟上或者根本拒绝这种成长退出了这块葱地的中心。

2002年，《北京晚报》举行的首届房地产广告的评奖活动，对这个行业产生了深远影响。在这次活动中，两棵青葱脱颖而出并被长久瞩目。一棵是获奖最大的东方博文，凭借《亚运新新家园》的一支报广斩获了全场大奖，另一棵则是获奖最多的世纪瑞博，通过三金一银展现了自己的专业实力。专业奖项和著名人物的出现标志着这块葱地的初期繁荣和即将成熟。回想起来，在俺的个人记忆中，这次赛事好像是这个行业唯一一次纯净而公正且真正面对房地产广告的专业评奖。这之后的许多评奖和排名都或多或少受到了利益驱动和江湖感情的影响。在这次评奖中，两根著名的青葱老曹和老徐也横空出世，此时的周子和老杨成名已久，红鹤的李雪葱也在通过自己低调和稳定的表现暗暗发力。

一波又一波的葱香迎风飘展，一茬又一茬的葱浪随风飘舞。在中国灰暗而平庸的广告大地上，一道巨大的光柱照亮了这块葱油地。有人说在这里看到了葱田怪圈，也有人说在这里目击了 UFO 出没，巨大的史前恐龙一闪而过，一条来自太平洋的白鲸在葱林里翻跃冲浪。这是一片不名的青春之地，万物春天竞自由，孕育着喧哗和骚动，发育着一切神奇和可能。

是时候了，青葱时代横空绝尘而来！无论 4A 公司们怎样掩耳盗铃地忽视这个市场，房地产广告的发布量已经跃居中国市场的前几位乃至第二位；无论国际评委们怎么矮化房地产广告的地位，北京的青葱们都做出了最原创最本土最具冲劲和最有葱味的作品。中国所谓的 4A 公司们除了在国际评奖的飞机场上有点遗精之外，早已陷入了国际大客户品牌维护和保养的泥淖，失去了原创的本能和实战的精神。

从 2002 年到 2004 年，这是一个创造欲充沛表现力饱满的青葱时代。在这片葱杆笔直葱香四溢的原创自留地里，生命就这样诞生，大地就这样收获。这块葱地也如期收获了第一批真正具有生命力的作品，时隔近十年，这个时代创造的作品仍旧被一批又一批嫩葱们一再地阅读和模仿，而戛纳广告节新一年的作品集出来之后上一年的就已然被遗忘。也只有从这片土地上土生土长出来的青葱们才有洋葱们所不具备的长久的民间生命力。中国广告猛进数十年其实一直在挟洋自重仰洋人鼻息，地产广告的诞生让中国广告的本土精神和智慧真正绽放，我们终于有了一块原创广告的自留地。

这个时期的作品告别了某个单稿或者某个点面出彩的状态，真正成就了全案包装和整体调性推广的经典，并且和产品及销售充分有机融合，在纯广告的技术和艺术层面也达到了一个极致。对于地产广告而言，这个时代的精彩纷呈，相当于美术史上的印象派，音乐史上的瓦格纳运动，建筑史上的包豪斯，电影史上的新浪潮，游乐史上的嘉年华，京剧史上的徽班进京，普洱史上的茶马古道，川菜史上的麻辣火锅，饮料史上的王老吉，盗墓史上的洛阳铲，避孕史上的杜蕾斯，扯淡史上的QQ。有多少作品不可以重来，有多少精彩只可以重温？揽胜的《左岸工社》、红鹤的《CLASS——建于果岭的上层建筑》和世纪瑞博的《美林·香槟小镇》筑就了那个平面广告时代的神话，也成为他们自己至今仍无法超越的壁垒。

我们不得不承认，现在整个房地产广告市场的创作水准和技术含量远远低于那个时期。专业优势转化为经营强势，这几家公司就此成为北京经营上最强悍的公司，并且一直至今。在业绩猛进的同时，北京的葱葱们并没有放弃情怀与追求，红鹤和世纪瑞博都很注意保持自己的文化基因，揽胜则不惜代价地保留自己的天性和个性。红鹤创立了自己的《沟通》杂志，世纪瑞博推出了《小丰现代汉语广告语法辞典》和《操磐中国》等学术著作。2004 年起，世纪瑞博在上海、天津、青岛设立了办公室，红鹤在天津设立了办公室，北京的一线公司中，也仅有这两个公司走了出去。永远尖锐永远自我的揽胜，立志于做最大的小公司，虽然公司很小但影响很大，揽胜的每一个出品，都是作品级的，也完整保持了揽胜才有的独特性和辨识度。东方博文也仰赖着老徐的市场和经营天赋，让公司成为北京市场的主力葱种。就此，北京的房地产全案公司基本形成了稳定的第一阵营，无论在收费水平还是专业水准上都影响并引领着整个中国。这时候的葱贸市场也一片形势大好，葱葱向荣。

有地头，就有江湖，有江湖就免不了有江湖帮会，于是，传说中的“脑们会”应运而生了。2004 年至 2008 年是北京地产广告圈的脑们时代，“脑们会”最初的成员应该有瑞得、揽胜、达奇、红鹤、东方博文、世纪瑞博这几家公司，瑞得后来因为逐渐退出这个行业的经营而淡出，达奇好像不太爱凑这个热闹。最终，“脑们会”只剩下了揽胜、红鹤、东方博文、世纪瑞博这四家公司，这也就是大家常说并且基本公认的四家一线公司。“脑们会”其实算不上帮会，反而更像个江湖俱乐部，由于公司经营模式和竞争方式各有不同，从而没有任何行业上的整体行为，直至大家都成了朋友，变成了“老友会”。2008 年，世纪瑞博老曹去世后，为纪念老曹逝世一周年，由小丰补缺召集了一次，之后好像“脑们”就没再“会”过，无疾而终。“脑们会”的这个准行业帮会有着以下几点重大的意义：一是让行业有了标准，所谓的一线公司其实脱生于这个组织；二是以专业为导向，大家在一起比试专业和收费，对行业做了好的引导；三是竞争第二，友谊第一。这点在这个唯利是图你争我抢的行业里尤其难能可贵，这种江湖情谊在老曹的葬礼上得到了凝结和升华，在此，小丰代表世纪瑞博深深地感谢他们，这是青葱对青葱泥土的情谊。

“多少风流总被雨打风吹去，数风流人物唯余田头葱畔，市场调控今又起，换了葱田”。这块葱田随着整个社会主流价值的转变，由理想主义变成了理性主义，浪漫主义变成了浪荡主义，品质主义变成了物质主义，现实主义变成了爬行现实主义。拥有情怀不如拥有情人，追求作品不如追求做爱，管它作品是否天长地久，只要公司有肉有酒。

所谓中国一线的四头大葱也裹挟其中随波逐流。与作品乏力成反比的是，各个公司的经营突飞猛进，北京全案公司这块招牌也四面开花，许多在北京只注册名字没有一个项目的公司在外地城市发展的如火如荼，许多李鬼张牙舞爪不让李逵。专业不再是标准，营业额和公司规模成了行业的标准。行业道德趋于沦丧，欺师灭祖撬老东家墙角自立门户的宵小英雄应运而出，拉关系喝花酒十八般公关武艺成了许多公司的必修课。青青如此轻轻，葱葱已然匆匆。江湖久未龙虎斗，可怜大哥见白头。

虽然如此，这片风吹雨淋杂草丛生颜色斑黄的葱地还是发育出了一些粗粗壮壮枝枝叶叶的新葱，也许有些老葱们不愿看到：今久、洋正、万有引力、黑弧这些新生力量都已经在葱地里占有一葱之地。惧怕新是旧的表现，害怕变是老的标志。必须承认新葱们的破土而出，必须承认新葱们终有一日会成长为参天大葱，杂种出好汉，杂葱出万担，繁杂不一定繁荣，繁荣却一定繁杂。然而，在葱田新秩序形成并得到确认之前，我忍不住要自问并质问：那些曾经以一线自居的老葱们，你们还有葱劲吗？你们还在创造吗？你们还有引以为傲的新作吗？还有这些日益茁壮的新葱们，老葱固然老矣，可他们的作品仍可重温，他们的葱香飘逸至今，而新葱们有几件（哪怕一件）能让市场及业内记得住的作品呢？专业为本，作品为傲。衷心希望老葱们老当益壮，新葱们迎头一棒，百毒不侵，百葱齐放，一万年太久，只争朝夕，作品出彩分外香，雄关如铁从头越，百万青葱斗大姜，创造依旧在，再度葱地红。

弹指一挥间，时光哗哗滴。中国的房地产广告业已经进入了下半场，以互联网为中心的第三个广告时代已经来临！老中青三代葱爷们都在求变求新，奥美收购了黑狐，易居整合了悟石，世纪瑞博和红鹤都成立了自己的互动公司，有些公司则往销售代理转。任何人或者行业都有生命周期，也许朝露青葱明日黄葱青不青黄不黄葱不葱都没有任何价值，人的渺小如大地上的一株葱葱而已，人生的意义如加油站公厕里那句宣传语而已：来也葱葱，去也葱葱。在巨大而孤独的时光蛛网上，怎么选择都无可奈何，怎么挣脱都无路可择。是棵葱又怎么样呢？不过是被子植物门单子叶植物纲天门冬目葱科葱属的一介尘丝而已，但即使是一丝，让它在幻灭粉逝之前闪亮一瞬些许微弱的星星之火青青之光，给这秩序井然无聊乏味的星球添点小乱犯点小轴找点小堵整点小坏可不可以呢？

许多许多年之后，《还珠格格》拍到了第 10001 集；日本岛因为地壳运动严丝合缝地填进了马里亚纳海沟；海洋里的最后一只鲨鱼在砂石上吐着血泡；还在走有自己特色的社会主义道路的朝鲜也遵照 88 国会谈协议销毁了核武器；新疆和田一名农民在自己家的葡萄架下挖出了一块长得像卡扎菲的老玉；谷歌卫星在扫描北京地貌时发现了一片茂密的葱林，上报联合国教科文组织后，被确认为地球濒危植物。

许多许多亿年后，冰川纪再次来临。ET在故乡用太空望远镜观察地球时，在一片白茫茫的视野里突然发现了一丝朦胧而可疑的青光。在这次发现后不久，ET星球的人们从此过上了旱葱蘸芝士水葱三明治比萨卷大葱的抹泪擦鼻涕的幸福生活……纯属捏造。刻意雷同。排名不分先后。你有权保持沉默。

应洋正老潘之邀，小丰谨以此文献给北京地产广告界的"愤青们"，并纪念自己的青葱岁月。

丰信东

2011年9月28日

二十二条军规

一、这里是世纪瑞博，没人关心你来自哪个星球。只要不想做第一，你就是在混。如果你想要的是最多而不是最好，那么你就不应该选择这里，更不应该选择这个行业。

二、坚持原创，同时宽容对待别人的模仿和非议。做不到前者，同行会认为你不够有料；做不到后者，同行会认为你不够有范儿——因为，这里是世纪瑞博。

三、没人喜欢穷光蛋，这里也一样。在世纪瑞博——专业和学习能力是你身上唯一值钱的东西，所以你要通过学习努力致富。

四、不要自认为很牛，瑞博某个不太牛的前员工可能恰巧是你的前老板；也不要抱着镀金的想法，这等于你不打自招地承认了自己是次品。有了这种心理暗示，即使投入了较高的时间成本，你的净值也不会增加。

五、拿人钱财，替人消灾，刀要快，活儿要利落——无论对客户还是公司，这点基本的江湖规矩你要懂。

六、不要把自己当艺术家，有钱的和没钱的艺术家都瞧不上这点儿钱，何况这点儿钱也瞧不上艺术家；不要不把自己当艺术家，有钱的和没钱的客户都貌似欣赏艺术家，至少有时候你要貌似艺术家。

七、要懂得对男女关系做销控，否则你就把自己贬低为了公共资源。

按照我司惯例：绯闻的溢价率至少乘以 4，口碑传播速度以秒计，还可以随时启动微博营销，并且——人人拥有 70 年的免费使用权。

八、无论你多么重要，都不要自我感觉过于良好或把自己置于团队之上。卡扎菲到最后一刻仍相信人民是爱他的，但，他死了。

九、不要长期抱怨你的收入和工作，这无异于告诉大家：你没有能力换个更好的工作，更没能力管理好自己的情绪。

十、不要把客户和公司当傻瓜，有能力给你付钱的都不是傻瓜。你那些小聪明和小伎俩，他们早就实践过，而且很可能运用得比你好。

十一、行活儿要适可而止，你可能因此赢得部分客户的认同，却失去了行业对你的尊重。

十二、再忙，也不要把“忙”挂在嘴边。别人会误解你要么是故作重要，要么是没水平管理好时间和工作。

十三、不要热衷于打听别人的工资，这样不会让你的收入增加，却会让你的烦恼增多。因为没人会嫌自己赚的多，除非他有病；也没有人嫌自己的烦恼太少，除非你也不够健康。

十四、如果想在这儿发展，一定要找到自己的USP，但切忌为自己做虚假广告。“3W”原则大家都懂，你的诉求动机很容易被大家识破，并且怀疑你连广告都不会做。

十五、不要被私活儿诱惑，当年找私活儿的人，现在都在找工作。

十六、远离谣言和八卦，因为在创作者不署名的情形下，我司通常认为：知识产权属于所有的在场者。

十七、不要总是抱怨你的搭档能力弱，这样不仅证明不了你很强大，还会让你的搭档议论你的人格。

十八、不要说你很了解奥格威或乔布斯，他们加班的时候你并没有看见——崇敬一个人的伟大不如学习他的平凡。

十九、不要争名夺利，这样做表示你怀疑领导的分赃能力，但却低估了领导的手术能力。

二十、同事们一起吃饭娱乐，职位高的那个人买单，请不要冒犯领导的请客权；不要过度讨好你的上级或给他送礼，即便他当时愉快地接受了，日后也会对你的专业和用意有所怀疑。

二十一、不要对公司外的人说瑞博很牛，即使这是公认的，别人会认为你不够成熟；不要对公司外的人说瑞博不牛，这样会让别人判断你很不牛。

二十二、不要说小丰的书写得不好，那样领导会认为你根本没有看懂；也不要把他的书当成金科玉律，因为他的idea也常常被毙。

以上很“二”的军规100%成立。如果你不打算遵守，那么请你在辞职的时候，默念三遍：天下乌鸦一般黑，瑞博还算有点灰；或者写邮件发往以下邮箱投诉：22222@悲催.net。

四 丰语

色诫书：办公室畸情恋之怪现状

饮食男女，孰能无情？你我凡人，三生有性。

然办公室恋情尤可谅，办公室畸情不可赦。

以下几种办公室畸情状，欢迎对号入座，加班琢磨，回家细想。

一、情圣（剩）帝。屡战屡败或屡爱屡胜的情圣（剩）们，算了吧！您不是做广告的，您是做人力资源的；您不是玩图片库的，您是玩资源库的。胜败赔率决定了您的加班频率，下半身骚情成就了您的工作激情。您的情越“圣”，咱的活儿就越“剩”。之所以您成了圣或剩，只能说明您能力太弱脑子太热，只善于搞内销不善于搞外贸，只吃窝边草，不见天边苗。您即使离开了公司，公司依旧有您的传说，于是您就成了传说中的情圣（剩）帝。何必呢，无论圣或剩，您都有成“公粪”的一天。不要只抓内需，还要搞搞外向型经济。天涯论坛何帖无美眉，新浪微博条条有情天。

二、暧昧哥。您玩的温情派，您走的感觉线。您的脸庞很禅宗，您的发型很迷踪，您的外套很朦胧，您的腰带很萌动，您的春心很懵懂，您的眼神很雾凇，您的心思很臃肿，您的男女关系像雾像雨又像风。爱情这玩意儿伤不起，为什么绯闻主角总是你？！闷骚您就闷住了，纠结为啥您还结？您不是中石油，您是地沟油；您不是中移动，您是总移动；您看过《潜伏》，您读过《暗算》，您爱搞混乱，您爱玩谍战。假暧昧包着真试探。真暧昧裹着假试探。工作一阵烟，公司一团乱。正是由于您的心跳过速导致了铁路提速，正是由于您的心理出轨导致了动车脱轨，正是由于您的边暖边昧导致了全球气温上升了118度，正是由于您的又暖又昧导致了公司空气凝结郁结了大量致癌漂浮物。得了，但希望您也拎个清楚，把自己的家宝给守住！

还有集邮妹装萌妹惯偷兄婚外王，能不能别把有限的工作时间投入到无限的感情纠葛中去，又把无限的感情纠葛延伸到无限无聊的网络空间里去。借用当下的一句话：能不能好好工作，别“坑爹”！

我们追求爱情，但不追逐暧昧；我们自由恋爱，但不自由乱爱。

活在这珍贵的人间。今夜或者每夜，咱能不能不关心人类，多想想专业？

注一：我司从不反对一对一正常健康恋爱，哪怕是同性，如果确定关系还请正大光明说出来，为了保证你们恋爱的胜利果实和维护公司的办公氛围，本着协商原则，二选一，对其中一方做技术性处理。

注二：据不完全统计，我司自成立以来发生各种骚情畸情爱情上千起，但真正修成正果走入殿堂的未超5对。成功率仅为1/200。80%以上的当事人强烈表示再也不希望和对方在同一个星球活下去。

注三：UFO组织对地球的观察结果显示，办公室已经成为各类性病的主要传播途径。在办公室受到感染的患者相较其他途径的感染者，病情严重10倍，免疫力极低。曾经在地球上流行一时的鸡尾酒疗法，对此类患者也疗效极微。

愿受诫者，请签名！

小丰访谈 1

附录

初创品牌如何突围？
14 个营销策略助你一战成名

分享穆罕默德的一句话：即使你穷得只剩下两个银币，那么也要用一个银币买面包，另一个买鲜花。这是什么意思呢？企业和产品就是我们的面包，品牌就是我们的鲜花，企业再小，也要关注品牌，建设品牌。

那么品牌究竟是什么？我个人建议回到它原始的定义。brand 来源于古挪威的一个词 brandr，中文意思是“烙印”。所谓烙印，有三个基本特征：第一是与生俱来，不是后面贴上的标签；第二是用于识别，识别这是我的马和牛，而不是别人的；第三它是私有财产，区分这份资产是我的，不是你的，具有私有财产的属性。

很可惜的是，很多企业在今天都已经造汽车了，但都还不够重视品牌这个资产，这是非常遗憾的。大家知道了品牌最基础的含义和三个基本特征，就对品牌有一个大概了解了。下面我讲一下移动互联时代品牌的发展趋势。

趋势 1：重新做人

品牌理念回归人性化

过去的品牌理念强调“三化”：国家化、道德化、权威化。但移动互联网时代，客户是上帝，品牌理念自然要洗心革面。

为什么把它放第一位，而且用这么严重的词呢？因为以前我们的品牌一直是“三化”的，就是国家化、道德化、权威化。但是在移动互联时代，这绝对是行不通的，消费者是上帝，他们就是权威，就是道德，甚至消费者就是行政命令，所以品牌一定要回到“人”这个主题。

案例：从高高在上到平易近人的***海尔***

特点：品牌拟人化，贴近客户

表现：品牌口号从“海尔中国造”，演变为“你的智慧生活，我的智慧生活”，同时开展“您来设计我来实现”的落地活动。

我们现在看到的 CCTV 的广告，打品牌的，基本都是假大空的，比较装的，都不是人性化的品牌。但是很多企业已经注意到这一点，比如海尔这种传统企业，从以前代表中国向世界宣战的“海尔中国造”变成现在“你的智慧生活，我的智慧生活”。我举的例子说明最传统的制造业都已经开始转变，开始“重新做人”了，我们互联网企业也一定要从“人”出发，人是品牌的源泉，你的品牌理念就一定不能离人太远。

趋势 2：窄、宽、大

这是三个过程，传统品牌塑造是要先做一个大品牌，然后进行品牌延伸，不断拓宽，最后进入专业领域进入精准领域，做窄品牌，这是大品牌宽品牌的延伸，但是现在反过来了。移动互联网时代要先做窄品牌，做透了再拓宽，最终做成一个大品牌。很多互联网企业都是遵循这样的路线的。

案例：从单一产业到生态圈大品牌的***阿里巴巴***

特点：从点式突破到闭环服务

表现：从单一的 B2B、B2C 到音乐产业、电影产业、足球产业、广告产业，阿里巴巴的经营线不断扩大。前期精准定位客群，后期不断延展产业门类成为互联网领域的巨头。

典型的阿里巴巴最初就是从单纯的B2B、B2C再到音乐、电影、体育、广告产业，它的产业是不断扩大的，是在同一个客群上不断延伸，最终成为一个大品牌的。

所以提醒大家，现在是窄品牌时代，如果你想做品牌，要从窄、从精准、从单一做起，慢慢再去做宽品牌、大品牌，切忌像以前那样一开始就做大品牌，在这个时代这是很难的，也是志大才疏的。

趋势3：扁、细、快

这是大家每天都在接触和容易理解的。现在品牌塑造和传播越来越扁平，董事长和消费者可能都在一个平台，研发人员和最终使用者也是。但过去，品牌从塑造到传播到消费者终端，是有漫长的路径和很高很深的壁垒的。

案例：从不做“慢传播”的***小米***

特点：扁平、细节、快速，做到极致

表现：

扁平化——

推广“0预算”的前提下，黎万强首先建立了小米手机论坛，通过技术性讨论，让IT行业人员认同小米品牌的产品技术、产品质量。

细节化——

雷军每天用一个小时的时间回复微博上的评论，而小米工程师是否按时回复论坛上的帖子是工作考核的重要指标。

快速化——

2012年“8·15电商大战”迅速做出反应：8月15日早上决定参加电商大战，第二天早上8点推广就全面上线。

雷军每天花一个小时回复微博上的评论，其实这也是一种品牌的维护，这是典型的品牌行为。还有就是快，以前如果做一个品牌危机公关的处理，至少需要两天，还要给权威媒体留出制作、排版、上档等时间。现在如果在危机出现后半小时内不做出反应，就错过了黄金救援期，所以说现在的品牌越来越快。

趋势4：24小时+360度

案例：微博每日紧跟热点的***杜蕾斯***

特点：全天候互动，社会热点无一遗漏

表现：从2009年开始，杜蕾斯中国官方微博在移互圈以全时制的互动营销方式一举成名，迅速成为当时中国最知名的营销案例。

以前品牌不是全天候的，周末休息晚上睡觉甚至还放假，现在不是这样了，它 24 小时醒着，方方面面都面临出口和进口，这也意味着品牌维护和保养工作难度是非常大的，确实是 24 小时 +360 度的，包括品牌的宣传，要随时对热点、危机做出反应。刘翔退赛后拿这事做广告的广告在 2 分钟后就出来了。

趋势 5：品牌互借

案例：漫威与 6 大品牌联合推广的***复仇者联盟***

特点：不同领域品牌联合，相互借势

表现：《复仇者联盟 2》上映前，漫威联合 6 大品牌进行全球联动推广，每个品牌分别推出漫威漫画主角形象的限量版产品，相互借势，推动品牌知名度。

以前品牌之间是很少交流的，同行业品牌之间是打架的。大家还记得王老吉和加多宝互相道歉，其实是品牌对决，并引发杜蕾斯等跟进，用加多宝体进行品牌宣传，在热点上发酵、借势，甚至房地产企业也出了类似的广告稿。在传统时代，品牌就是一起掐架一起完蛋，现在是一起狂欢，只要有热点，大家就都是朋友，大家一起把它做得更热。

趋势 6：越来越任性

案例：从第一站位到个性展示的***可口可乐***

特点：从千人一面，到个性化定制

表现：曾经“Coke is it”（这就是可口可乐），到现在“一路可口可乐”及个性化定制歌词饮料瓶。

麦当劳现在的品牌主张是“我就喜欢”，表现得很任性。前文提到的品牌的原始意义中，品牌有识别的功能。很多人对识别理解得很表面，认为就是视觉识别，是 logo，高一层次的认为是理念识别、价值观识别，是精神象征。其实每个品牌都有自己的性格，性格识别也是很重要的。现在大家能接触到非常多的品牌，如果你的品牌没有个性，那么你在年轻消费者心中就没有空间，就意味着你已经失败了。

其实可口可乐是个老品牌了，但是它在不停地适应这个时代而且适应得比较好。现在可口可乐的瓶子都是定制化的，还有很多有个性的话，以前都是千瓶一面，这就是改变。

趋势 7：可体验

案例：从明星代言到产品可触摸的***三星***

特点：打造贴心的体验式营销

表现：三星仅在北京就拥有89家品牌体验店，通过客户在体验店感受产品的使用特点，从而达到品牌体验的提升，促进销售的目的。

以前做体验搞好媒体关系，搞定权威杂志，处理好危机投诉就够了，现在品牌要看得见摸得着，就不能仅靠广告和媒介了，体验是品牌的一个入口。我们看到很多大的品牌都在不停地建体验店，里面有很多软性的内容，就是要让大家能摸得着看得见。

趋势8：一切倒过来

先有品牌认知
再有品牌形象
后有品牌宣传

原来往往是消费者先看到品牌的广告宣传，才会逐渐识别品牌形象，最后达到品牌认知的目的。而现在则是先有品牌认知，再识别品牌形象，最后进行品牌宣传。

这一点是从品牌建设和宣传来讲。以前是先进行品牌宣传，花很多很多钱，通过宣传建立一定的品牌形象之后，消费者才有品牌认知和体验。但现在一切倒过来了，先有品牌认知，这样在我心里才有一个品牌形象，然后通过对品牌的认知、通过这些人本身对品牌进行宣传。

案例： 以明星为切入点让大众认知的品牌 *roseonly*

特点： 先让大众认知，再树立品牌

表现： roseonly 亮相之初，以林志颖、李云迪、徐静蕾、何炅等一批娱乐明星的现场体验为传播点，带动品牌传播，逐步树立了中国高端定制玫瑰的品牌基调。

roseonly 一开始就让明星如林志颖、徐静蕾、李云迪等先去进行产品体验，对它有认知，然后通过他们进行品牌传播和宣传，从而带动大众对该品牌的认知，建立品牌形象，最后再输出品牌理念。

趋势 9：重在参与

品牌强调员工
用户参与度

以前对于企业员工而言，品牌是被动参与的，每个人都只是公司的在编员工，品牌离自己很远。现在则需要每个人都去主动传播，企业的每个人都是品牌的塑造者。

案例：从少数人决策到千余职员参与的***立邦***

特点：让员工的品牌认同影响社会

表现：至今，立邦中国一共推进了15个社区关怀项目，遍布9大城市，来自立邦中国7个事业部，共计超过1000名员工志愿者参与其中，通过立邦中国的公益平台身体力行地为身边的弱势群体带去温暖与帮助，用实际行动传达自己的公益理念。

《参与感》是本非常好的书，现在的品牌必须要有消费者和员工的参与。以前注重消费者，但不注重自己员工的参与。移动互联网时代的品牌如果没有员工的参与和认同，就很难做好。立邦做得就非常好，立邦中国推进了15个社区关怀项目，超过1000个员工参与了这些项目，其主要目的不在于送关怀，而在于让员工参与到自己的品牌建设中来。

趋势10：品牌越来越软

一个企业对消费者的服务在过去被看作产品的延伸，只有你买了我的产品我才为你服务。现在无论你买不买我的东西，是不是我的消费者，甚至你不买我的东西，我都要为你服务。软服务就是软品牌的核心内容和助力。

案例：不止卖坚果，更是卖萌的***三只松鼠***

特点：服务附加值打造品牌萌系外衣

表现：三只松鼠品牌伊始，除去正常的坚果销售，更在产品售卖中附赠了各种小礼品，如坚果开壳器、冰箱贴等小礼品，通过萌萌的松鼠形象和贴心服务塑造了一个线上品牌。

不仅卖坚果，还会卖萌的三只松鼠卖的其实就是软服务。它的坚果与其他品牌相比没有什么优势，但是通过软服务识别了自己。除了送给你坚果，还有很多工具和礼品，通过这种贴心的服务，通过对消费者体验和痛点的把握，把软服务植入到坚果里，这是一个成功范例。大家想想坚果有什么不一样，三只松鼠就让人觉得它非常懂你，秘诀就在于软服务。这就是它品牌的核心。

趋势 11：前置　前置　再前置

案例：从网络论坛到华语体育媒介巨头的***虎扑体育***

特点：先聚拢用户，再做第一体育媒介

表现：2004 年 1 月，CEO 程杭博士在芝加哥创建虎扑前身 hoopCHINA 篮球论坛，聚拢了大批华语体育迷。至今 10 余年时间，它已成为中国体育网络新闻媒介的巨头。

现在品牌已经前置到和产品一样的位置了，就是说在做产品的时候就要考虑、宣传你的品牌了。品牌建设在过去是后置化的，就是我把产品做出来，先去卖，为了扩大知名度再去打品牌。有了一定消费者后再做消费者维护加深品牌，在一些关键节点上做品牌宣传。现在不一样了，现在企业在成立之初，产品刚有一个想法的时候它就应该存在了。比如小米，在产品前期就邀请发烧友参与，这时候就是在铺垫自己的品牌了。

趋势 12：娱乐至死

利用娱乐要素
抓住客户稍纵
即逝的注意力

> 传统时期，品牌总是高高在上，试图营造一种完美的形象，现在信息庞杂，稍纵即逝，往往需要品牌在电光火石间让客户记住。

品牌娱乐化是时代的特征，大家可能都不太喜欢董明珠，但不得不承认的是，在传统行业的大佬里面，她是在新媒体上被曝光最多的。董小姐自觉不自觉地把自己娱乐化，但是从品牌宣传、曝光率、关注度角度，她是成功的。格力电器是传统制造业，是很难和消费者拉近距离的，但通过董明珠这样一个稍微带点娱乐化色彩的人物，成功突围了，并标识了自己。不断地制造话题，不知是不是故意的，但至少是聪明的。

案例：*叫个鸭子*，满足你对鸭子的一切幻想

特点：字面歧义带来无限传播能力

表现：叫个鸭子品牌创始人曲博曾全面负责百度大事件及节日营销，对于网络传播的把握十分到位，通过娱乐化的品牌命名，不但提高了品牌名的记忆度，而且还节省了大量的广告费用。

现在品牌传播都很难，当然也有娱乐过度的，比如“叫个鸭子”之类的，我觉得这是噱头化的，不会走得很远，因为你感觉不到这个品牌背后的内容。

趋势 13：碎片化

案例：PC 与移互媒介传播的巨人 *DSP 系统*

特点：跨屏整合所有 PC 与手机媒介平台

表现：DSP 需求方平台这一概念起源于网络广告发达的欧美，是伴随着互联网和广告业的飞速发展新兴起的网络广告领域。它与 Ad Exchange 和 RTB 一起迅速崛起于美国，已在全球快速发展，2011年已经覆盖到了欧美、亚太以及澳洲。

在国外有一类公司很火，很主流，现在在国内也有了，叫DSP。DSP是什么呢？就是替你整合社会化媒体途径的系统。其实碎不怕，关键是要准。

趋势14：人际载体

每个人都是品牌传播的载体

传统时期，品牌传播集中在媒介。现在随着社交媒介的发展，传播的途径逐步成为每个人口口相传的口碑，这个时代每个人都是传播的载体。

案例：口口相传的励志品牌***褚橙***

特点：以人为载体，传播品牌故事

表现：75岁的褚时健，以自身起伏的人生故事，结合酸甜适中的冰糖橙，迅速引爆社交媒介关注点，依靠人们口口相传，树立了一个既励志又好吃的水果品牌——褚橙。

以前品牌要载人，现在品牌要人载，因为现在每个个人才是品牌传播的媒体，就是口碑。但只有口碑是不够的，品牌原始的词是“烙印”，后来拉丁文衍生出了“心里的烙印”，所以不是口碑，是心碑。品牌就是在你的用户群体里树立一座伟大的心碑。所以人始终是品牌的核心，是最初的，也是最终的。

小丰访谈 2

这个时代不要把自己当作广告人

·Question 1·

您是如何理解世纪瑞博这个品牌的?

小丰：先说世纪瑞博，它首先是一个地产专业品牌，以后也会继续坚持这一点。瑞博不是一个靠做关系获得成功的公司，而是一直靠拼专业。能做出一些业绩，也主要是靠大家干出来的。

我觉得任何时候、任何行业，都需要一个专业的品牌立在那儿，我一直认为瑞博是以专业为导向的公司。如果一个行业里没有这样的公司，都是关系导向的公司，那么这个行业离末日也不远了。瑞博是一个专业品牌，以后还会坚持这一点。

另外瑞博也是我构想中专门面对地产的一个品牌，其他方面我们的尝试也很多，比如品牌、互动，以及 VR，都会做，都在尝试当中。如果能做出成绩来，也会成就我们的其他品牌。

· Question 2 ·

这么多年过去了，在您漫长的从业时间内，最难忘的一个时间段是什么时候?

小丰：如果说时间段的话，那肯定是2000—2004年，因为那是地产的黄金时代，也是全案公司的黄金时代。那个时候，大家觉得做这个行业还是比较有价值有意义的。

那个时候大家关心的是，又有哪家公司出了什么好的作品。真的是这样，有好的创意出来，大家都去看，都去议论，暗地里比拼，就是说行业还是有很强的专业氛围在的，还是有很强的创新追求。现在回头看看，还是留下了很多经典。那个时代，我觉得是非常好的时代。

现在呢，就比较务实了，我们也很难看到真正让你“虎躯一震”的东西，也很难看到有极大创新的东西，所以我觉得当年那个时代比较好。那个时代大家见面聊的都是专业问题，会因为这个争论、吵架，但你现在再因为这个吵架，那不是傻子嘛!

当时在客户面前那也是勇于坚持专业的，因为我们是专业的，你要听我的意见，那时候面对客户的态度就是这样，现在彻底转向服务了。

· Question 3 ·

您在这个市场中经历了很多高峰和低谷，到 2016 年这个时间点上，您是怎么审视这个行业的?

小丰：从 2016 年上半年来看，因为经济金融形势，所以房地产市场的大势比较好，但房子在将来会有很难卖的一天。那个时候，甭管愿不愿意，市场摆在那里，就一定得掏出真金白银，挖空脑袋做营销做策划做广告，所以应该重视这些外脑的作用。

其实我认为所谓的广告全案这个行业是个小行业，作为一个小行业，最好是在中间波动的。在市场极好的情况下，它的作用是不大的，整个市场让经济形势托着，干吗还要搞这些？但在房地产市场极度不好的时候，还是很需要广告和策划的，可开发商自己又不愿意了，他不愿意掏这个钱了。在这两个极端的情况下，广告公司的价值感会降低，需求也会降低。

其实行业最好的状态是需要竞争一下，你的房子才好卖。市场太好了不行，太坏了也不行。实际上所有的服务商都是这样，你想想渠道销售公司是不是这样？代理商是不是这样？媒体是不是这样？太好卖了我就不做广告了，有你媒体什么事儿？太不好做了，我就捂紧钱袋子。它其实是社会的规律、服务业的规律，不只是广告的规律，不只是某一个小行业的规律，这是个大规律，对大家来说是一致的。

· Question 4 ·

您的专业是文案，那么如何看待文字在广告当中的力量？

小丰：我觉得文案不一定是文字。其实文字只是思想的一个载体，关键还是要有思想，所谓的“文案”，他应该是有思想有灵魂的，并且也能够去制造和创造思想和灵魂，而文字只是一个承载的工具。

其实现在都在转化，自媒体还有大V、网红IP，他们的文字也非常好、非常棒，写出的东西能触及灵魂。我觉得文案的目的跟策划一样，最终是要输出思想、输出文化、输出灵魂，这是这个专业包括策划专业所追求的最高境界，它并不只是文字的技法，文字只是形而下。现在文字的功能被转化了，以前只能用文字表达的东西，现在可以用视频、图片表达了，纯文字的东西变少了。但是我觉得，面对现在的情况，文字工作者要付出的更多了。因为文字变少了，其他的部分就更多了，你如果不付出更多，那你的文字放在现在这个时代就更不行了。

所有的东西，都是核心思想的延伸，文字、图片、视频、音乐等都是。现在表达方式也更多元了，比如诗歌的表达就在转化。纯文字的诗本身的作用并没有那么大了，但是现在就会有诗电影，诗歌会转化成各种其他形式，继续流传下去。

· Question 5 ·

您既做过房地产，也做过快消，那么如何看待这两者之间广告上的差异?

小丰：我觉得房地产广告更残酷一些。因为做快消，现在的品牌企业都在用新媒体，比较直观。但是在这之前，快消品的广告并不直观。我这一轮广告出去，从产品亮相，到上架，上架之后走渠道，形成销售，最后形成一个完整的销售季，这时距离你最开始创作广告的时间点，基本上已经过去大半年了。所以广告在快消品领域，并没有特别直观的效果。这个产品卖得好不好，问题出在哪里，就变得很难评判，因为环节太多，而每个环节都有可能出问题。我当年做过很多快消品，其运作都是这种模式。

但是房地产广告就不一样了，以前大家都喜欢打报广的年代，一个广告出去，多少个电话，多少个来访，一两天的时间之内，直接就有答案了。其实现在各大品牌都在用社会化营销和大家紧密沟通，让消费者第一时间反馈，这在地产广告中早就存在了。地产一个广告出去，立刻就能知道有没有效果，只不过就是没有留言和互动，但是效果是非常直接的。

所以快消品现在也在转变，这类产品对效果营销、社会化营销、口碑传播，依赖度更大。而房地产这种大宗贵重低频消费的产品，不可能完全依赖那些社会化的手段。它还需要高层设计，再加上这些新手段，但是也不能全都用，要进行挑选。它其实从根本上更强调以前快消品领域中强调的心理洞察、视觉调性。

但是现在快消品不太看重这些事了，直接就用社会化营销快速反馈，快消品开始走互动模式了。不过快消品当年那些很原始的营销原理，未来要更多地应用在地产领域。所以从大趋势说，现在快消品和地产在营销原理上，反过来了，但在执行层面上，也是互相吸收，地产也强调渠道、直销等。

其实现在房子越来越像快消品，我刚入行的时候，一个地产项目，从拿到地，到建造，再到卖，时间是非常长的，现在则非常快，很快就上市，很快就卖完，它也变成一种快消品了。

· Question 6 ·
在社会化营销的时代，品牌内核还需要吗？

小丰：我觉得当一种新技术出现的时候，肯定会主导一切。但是千万记住，所谓的技术，永远都是一个通道和载体，它并不能取代灵魂，也永远起不了这个作用。现在技术改革营销的时代，已经快到尾声了，它作为通道、技术、手段的使命，基本已经完成了，因为现在已经有了一轮新的生态。

这意味着什么，这意味着它已经变成普通的了。就像以前，大家都去电话亭打电话，但是现在已经人手一部手机了，所以人们没那么重视了。去年我们还在谈论“互联网+”，但是现在几乎所有的企业都是“互联网+”，那就没什么新鲜的了。马化腾说，互联网会消失的，但它不是真正消失，而是已经变成日常了，它已经不作为一个单独的概念出现了，就像管理上用的OA系统，生产中提到的自动化系统，它还是基础建设，只不过技术刚出来的时候，它一定会主导，大家一定会技术至上的，但是技术毕竟只是一个应用。当这些已经成为日常应用的时候，我们还是要找回原来的东西，比如核心价值观。

有些企业，只是在刷流量，在刷关注度、知名度，一旦遇到危机，问题就很大。举个例子，比如 ×××，品牌的内核是什么，是你的安全气囊，在你有事的时候能救你一命。有些开发商的游泳池也死人，但这无法打倒这个开发商，事情过去了，大家还是会选择信任他，为什么会这样？这就是品牌的力量。××× 只是暂时资金有一点问题，其实根本不算什么，因为销售节奏很快现金流很快。但就是因为他只有知名度，没有品牌，永远只是在讲商业模式，可商业模式不是品牌，关注度不是品牌，一旦出事，大家就会质疑，比如媒体、商界，都会有连锁反应，于是更多人就会对它产生怀疑。

品牌是什么，品牌就是信任，就是认同。品牌没什么神秘的，就是信任、认同、购买，然后就是再一次信任、认同、再购买，最后就是不停地信任、认同、再购买，就是这样一种循环。

· Question 7 ·

现在传播内容更重要，还是传播方式更重要？

小丰：传播方式必须要掌握，这就像英文ABC，它是营销策划的语言。但如果大家都掌握了，这就不重要了。大家都会说，也都在说一种语言，那这个语言就消失了。比如英语曾经是一种技能，但是现在大家都会说都懂，三四岁的孩子都在学，那么这就不再是技能了。

只不过我们暂时还属于通道时代，但是当这些都普及了，就会变成一个一个通道，而不是特殊技能。通道搭配起来的，只能是平台和赛道，但平台上还是要有东西的，赛道上还是要有骏马的，只不过刚出现的时候会有颠覆作用，这就形成了我先做了，我有你没有的差异化。

比如我开上车了，你没开上车，这个区别是很大的。当大家都开上车了，这时大家就会看，你是开奔驰还是开宝马。所以我觉得暂时还存在这么一个时代，但是已经到末期了。乌镇的互联网大会上，马化腾就坚定地说，移动互联网和互联网，不可能再有独角兽了。因为该建立的平台和通道都建立了，大家都形成闭环了。互联网是个基础，在未来这个东西本身不产生价值，关键要看你在这个基础上去做什么事情。

· Question 8 ·

技术对当代的营销是如何施加影响的?

小丰：在一个时间段内，肯定是颠覆式的影响，这让社会关注的入口变了。以前我刚到北京，会每天买一份《北京晚报》，看看今天发生了什么，打开电视，看看新闻联播。后来有《北京青年报》了，又有各种各样的新形式的媒介入口，我就不一一表述了。那现在大家还看这些吗？包括以前的百度，百度为什么错失了一个时代？是因为它自己坚定地相信自己是入口，但现在微信是入口，你每天点开微信的次数远高于百度。

这样的情况，就带来了信息碎片，因为这个时代要打碎这些东西。这样的大形势下，又带来了精准营销，这些东西慢慢地还是会重新聚合的。

· Question 9 ·

为什么选择 VR 作为新突破口?

小丰：其实我一直很喜欢创新，很早就开始做网站，做游戏互动、电子楼书、H5。只不过在这个行业里，过早地输入技术，很难成为一个可持续的商业模式。但是这种探索，一直没断过，只不过中间有暂时的停顿。

VR 作为一种地产的探索，在未来其他行业中，可能会有更大的蓝海。

· Question 10 ·

您会对新进入这个行业的人说些什么？

小丰：所谓的地产全案，都在转型。首先，你选择一家公司，要看清楚未来的方向，行业方向和你个人的发展方向，因为行业本来就在转型时期，在看不清楚的情况下，你去做一个选择，就会比较盲目。

如果是几年前你来问我这个问题，我会毫不犹豫地回答你，但是在现在这个时间点，广告——不仅是地产广告——行业的边界，已经被打破和拓宽，定义已经很模糊了。你说做自媒体的是不是广告？ VR 算不算广告行业？广告的定义已经跨界了。所以我刚才说，你进入一家公司之前，一定要看清这家公司的未来方向是什么，和你的个人发展是不是一致。

另外，你进入这个行业，不要狭义地定义自己，认为自己就是干广告的，就是干全案的，就是做 VR 的，就是做新媒体的，就是做 3D 的，不要那么去看了，因为那些都是对公司经营方式的称呼。你进入的是一个大的传播行业，因为传统的那些行业定义都已经变了，但大的方面还是一个传播行业，你要把自己当成行业人，要有大行业的概念，不要把自己当作广告人，而要把自己定义为文创人。

▶ 两本手册均为赠品。因系“世纪瑞博”内部培训资料，故近几年最新部分，未能获取授权予以公开。

书中的网络文体示范，截至 2016 年。“梗”在变，方法不变。

手册内容系内部培训资料，
由小丰指导，多人参与。
感谢每一位参与者的努力与付出！

文字的游戏感

文字，是广告文案吃饭的家伙什儿。
文字，是我们同大众沟通的工具。
要想大众听得懂，就必须用他们的活泼泼的语言。
保持语言的鲜活，保持语言的生命力。
让我们，对社会中的流行语体，永远保持敏锐！

『体』——语言形式

广告不是天长地久，广告是一见钟情。
广告，形式比内容更重要。
没有动人的体，再好的内容也成往事。

文案内功秘籍

借用公众中最流行、最耳熟能详的“时尚语体”，以它为形，包装产品信息进行创作，能达到迅速沟通、缩减传播路径之功效。

—

吸取各类流行语体的内力以供己用，是迅速提升功力的捷径。内力既厚，天下语境无不为我所用，犹如北冥，大舟小舟无不载，大鱼小鱼无不容。如：咆哮体、梨花体、五四体、淘宝体、凡客体、后宫体、李刚体、决定体……

一 网络流行文

咆哮体

出处

“有木有！！！有木有！！！”有时候感叹号多达数十个，这就是曾经网络上最流行的“咆哮体”。“咆哮体”中，几乎每句话都以叹词结尾，而且大量感叹号具有强烈的视觉冲击效果，可以使人身临其境地感受到喷涌而出的情绪。

案例　史上第一首咆哮体《学法语的人你伤不起啊！！！》

创作示例

1. 写下一个基本的定义。

春天来了！

2. 带着恨天怒地的愤恨写字，用“有木有！！！”结尾。

春天来了，柳絮乱飞！

皮肤嫩嫩的朋友活不成啦！！！

浑身痒到死，有木有！！！！！！

梨花体

出处

“梨花体”谐音“丽华体”，从女诗人赵丽华的名字谐音而来，因其有些作品形式相对另类，引发争议，又被有些网友戏称为“口水诗”。创作方式是：一定要大白话，而且是大白的废话，就是会讲话的人在自己的话里随意加上几个标点符号！而且一定要善于使用回车键！

案例

一个人来到田纳西

毫无疑问
我做的馅饼
是全天下
最好吃的

我坚决不能容忍

我坚决不能容忍
那些
在公共场所
的卫生间
大便后
不冲刷
便池

创作示例

1. 写下一个基本的定义。

   春天来了！

2. 再将大白话断开。

   春——天 来 了！

3. 再在断开处按回车键！

   春——天
   来
   了！

五四体

出处 2011 年 5 月 4 日，网友为纪念五四青年节，在微博上自发发起“五四体”创作。其格律没有严格的要求，只要形式上由五个字的上半句和四个字的下半句构成即可。由于形式简单而特别，五四体成为继咆哮体之后又一大网络文体。

案例

时光篇

70 后：逝去的青春，无限怀念！

80 后：光辉的岁月，仿佛昨天！

90 后：放肆的生活，青春无限！

社会篇

中国啊中国，还是中国！

政府啊政府，无限幸福！

经济啊经济，看 GDP！

百姓啊百姓，活得万幸！

听国人买房，哭爹喊娘！

创作示例

1. 写下一个基本的定义。

   春天来了！

2. 把两个语意结构分开。

   春天，来了！

3. 前一句用五个字，后一句用四个字，用“！”结尾。

   春天啊春天，轰然来了！

淘宝体

出处

淘宝体是说话的一种方式，常见于淘宝网卖家对商品的描述。

常见字眼：亲、哦

案例

亲！！！

熬夜不好哦！！！

包邮哦！！！

不抹零哦！！！

送小礼品哦！！！

创作示例

1. 写下一个基本的定义。

   春天来了！

2. 用“亲”作为对话对象，加入淘宝网购物用语，用“！”结尾。

   亲！把春天包邮送来了哦～亲！！到货记得马上确认并给好评哦～～亲！！！

绵羊体

出处

2009 年“绵羊音”的曾轶可横空出世，她写的词被媒体称为“绵羊体”，其特征如下：

1. 绵羊体走小清新路线，歌颂爱情，表达忧伤。

2. 绵羊体十分孩子气，天使、房子、下雨、星星、糖果都是高频词汇。

3. 绵羊体很有画面感：一个人的时候 / 如果下起了雨 / 也会学你把伞丢到一边。

4. 绵羊体简单粗暴：我最爱的就是那个天使 / 爱到可以去死。

5. 绵羊体很无厘头：七月份的尾巴 / 你是狮子座 / 八月份的前奏 / 你是狮子座。

6. 绵羊体都是造词造出来的，只要情绪到位，不合逻辑也不要紧。

案例

我还能孩子多久

我还是个孩子
给我个拥抱好不好
不要嘲笑我的偶尔发脾气和撒娇
我还是个孩子
给我个 kiss 好不好
把友情爱情的分界线用力擦掉
我还是个孩子
别生我的气好不好
玩具给你糖果给你我还是爱你的
我还是个孩子
给我个电话好不好
虽然我脸上不屑口上随便
可是心里
好想要
大人们
没什么了不起
满 18 岁又怎样
我还能孩子多久
我的温柔不够
大人总喜欢把任性都没收
我还能孩子多久
我力量不够
头发还没长长
时间就要带我走
……

创作示例

1. 写下一个基本的定义。

春天来了！

2. 再将带着山西老陈醋的酸味文字加入其中。

啦～啦～啦，星星拉着我的手，轻轻地咬我的耳朵，告诉我悄悄话：春天，来啦！

凡客体

出处　“凡客体”最早出自前奥美创意总监邱欣宇之手。广告词采用“80 后”的口吻调侃社会，戏谑主流文化，彰显出 VANCL 的个性品牌形象。

案例

房客诚品

爱祖国，爱人民，爱主席，
爱政府的好政策，爱 GCD，
也爱 77 块钱的廉租房，
我不是什么平民，
不是谁的榜样，我是郭春平，
我只代表我自己，我和你不一样，
我是房客。

本衫藏青鸭舌帽

爱忽悠，爱唠嗑，
爱 5 毛一瓣的铁岭大蒜，
也爱 20 块一杯的卡布奇诺，
更爱 15 块一顶的藏青鸭舌帽，
你是凡客，我不是，
我是赵本山，
我把座驾吹上天，
不信？走两步！

创作示例

1. 写下一个基本的定义。

春天来了！

2. 用两段论的“爱……爱……”起头。

爱桃花，爱短裙

3. 高潮：我不是……我是……

爱桃花，爱短裙，
爱三里屯露天站街的你，
更爱你窗外 73 分贝叫春的猫，
我不是神马飘浮，
我是春天！

后宫体

出处

后宫体的创造者“后宫优雅”，绝对是新浪微博上第一个娱乐大众的形象。她自称是新加坡“90后”富家女，有通杀宇宙的国际范儿。其行文淡定，叙述内容总是与名人大腕有关的各种故事。其特点是嘚瑟，嘚瑟得紧跟时事，喜感十足。后宫体被誉为非主流的炫富狂想曲。

案例

周渝民是我前男友，周润发是我表舅。
贝聿铭是我干爷爷，妮可·基德曼是我干妈。
C 罗找我遛狗，卡卡找我诉苦流泪。
科比是我的好朋友，梅西是我的“西哥哥”。
今天晚上，我约了东方神起出席赈灾仪式，
完了还要陪 Lady Gaga 划船。
罗志祥为我开微博，莫文蔚给我写歌，
连卡梅隆都力邀我客串《阿凡达 2》。

创作示例

1. 写下一个基本的定义。

春天来了！

2. 想象我就是春天，我就是宇宙无敌的国际范儿。

3. 把“我是春天，我来了”这件事，与各类名人事件挂钩。

昨天晚上，奥巴马给我打电话，我还在睡觉，就叫蔡依林帮我去接。奥巴马叫她转告我：“春天来了，小心流感。”哼，库哈斯给我定制的 80000 平方米的科技豪宅，里面有 28 位诺贝尔获奖者发明的通风系统，呼吸的都是从马尔代夫进口的永远 27 度的海味空气。

TVB 体

出处

TVB 的经典台词，你能倒背如流吗？一起来用 TVB 体造句吧！

伟大的中国网络，通过大量套用 TVB 电视剧中的经典台词，创造出了一种新的吐槽体，并在网上走红，被网友称为“TVB 体”。

做 × × × 呢，最重要的是 × × ×， × × × 是不能强求的， × × × 这种事呢，大家都不想的……

案例

1. 看球呢，最要紧的就是气氛！每天都在等下一轮的球赛，你有没有考虑过我的感受？斯内德这人呢，是不能强求的。衣服可以乱穿，球衣可不能乱买。发生看球看到尖叫而被骂这种事呢，大家都不想的，对不起，我已经尽力了。你爱不爱曼联啊？我拿鲁尼倒挂进球的录像给你看，看完保证嗨翻天！

2. 写微博呢，最重要的就是开心，转发评论粉丝数推妹子这种事呢，是不能强求的。写微博的光注重原创和内涵了，结果被抄袭剽窃骗粉敛财了还被封杀删除了。发生这种事呢，大家都不想的，不要说我没有提醒你，东西可以乱吃，微博可不能乱抄，有没有搞错？你有没有考虑过我的感受？

3. 读高三呢，最重要的就是开心，最后能不能考到重本呢，是不能强求的。这次摸底考净考了我们没有复习的知识点，发生这种事呢，大家都不想的。有些事情是不能勉强的，我们已经尽力了，吉人自有天相，如果不开心就哭出来吧，哭出来会舒服点。你肚子饿不饿啊？我煮碗面给你吃，吃完了就去做作业。

创作示例

1. 写下一个基本的定义。

春天来了！

2. 套用 TVB 经典台词。

做天气预报员呢，最重要的是开心，春天来不来呢，是不能强求的，春天来了还很冷这种事呢，大家都不想的，天气可以胡乱预报，跟亲戚们可不能胡说，你要是不开心呢，就哭出来，哭出来会好一些，要不要我请你吃火锅？

决定体

出处　所谓决定体，非常简单，无非是以“我决了个定”为开头，说出自己的决定和目标。

案例

1. 我决了个定！

我要成为宇宙超级无敌的功夫熊猫！

挑战胖子极限，

跨越种族障碍，

苦练中国功夫。

2. 我决了个定！

我要做一颗鸟肉炸弹，

不再隐忍，

不要再被偷蛋。

创作示例

1. 写下一个基本的定义。

春天来了！

2. 标准开头，加个人目标。

我决了个定！

我要跟春天一起骚情！

撑腰体

出处

路遇老太（头）跌倒，你扶不扶？闭目不管，好像跟道德过不去，去扶吧，又有那么多讹人的？你怎么办？于是有了撑腰体。

北京大学副校长：你是北大人，看到老人摔倒了你就去扶，他要是讹你，北大法律系给你提供法律援助，要是败诉了，北大替你赔偿！

北京师范大学教授、经济学家董藩转发这样一条微博后，“撑腰体”迅速成为微博最热的句式。

在各个版本此起彼伏的同时，有网友认为，“撑腰体”走红反映出我们这个社会不是冷酷无情的。

案例

1. 其他院校版本：

你是中大人，看到老人摔倒你就去扶，他要是讹你，法学院给你提供法律援助，起诉时，传设院给你造舆论，翻院负责联系外媒，学生会负责组织观摩气氛组。要是败诉了，岭院替你赔偿，管院替你安排工作。

2. 姚晨微博版：

你要是微博人，看到老人跌倒你就去扶，他要是讹你，你就发微博，网友替你喊冤！

创作示例

1. 写下一个基本的定义。

春天来了！

2. 把春天想象成一个老人，不被漠视。

你要是地球人，看到春天跌倒了你就去扶，她要是敢讹你，上帝会为你做主，让她来了也得回去！

秋裤体

出处

“有一种思念叫作望穿秋水，有一种寒冷叫作忘穿秋裤”，天冷了，秋裤火了，而秋裤诗词接龙也在网上兴起，“衣带渐宽终不悔，中间还要穿秋裤”“有缘千里来相会，不穿秋裤你不对”等搞笑版秋裤诗词在网友间广为流传。

案例

1. 古诗词版秋裤体：

风萧萧兮易水寒，壮士不穿秋裤兮不复返。

2. 台词版秋裤体：

什么是幸福？就是寒冬来临，我有秋裤穿，而你没有。

3. 广告词版秋裤体：

自从穿了秋裤，腰不酸了，腿不疼了，连上楼都有劲了，现在一条顶过去三条。

创作示例

1. 写下一个基本的定义。

春天来了！

2. 套用秋裤体。

春天来了，爱美也要穿秋裤，否则冻得跳……

李宇春体

出处

李宇春，男女通吃的偶像，每次在电影里以女人的形象出现，都惹得影院观众一阵哄笑，例如《十月围城》和《龙门飞甲》，在《龙门飞甲》里，李宇春的一句“不谈 × ×，只谈 × ×”迅速走红，成为粉丝众多的李宇春体……

案例

1. 杨钰莹：不谈往事，只谈复出。

2. 黄晓明：不谈 Baby，只谈工作。

3.《失恋 33 天》：不谈票房，只谈爱情。

创作示例

1. 写下一个基本的定义。

春天来了！

2. 对春天，谈与不谈之间。

不谈来多久，只谈来不来，

信春天来了，得永生！

下班回家体

出处

据传“下班回家体”来源于一个段子：一晚下班回家，一民警迎面巡逻而来，突然对我大喊：站住！然后问：OSI 有几层？我答：7 层。民警答：你可以走了。我感到很诧异，就问：为什么问这样的问题？民警答：深夜还在街上走，寒酸辛苦的样子，不是小偷就是搞网络的。

该段子用诙谐幽默的方式吐槽那些深夜回家的程序员很悲催。这让在各行各业奋斗，每天也很晚回家的网友们深有感触，于是网友纷纷自发将这一段子进行改编，把段子中的问答替换成其他行业的问题，创作出了“设计师”“摄影师”“毕业生”“中国球迷”“夜班编辑”等各种版本。

案例

1. 一晚下班回家，一民警迎面巡逻而来，突然对我大喊：站住！然后问：B 股市场分析周报属于优典资讯免费定制单哪一类？我答：产品研究类。民警答：你可以走了。我感到很诧异，就问：为什么问这样的问题？民警答：深夜还在街上走，辛苦又寒酸的样子，不是小偷就是年终指标还没完成的证券从业人员。

2. 凌晨出门买夜宵，一民警迎面巡逻而来，突然对我大喊：站住！然后问：为什么有的公司 12 月份不开年会！我答：因为他们在海外上市，跟着老外在 4 月份过财年。民警答：你可以走了。我感到很诧异，就问：为什么问这样的问题？民警答：深夜还在街上走，寒酸辛苦的样子，不是小偷就是加班赶决算的财务出来买夜宵。

3. 一晚下晚自习回家，一民警迎面巡逻而来，突然对我大喊：站住！然后问：说出今年考研政治的三个热点！我答：小悦悦之道德建设、七一讲话、天宫神八完美对接。民警答：你可以走了。我感到很诧异，就问：为什么问这样的问题？民警答：深夜还在街上走，辛苦又寒酸的样子，不是小偷就是苦命的考研娃。

创作示例

1. 写下一个基本的定义。

春天来了！

2. 套用模板。

某晚下班回家，一民警迎面巡逻而来，突然对我大喊：站住！然后问：____？我答：____。民警答：你可以走了。我感到很诧异，就问：为什么问这样的问题？民警答：深夜还在街上走，辛苦又寒酸的样子，不是小偷就是____。

广告人版：

某晚下班回家，一民警迎面巡逻而来，突然对我大喊：站住！然后问：龙湖的 slogan 是什么？我答：春天来了！民警答：你可以走了。我感到很诧异，就问：为什么问这样的问题？民警答：深夜还在街上走，辛苦又寒酸的样子，不是小偷就是做广告的！

元芳体

出处 来源于电视剧《神探狄仁杰》。狄公断案时经常会征求李元芳的意见，利用两人的对话推动剧情，引出狄仁杰对案情的分析。

这一惯有的片段被网友吐槽。“元芳，你怎么看？”简直成了狄大人的口头禅，而李元芳的回答也很固定化：“大人，此事定有蹊跷”“此事背后定然隐藏着一个天大的秘密”。这种问答一时引发了连锁反应。

案例

仁杰：元芳，针对板桥新城即将出让的四期地块之事，你怎么看？

元芳：大人，据探该地块地处新城核心区域，拥山环水，可谓区域优势凸显。周边与全国知名大盘毗邻，商业配套、基础配套设施齐全，可谓应有尽有。

仁杰：你我所见略同，我也认为近期该地块出让定能有所斩获。

元芳：大人真乃神人也！

创作示例

1. 写下一个基本的定义。

春天来了！

2. 前面叙述一件事，后面加上一句“元芳，你怎么看”。

仁杰：就最近气温连续升、柳絮满天飘、喷嚏响全城这事，元芳，你怎么看？

元芳：大人，此事定有蹊跷，背后定然隐藏着一个天大的秘密！

仁杰：你我所见略同。我日间推演、夜观天象得出，这大概是春天来了。

元芳：大人真乃神人也！

生活体

出处 2012 年 1 月，一网友发布微博："看报道说，梁朝伟有时闲着闷了，会临时中午去机场，随便赶上哪班就搭上哪班飞机，比如飞到伦敦，独自蹲在广场上喂一下午鸽子，不发一语，当晚再飞回香港，当没事发生过，突然觉得这才叫生活。"这条微博迅速引起网友围观，于是发起"生活体"造句，被称为"生活体"的文体爆红网络。

案例

看报道说，马云有时闲着闷了，会临时中午去逛天猫，随便赶拍点什么东西，比如增高鞋，独自拍一下午不付款，不发一语，当晚再取消订单，当没事发生过，突然觉得这才叫生活！

创作示例

1. 写下一个基本的定义。

   春天来了！

2. 套用模板。

   ____有时闲着闷了，会临时中午去____，随便赶____，比如____，独自____，不发一语，当晚再____，当没事发生过，突然觉得这才叫生活！

   看报道说，沙尘暴有时闲着闷了，会临时中午去北京，随便赶去朝阳区卷走点什么东西，比如大裤衩，独自徘徊在三环四环五环，不发一语，当晚再跑回内蒙古，当没事发生过，突然觉得这才叫春天！

张太体

出处 2013 年 8 月 20 日,《南方都市报》广州版 A16 版刊登整版广告，内容为署名“张太”的女子向“前任张太”喊话:

前任张太:

你放手吧!

输赢已定。

好男人，只属于懂得

搞好自己的女人!

祝你早日醒悟,

搞好自己。

愿，天下无三。

张太

该广告一出旋即引发舆论热议，“张太”一词更成为微博热搜词。不少网友称，这是小三成功上位后公然向前正室喊话，但也有网友称这是某化妆品的系列广告。

案例

张太：

你以为只有你会玩 App！

我和张先生玩 QQ 农场的时候，

你还在穿开裆裤！

看你能跟他好多久！

愿，天下无二！

前任张太

创作示例

1. 写下一个基本的定义。

春天来了！

2. 套用模板。

前任 × ×：

你放手吧！

输赢已定。

× × ×，只属于懂得

× × × 的 × × × ！

祝你 × × ×，

搞好自己。

愿，× × ×

× × ×

前任冬天：

你放手吧！

输赢已定。

好天气，只属于懂得

温暖的季节！

祝你早日融化，

搞好自己。

愿，天下无四季！

春天

德纲体

出处 郭德纲在微博中一段怒斥某网站的犀利留言被网友热捧，被誉为“德纲体”，并迅速引发网友仿效热潮。

你编出花来，我也不在你那里开微博。你骂出血来，我也不在你那里开微博。你喊出人皇来，我也不在你那里开微博。你学出龙叫唤来，我也不在你那里开微博。随你叫骂，我不生气。把脾气拿出来叫本能，把脾气压回去叫本事。今天是2012年2月2日，在这个“2”的日子里，我养的狗结婚，要娶企鹅。你说还有王法吗？

案例

你编出花来，我也不买你房子。你骂出血来，我也不买你房子。你喊出人皇来，我也不买你房子。你学出狗叫唤来，我也不买你房子。随你叫骂，我不生气。把房价抬上去叫炒楼，把房价降下去叫炒作。今天是 2012 年 2 月 2 日，在这个“2”的日子里，我养的狗结婚，却没房子。你说还有王法吗？

创作示例

1. 写下一个基本的定义。

春天来了！

2. 套用模板。

你编出花来，我也不____。你骂出血来，我也不____。你喊出人皇来，我也不____。你学出龙叫唤来，我也不____。×××叫____，×××叫____。×××，你说还有王法吗？

你编出花来，我也不觉得春天来了。你骂出血来，我也不觉得春天来了。你喊出人皇来，我也不觉得春天来了。你学出龙叫唤来，我也不觉得春天来了……今天在这个“2”的日子里，我养的狗结婚，要娶企鹅，我才知道春天真的来了。

校内体

出处 所谓校内体，就是原来的人人网常用的几种标题形式。虽然只是标题，却总有一种说不出的想撞墙的感觉。如：

每个 ××× 上辈子都是折翼的天使。

遇到 ××× 的人，就嫁了吧。

××× 之前一定要做的 25 件事。

××× 之前不知道，××× 之后才知道的秘密（一个 ××× 多年研究的结果），为了你喜欢的 ×××，请转发 ×××。

案例

听说手凉的女孩上辈子都是折翼的天使。

创作示例

1. 写下一个基本的定义。

春天来了！

2. 套用句式。

（1）每个提前来的春天，上辈子都是折翼的天使。

（2）春天来之前一定要做的25件事。

（3）夏天来之前，冬天走之后才知道的秘密（国家气象台多年研究的结果），为了你爱的人请转发。

王菲体

出处 王菲体，又称“内什么体”，源自王菲的一条微博。

婚是我要离的，没有第三者，没有婆媳不和，不牵扯财务问题，不是悲情狗血剧，和平分手，换一种方式相处。对孩子来说，我们仍然是一家人，谢谢 @ 一号立井用爱和理智包容这一切，感恩 p.s 支持 @ 嫣然天使基金不会停。内什么，不会出家。

案例

小龙女是我要演的，真的长这样，谁要潜规则，不牵扯天热的问题。不是雷人狗血剧，新的时代新的诠释。对金庸迷而言，我会努力给大家新的想象。谢谢 @ 陈晓 @ 于正 1978 甄志丙、尹志平用爱和理智包容这一切，感恩 p.s 下次请摄影大哥手下留情。内什么，不会放弃。

创作示例

1. 写下一个基本的定义。

春天来了！

2. 套用模板。

是我 ×××，没有 ×××，没有 ×××，不 ×××，不 ×××，谢谢 ×××，感恩 p.s 支持 ×××，不会停。内什么，不会 ×××。

地球是我要来的，没有太阳引力，不牵扯公转自转，不是环境恶化狗血剧，披荆斩棘而来，换一种温度试试，对沙尘暴而言，我们也是一家人。谢谢 @ 冬天 @ 夏天 @ 秋天另外三个季节，用爱和理智包容一切，感恩 p.s 支持 @ 中国气象台。内什么，不会消停。

2013版结婚誓词体

出处

牧师："你愿意娶这个女人吗？爱她、忠诚于她，无论她贫困或者富有，健康或者疾病，直至死亡。即使你们因为买卖二手房而暂时离婚，再和别人结婚，再复婚也不离不弃、忠贞不贰，就像从来没有分开过，你愿意吗？"新郎："我愿意。"

案例

神父在教堂问，你愿意做她的小火车，永远不出轨吗？我愿意。

你愿意做他的美人鱼，永远不劈腿吗？我愿意。

现在，请新郎新娘交换QQ、贴吧、微信、微博密码，你愿意吗？我愿意。

创作示例

1. 写下一个基本的定义。

春天来了！

2. 套用模板。

“你愿意____吗？无论____或者____，即使你们因为____，也不离不弃、忠贞不贰，就像____，你愿意吗？”“我愿意。”

“你愿意和春天在一起吗？爱她、忠诚于她，无论鼻子过敏、皮肤过敏，或者疾病。即使沙尘暴来袭、重度雾霾甚至空气坏到几百倍于$PM_{2.5}$，直至死亡，也不离不弃、忠贞不贰，就像从来没呼吸过，你愿意吗？”“我愿意。”

孩子体

出处　起源于 ID“八月是恨”的八卦帖子《请你们放过小四好吗？他不过是个孩子》，之后迅速流行。

案例　日复一日的折腾，你们有没有想过他的感受，满足了自己无聊的空虚，却伤害了别人。

你们不喜欢他就请忘了他。

他还只是个孩子，你们可曾想过这些会给他带来什么。

请你们放过小四好吗？

请你们放过小四好吗？

为了自己的私欲，这样不好。

网上不是泄愤的地方。

不要因为自己的语言污染了别人。

谢谢。谢谢。

谢谢。谢谢。

创作示例

1. 写下一个基本的定义。

春天来了！

2. 精髓：某某只是个孩子

日复一日的加班，你们有没有想过他的感受，满足了自己无知的要求，却伤害了别人。

你们不喜欢他就请终止合作。

他还只是个孩子，你们可曾想过这么多工单会给他带来什么。

请你们放过春天好吗？

请你们放过春天好吗？

为了你们自己的营销目标，这样不人道。

改稿不是泄愤的方法。

不要因为自己的观念坑害了别人。

谢谢。谢谢。

谢谢。谢谢。

红楼体

出处 北京电视台为重拍《红楼梦》举办了《红楼梦中人》的选秀节目，其中选手闵春晓的博文风格令读者捧腹，在网上迅速兴起一股模仿之风，“红楼体”自此而来。

案例

1. 直到有一天，当我回到寝室，发现录音机里我最爱的《红楼梦》磁带被人洗去了几段……伤心惶惑间，一个要好些的女孩儿悄悄告诉我：“人家这会子都听李玟、张惠妹，独你这样不入流，总听这些悲悲切切的音乐……扰了大家的兴致……往后还是改了吧，到底还是合群些的好……”

2. 姐妹们好兴致，我不过去了一会子，这楼就盖这么高了，还开坛做起诗来了！我也不懂什么湿咧干的，勉强胡诌了一首。到底是不好，只是我原也没什么诗才，在诗社里，给姐妹们磨个墨点个香倒还使得。因此胡乱对付了几句，不过大家一起乐和乐和，笑一会子罢了。

创作示例

1. 写下一个基本的定义。

春天来了！

2. 大量出现“这会子”“那些人儿”此类今时今日读来不伦不类的语句。

岁月不饶人得很，我不过加了一会子班，春天就来了！加班开夜车倒还使得，独郊游这种行为甚是不入流，紫外线过敏就万万使不得，到底在办公室合群些的好……

脑残体

出处

脑残体又称为“火星文”。这个概念很难定义，虽然它活跃于网络上，但很难说这是一种网络语言，因为脑残体与自创词汇无关，仅仅是对汉字的一种扭曲的书写形式。它一般表现为在一个词或一句话甚至一段话的文字中，大量使用字形与原文部分相似的别字的行为。这些别字的来源五花八门，大多出自繁体汉字、日文汉字和生僻字（所谓的怪字、乱码字），另外也有部分简体汉字，甚至还有日文假名、汉语拼音字母等，有时还夹杂一大堆杂乱的符号。

案例

1. 莓天想埝祢已宬僪1.种滔惯。（每天想念你已成为一种习惯。）

2. 偶（我）、稀饭（喜欢）、酱紫（这样子）、美眉（妹妹）、表（不要）、虾米（什么）

创作示例

1. 写下一个基本的定义。

春天来了！

2. 卖萌、发嗲，说话时将身体各部位充分协调并左右摇晃。

萶天来了，偶好好稀饭哦！（春天来了，我好喜欢哦！）

私奔体

出处

2011 年 5 月 16 日深夜，鼎晖创业投资合伙人王功权突然发表了一条微博："各位亲友，各位同事，我放弃一切，和王琴私奔了。感谢大家多年的关怀以及帮助，祝大家幸福！没法面对大家的期盼和信任，也没法和大家解释，也不好意思，故不告而别。叩请宽恕！功权鞠躬。"

这条微博被快速传播，一小时内转发近 5000 次，评论近 3000 条。国内各大网站、论坛社区等也开始热议此话题。

案例

各位朋友，各位市民，我放弃一切，和小怪兽私奔了。感谢 M78 星云多年的支持和帮助，祝地球平安！没法面对家族的期盼和信任，也没法和弟弟妹妹们解释，也不好意思，故不告而别。叩请宽恕！奥特曼鞠躬。

创作示例

1. 写下一个基本的定义。

   春天来了！

2. 套用句式：我放弃一切……

   各位亲友，各位同事，我放弃一切，和春天私奔了。感谢大家多年的关怀以及帮助，祝大家幸福！没法面对大家的期盼和信任，也没法和大家解释，也不好意思，故不告而别。叩请宽恕！ ××鞠躬。

甄嬛体

出处

随着电视剧《后宫·甄嬛传》的热播，剧中的台词也因其古色古香、包含古诗风韵而被广大网友效仿，并被称为“甄嬛体”。不少观众张口便是“本宫”，描述事物也喜用“极好”“真真”等词，很快“甄嬛体”便红遍网络。

案例

不想上班版：

今儿倍感乏力，恐是昨夜梦魇，扰了心神。加上五一度假后，玩了真人CS，不想身子越发疲累，连续休息两天也未能恢复。今儿个早上看错了时间，半路上方才明白，当真是春困至极。若能睡个回笼觉，那必是极好的！春困甚为难得，岂能辜负？

说人话：今天真的不想上班！

创作示例

1. 写下一个基本的定义。

春天来了！

2. 言必称“本宫”；描述事物用双字：方才、想来、极好、罢了；短语、短句：若是……想必是极好的，但……倒也不负……

本宫最近偶感不适，想必是春天来了。若是春光明媚也罢了，昨儿一场大雨过后甚感凄凉，倒也对本宫心性影响不大，孤单恐是本源，有个男朋友才真真是极好的。

海底捞体

出处

“海底捞体”指的是海底捞火锅连锁企业曾在微博上盛行的网络营销文案，其基本模板是：某天我在海底捞吃火锅，席间我无意说了一句……（包括但不限于愿望、情绪、抱怨、看法），在我结账时……（愿望成真，安抚情绪，例如送亲制玉米饼、送贺卡文字祝福、送礼物、免单等）

案例

在海底捞吃火锅，剩两片羊肉，喊服务员：请帮我打包吧。服务员微微一笑：抱歉先生，不能打包，涮过的羊肉打包会不新鲜。我虽愕然但表同意。起身到门口，类似电影的一幕发生了，海底捞的服务员牵着一头羊等在我面前：先生，涮过的羊肉不能带走，但这只羊您可以带走。

创作示例

1. 写下一个基本的定义。

春天来了！

2. 再代入在海底捞吃饭的情景并加以抱怨，随后立刻实现。

在海底捞吃火锅，席间与朋友聊天，批评最近郊外风景萧条，摄影太没有料了，还是春暖花开的时候拍片比较好。吃完火锅，刚走出大门，只见店门口方圆 20 米全部摆满鲜花绿植，一派春色烂漫，一位服务员手捧佳能 300D 笑脸迎上：“春天来了。”

非诚勿扰体

出处　非诚勿扰体，源于江苏卫视《非诚勿扰》节目结尾的诗《见与不见》，全文如下。

你见，或者不见我
我就在那里
不悲不喜
你念，或者不念我
情就在那里
不来不去
你爱，或者不爱我
爱就在那里
不增不减

你跟，或者不跟我
我的手就在你手里
不舍不弃
来我的怀里
或者让我住进你的心里
默然相爱
寂静欢喜

因电视节目的广泛影响，此类文体被广大网友模仿、创造，并很快流行。

创作示例

1. 写下一个基本的定义。

春天来了！

2. 再将此基本定义套入诗歌。

春天来，或者不来，时间总在那里，不缓不急；
春天走，或者不走，爱情总在那里，不舍也弃；
春天美，或者不美，女神总不理你，不来只去；
来春天的怀里，或者让阳光住进你心里，
走过，忘记。
奋斗，努力。

赵本山体

出处　2011 年 11 月，一句古典诗词，配一句赵本山的小品名句的文体被网友疯狂转发，被称为“赵本山体”。

案例

人生得意须尽欢，过了山海关都是赵本山。

问君能有几多愁，树上骑个猴，地下一个猴。

众里寻他千百度，没病你就走两步。

天苍苍，野茫茫，我十分想见赵忠祥。

红酥手，黄藤酒，大爷，这个真没有。

书中自有黄金屋，不是大款就是伙夫。

创作示例

1. 写下一个基本的定义。

   春天来了！

2. 再将此基本定义套入诗歌。

   芳树无人花自落，春天来了不寂寞。

高铁体

出处

“7 · 23”温甬线特别重大铁路交通事故发生后，铁道部新闻发言人王勇平面对记者的质疑连出妙语，如“× × × 是奇迹”“至于你们信不信，我反正信了！”这样的句式很快成为网络流行语，也就是“高铁体”，网友们纷纷以此造句。

案例

1. 中国足协说：中国足球能进 2022 年世界杯，至于你信不信，我反正信了！

2. 北京今天没堵车，这是一个奇迹，但它就是发生了。至于你信不信，我反正信了。

3. 味千拉面拿浓缩液兑汤是因为肉价上涨买不起骨头！至于你们信不信，我反正信了。

创作示例

1. 写下一个基本的定义。

   春天来了！

2. 先夸张地说一句话，即使毫无根据，最后也加上一句“至于你们信不信，我反正信了”。

   小胖说春天来了，我就开始减肥了，至于你们信不信，我反正信了。

暴打分手体

出处

2012 年 4 月，一个北京航空航天大学的学生在微博上吐槽自己所学专业领域里的常识性知识不被他人了解，从而“发明”了一种新的网络文体“暴打分手体”。

北航男——事情是这样的：今天，她来我学校玩，我带她参观停在球场边上的客机。她问我：“为什么那个机翼是斜的不是直的呢？”我……就算是白痴也该知道后掠翼能有效地提高临界马赫数，可以延缓激波的产生，避免过早出现波阻，尽管最大升力系数下降，但是能够降低波阻。

在进行如此的吐槽后，发帖人以一句“于是我把她暴打了一顿跟她分手了”调侃收尾。

案例

@沈小谧：今天他来琴房找我玩，我弹巴赫给他听。他问我："你钢琴几级啦？我妹妹都过8级了呢！"我……就算白痴都知道那是业余考试的定级，对专业学生来说就算定级那也一定是10级以上，肯定比他妹强呢……于是我把他暴打了一顿跟他分手了！

创作示例

1. 写下一个基本的定义。

春天来了！

2. 先根据固定句式套词，制造问者对基本常识的误解，再用专业知识上的语言进行解释。

昨天她来到我工作的地理研究所玩，我正摆弄地球仪。她跟我说：春天来了真好，所有的人都能够享受到春风和细雨了。啊啊啊啊，是所有人吗，你不知道北半球的春天为公历三、四、五月，而南半球却是在九月开始，十一月结束？我们在春季的时候，南半球是秋季……于是我把她暴打了一顿跟她分手了！

怨妇体

出处

“怨妇体”其实源于“糗事百科”上的一则“糗事”：我一个同学的准嫂子考上了研究生。某日，走在校园里，听到一对情侣吵架。女：你骗我！男：我没有骗你！女：你就是在骗我，你根本就不是真心想跟我在一起。男：你听我说……女：别以为我不知道，你跟我在一起就是为了盗用我的实验数据！

案例

1. 女大学生版：实验楼门口，看到一女学生打电话，边哭边骂：你是个大骗子，你根本一点都不爱我！然后又听到撕心裂肺的一句：你和我在一起，就是为了让我给你抄实验数据！

2. 男大学生版：软件学院门口，看到一男生打电话，边哭边骂：你这个骗子，你根本一点都不爱我！然后又听到撕心裂肺的一句：你和我在一起，就是为了让我给你修电脑！

创作示例

1. 写下一个基本的定义。

春天来了！

2. 运用对话形式。

麦当劳，一女生在哭泣。女：你骗我，你根本就不爱我！男：我没有骗你，我很爱你！女：你就是在骗我，春天来了，你就老看别的女生，嫌弃我身材不好吗？男：你听我说……女：别以为我不知道，你跟我在一起就是为了让我做你的保姆！”

开房体

出处

开房体又称情人节开房体，是 2012 年情人节时在网络流行的一种文体，来源于一段“开房斗地主”的微博，句式为“A 和 B 去开房，不谈 ××，只玩斗地主，要多 ×× 有多 ××”。

案例

1. 有粉丝称，情人节，“淳米”和杜淳去开房，不签名合影，只玩斗地主，要多崇拜有多崇拜！

2. 有微博控称，潘石屹和任志强去开房，不谈房价，只玩斗地主，要多阔气有多阔气！

3. 电视控称，唐僧带着三个徒弟去开房，不打妖怪了，只玩斗地主，要多虔诚有多虔诚！

创作示例

1. 写下一个基本的定义。

春天来了！

2. 寻找一种群体，根据句式进行改编。

电影控称，春天来了，冯小刚和张艺谋去开房，不谈论影视，只玩斗地主，要多欢乐有多欢乐！

面试体

出处

2012 年 11 月 17 日中午，网友刘瑶的一条关于面试的微博，一经发表，就有 5 万多条转发，惹来网友吐槽围观，展开了有关面试、求职的讨论，并模仿造句，由此产生“面试体”。微博原文：“刚面试了个人，简历很漂亮，北大毕业，MBA。我约在咖啡店，结果俺买单，他丝毫客气都没有，饮料都是我端的，大男人家家的，这般不懂人情世故。注重细节，成就自己。”

创作示例

1. 写下一个基本的定义。

春天来了！

2. 套用基本句式。

刚面试了个 ××，×× 很 ××，约在 ××，结果俺 ××，丝毫客气都没有，×× 都是我 ×× 的。×× 家家的，这般不懂人情世故。注重细节，成就自己。

刚面试了个春天，来了，春天很美丽，约在咖啡店，丝毫客气都没有，冰激凌都是我买单的。小女孩家家的，这般不懂得吃人家的嘴软。注重细节，成就自己。

选择体

出处

选择体是什么呢？三个对比加排比的句式，最后加一句总结，就构成了曾经被热捧的选择体。自选择体出现之后，各类以明星、名人为调侃对象的选择体话题迅速蔓延，成为不少网友及名人粉丝的抒情载体。

案例

1. 有人选择扮忧郁，他选择真诚率性。有人在伦敦喂鸽子，他选择走路去西藏。有人选择定式的商业微笑，他选择让眉毛都有表情。不同的选择决定不同的路，他是——陈坤。

2. 有人选择拿上录取通知书去厦大深造，她选择放弃这样的机会。有人选择在事业的巅峰更进一步，她选择淡出歌坛相夫教子。有人选择把挣钱放在首位，她选择把视角停留在天生残疾的孩子身上。不同的选择决定不同的路，她是——王菲。

创作示例

1. 写下一个基本的定义。

春天来了！

2. 套用句式。

有人选择烈日如火激荡青春，它选择和风细雨点亮心情。有人选择雨打芭蕉湿鲛绡，它选择塞上江南半诗半程。有人选择浓荫葳蕤吃夏冰，它选择惊蛰春雷吹又生。它就是——春天来了。

高晓松体

出处

2012 年 3 月，高晓松发微博力挺舒淇，字里行间道尽光鲜背后的辛酸，引发各行业网友讨论。短时间内，各种不同版本的仿写层出不穷，高晓松体于网络迅速走红。这是高晓松继醉驾“晓松体”后，又一次引发的网友造句狂潮。具体内容如下：

我们这个行业，卖身卖艺卖青春，用欢笑泪水，献爱与自由。从未巧取豪夺，鱼肉乡里，干过什么伤天害理之事。演好了，鞠躬拜票谢观众，演砸了，诚惶诚恐不成眠。顶三五载虚浮名，挣七八吊养老钱。终归零落成泥，随风散去。观众总会有新宠，不复念旧人。看在曾带给大家片刻欢娱，能否值回些人间温暖？谢谢！

案例

“高晓松体”之策划师版：

我们这个行业，卖力卖命卖健康，用通宵达旦，献媚与热情。从未多拿一分，坑人拐财，干过什么泯良无耻事。干好了，领薪谢老板，干砸了，受批受罚还受伤。顶十多载虚浮名，挣三五吊养老钱。终归零落成泥，随风散去。老板总会聘新才，不复念老人。看在曾为公司鞠躬尽瘁，能否值回些人间温暖？谢谢！

创作示例

用春天来了造句。

春天来了，在这个季节，卖身卖艺卖青春，用欢笑泪水，献爱与自由。从未巧取豪夺，荼毒生灵，干过什么伤天害理之事。来对了，早除冬装逛花园，来晚了，诚惶诚恐不成眠。顶三五载虚浮名，挣七八吊养老钱。终归零落成泥，随风散去。人们总会有新宠，不复念昨日。看在曾带给大家片刻欢娱，能否值回些人间温暖？谢谢！

聚美体

出处

源自聚美优品 2012 年度的广告，被称为“聚美体”，受到广泛关注与模仿。其句式为：“你只看到 ×××，却没看到 ×××。你有 ××，我有 ××。你可以 ××，但我会 ××……但那又怎样，哪怕 ××，也要 ××。我是 ××，我为自己代言！”

案例

1. 离职版：

你只看到给我加的额度，却没看到我工资的基数。你有你的画饼大法，我有我的不屑一顾。你不承认我的努力，我不信你的承诺。你嘲笑我只看工资，没有理想，我可怜你根本不懂我们的价值。你可以轻视一个人离开的影响，我们一起离去证明这是谁的团队。找工作是注定痛苦的旅程，路上少不了挫败和质疑，但那又怎样，哪怕寸步难行，也要勇敢追寻，我为自己加薪！

2. 杨幂版：

你只看见我的光鲜外表，却没看到我背后的付出与努力。你有你的爱与恶，我有我自己的态度。你否定我的现在，我决定我的未来。你嘲笑我一无是处，我可怜你总是踟蹰。你可以轻视我的年轻，我会证明这是谁的时代。梦想是注定孤独的旅行，荆棘密布，那又怎样，就算遍体鳞伤，也要活得漂亮！我是杨幂，我为自己代言！

创作示例

用春天来了造句。

你只闻到我的香水，却没看到我的汗水。你有你的规则，我有我的选择。你否定我的现在，我决定我的未来。你嘲笑我一无所有，不配去爱，我可怜你总是等待。你可以轻视我们的年轻，我们会证明这是谁的时代。梦想是注定孤独的旅行，路上少不了质疑和嘲笑，但那又怎样？哪怕遍体鳞伤，也要活得漂亮。春天来了，我为自己代言！

花朵体

出处 2013 年 2 月 21 日，上海某电视台在一小学门口采访学生们对于毒校服的看法，当记者将话筒递给一名男同学时，他义愤填膺、一字一顿地说：“作为祖国的花朵，我认为我学习一直上不去，就是因为这个校服的问题！”该学生的回答句式被称为“花朵体”，延伸出“屌丝版”“减肥版”等。该句式也随之走红，大家纷纷效仿造句。其句式为：作为祖国的 ××，我认为我 ×× 一直 ××，就是因为 ×× 的问题。

案例

1. 作为祖国的栋梁，我觉得我的生活质量一直上不去，就是因为这个房子的问题。

2. 作为祖国的未来，我认为我的体重一直下不去，就是因为这个房子的问题。

3. 作为祖国的草根，我觉得我的生活质量一直上不去，就是因为这个房子的问题。

4. 作为祖国的“屌丝”，我觉得我一直辛酸潦倒，就是因为工资赶不上 CPI 的问题。

创作示例

用春天来了造句。

作为祖国的春天，来了一直温度上不去，一定是南半球的问题。

真爱体

出处

演员王珞丹微博晒出自己腿，不过其膝盖处的累累伤痕及“爱过”的文字却引发不小的误会。王珞丹迅速回应说是练舞所致，但是“总觉得这样才算真的爱过”已经成为流行语，网友们纷纷模仿造句。

创作示例

用春天来了造句。

春天来了，总觉得这样才算真的爱过。

眼中体

出处

“眼中体”是2012年2月开始流行的一种网络表达方式。发布者使用图文并茂的形式诙谐地描述自己正在从事的某个职业或角色在父母、朋友、恋人、同行、路人等“眼中”的形象，表达自己对自我真实处境的苦闷，以获得处于相同处境人们的共鸣。

句式：

格式一：当我成为×××之后，在父母眼中……在女（男）友眼中……在路人甲（乙）眼中……在同行眼中……在自己眼中的自己……而实际上我在……

格式二：我就是×××，父母眼中的我……男（女）友眼中的我……路人眼中的我……其他×××（代指同行）眼中的我……朋友眼中的我……我的梦想……现实中的我……

创作示例

用春天来了造句。

当春天来了，父母眼中的春天来了，男（女）友眼中的春天来了，路人眼中的春天来了，其他 ××× 眼中的春天来了，朋友眼中的春天来了，春天来了的梦想是……现实中的春天来了……

王蓉体

出处

Chinglish（中国式英语）歌词曾经激发了无数网友的创作热情，使其在社交网络上快速创作并传播。例如有网友创作："我 hear 完这首 song，我才 know what 叫作 good music""我 find 在这支 MV 里王蓉虽然在 laugh，但这笑并不是发自内 heart 的"。之后仿照王蓉的歌词产生的"王蓉体"在网上迅速传播。

案例

1. 一起 play，一起 two。

2. 我好想 day day 都是 holiday。

创作示例

用春天来了造句。

一起 play，一起 two，春天来了，day day 都是 holiday。

去哪儿体

出处 网上打了一场公关大战，一家旅游网站推出新品牌，并打了广告，结果引发惨烈群殴，各大电商纷纷推出创意海报应战，场面十分壮观！

案例

1. 去哪儿不重要，重要的是去啊！

2. 人生的行动不只是鲁莽的“去啊”，沉着冷静地考虑“去哪儿”，才是成熟的态度！

创作示例

用春天来了造句。

春天来了，去哪儿不重要，重要的是去啊！

张扬体

出处　2014 年 6 月因某游戏特别推出的“秀张扬”活动，“张扬体”走红网络，扩散到了社会的各个层面。

张扬体：我对 × × × 的热爱，无以复加，无人能及，我就是我，张扬无须解释！

案例

我对六一的热爱，无以复加，无人能及，我就是我，张扬无须解释！

创作示例

用春天来了造句。

我对春天来了的热爱，无须解释，无人能及，我就是我，张扬无须解释！

蜈蚣恋爱体

出处

2014 年 3 月 14 日“白色情人节”这天，网友“猫又 moyuu”发了一条微博描述两只蜈蚣的恋爱：“两只蜈蚣谈恋爱了，他们手牵着手……”结果，该无厘头微博引来网友模仿，各种神回复引起爆笑。

案例

两只蜈蚣吃火锅，服务员再帮拿双筷子……

约会结束了，两只蜈蚣挥手拜拜挥手拜拜挥手拜拜挥手拜拜挥手拜拜挥手拜拜挥手拜拜挥手拜拜

挥手拜拜挥手拜拜挥手拜拜挥手拜拜挥手拜拜挥手拜拜挥手拜拜挥手拜拜挥手拜拜挥手拜拜挥手拜拜挥手拜拜挥手拜拜……

蜈蚣结婚了，于是他们交换戒指……

两只蜈蚣回娘家，左手一只鸡，右手一只鸭，左手一只鸡，右手一只鸭，左手一只鸡，右手一只鸭，左手一只鸡，右手一只鸭，左手一只鸡，右手一只鸭，左手一只鸡，右手一只鸭，左手一只鸡，右手一只鸭……

创作示例

用春天来了造句。

春天来了，两只蜈蚣去春游，手牵手……

王思聪体

出处 万达集团董事长王健林之子王思聪，接受杂志专访时说了一句“我交朋友不在乎他有钱没钱，反正都没有我有钱”。如此霸气诚恳又赤裸裸的炫富豪言立刻引爆微博，网友开始在微博上以“我交朋友不在乎________反正都没有我__________”为句式争相模仿造句。

案例

1. 我交朋友不在乎他帅不帅，反正都没我帅。

2. 我交朋友不在乎他胖不胖，反正都没我胖。

创作示例

用春天来了造句。

我不在乎春天来了还是没来，

反正都比夏天早。

舌尖体

出处 舌尖体是随着中央电视台拍摄制作的美食纪录片《舌尖上的中国》在中央电视台的热播而衍生的网络文体。

案例

美食家如是说:“通常在每年的这个时候，我更喜欢味道浓烈、有阳刚之气的马贝克葡萄酒。不过这种口感神秘、味道杂糅的桑娇维塞葡萄酒也很吸引我，这归结于它浓郁的无花果香味，以及最后留于舌尖的散发着一丝李子味的单宁酸的味道——这味道令人心驰神往。”

创作示例

用春天来了造句。

春天来了，通常这个时候，是采摘春季第一茬椿芽的好时节。春日的阳光以最温柔最细嫩的手法，给予鲜嫩的椿芽芬芳，这是来自大自然的馈赠。

山丘体

出处　李宗盛的老歌《山丘》有段时间又火了一把，“越过山丘”后到底会这样，JEEP、宝马、奔驰、大众、路虎、丰田各有各的说法。事情的起因是：2015年，JEEP再度冠名赞助李宗盛演唱会，并配合此活动推出了“每个人心中都有一辆JEEP”的系列海报。

案例

1. 越过山丘，才发现你已跟丢。

2. 越过山丘，才发现你已掉进沟。

3. 翻越山丘，竟发现家人不在左右。

4. 越过山丘，才发现你要大修。

5. 越遍山丘雪峰，才发现你只会忽悠。

创作示例

用春天来了造句。

越过山丘，才发现春天来了！

峰怡恋体

出处 汪峰求婚章子怡，众汽车商家纷纷将此事作为炒作的噱头，“峰怡恋体”由此产生。

案例

1. 大众的“你敢不敢放下一切跟我走”及“羊羊得怡”系列广告。

2. 北汽新能源也在第一时间发布了“越过山丘，E为峰之好逑”及“老了，我还能照顾你”的广告。

创作示例

用春天来了造句。

春天来了！你敢不敢放下一切跟我走？

鱼塘体

出处

源自电视剧《杉杉来了》中由张翰饰演的腹黑傲娇总裁封腾怀抱由赵丽颖饰演的杉杉时，说出的一句台词：“我要让全世界知道，这个鱼塘被你承包了。”此句式是流行于网络的一种霸道宣示主权的恶搞话语，也是霸道总裁邪魅土豪们找女朋友的必备句式，霸气语句下显示的是他们雄厚的财力和对心上人独家占有的宠溺。

案例

1. 你智商这么着急你父母知道吗，我要让全世界都知道，全国的低智商都被你承包了。

2. 我要让全世界都知道，中国偶像剧的高富帅都被何润东和张翰承包了。

3. 德国 7:1 大胜巴西，德国抱着巴西说，我要让全世界都知道，你这磨人的小妖精被我承包了。

4. 克鲁尔将球门守得固若金汤，他说："我要让全世界都知道，这个球门被我承包了。"

创作示例

用春天来了造句。

春天来了，冬天抱着春天说，你这个磨人的小妖精，我要让全世界都知道，这时段被你承包了。

觉醒体

出处

“觉醒”这个经常出现在游戏中的词语，曾在网络上成为凡人逆袭的代名词。由成都好玩一二三科技有限公司打造的《万万没想到》同名手机游戏《万万没想到大锤的觉醒》，在获得万合天宜正式授权后，发布了一系列由原迷你喜剧主创拍摄的“觉醒”海报，因内容虚实结合，口号励志引发网友造句大潮。其句式为：我，×××，为你而觉醒！你！只有你！看到我的迷茫，才会懂得我的执着，看到我的懦弱，才会懂得我的蛰伏！

案例

1. 我，王大锤，为你而觉醒！你！只有你！看到我的迷茫，才会懂得我的执着，看到我的懦弱，才会懂得我的蛰伏。

2. 我，陈赫，为 loser 而觉醒！你！只有你！看到我的作为，才会懂得我的幼稚，看到我的新欢，才会懂得我的人品！

创作示例

用春天来了造句。

春天来了！为你而觉醒！你！只有你！懂得我冬天的焦虑，才会懂得我对你的热爱，懂得我不抗冻，才会懂得我对你的执着。

隆诗体

出处 2015 年 1 月 20 日上午 11 点 52 分，吴奇隆通过微博发布婚讯“珍惜，幸福”并附上结婚证书和一对婚戒。时隔一分钟，刘诗诗转发微博，并留言“我们很幸福”。言简意赅，浓浓爱意。“隆诗体”还引发各大品牌在微博上向当事人表达“隆情诗意”。

案例

搞笑版：#吴奇隆刘诗诗结婚#“唉，你听说没，吴奇隆跟刘诗诗结婚了，四爷和若曦终于修成正果了！”“听说了吗，吴奇隆娶刘若曦了！”“hey，大新闻！演四爷的那个吴奇隆跟刘若英结婚了！”“我真不敢相信啊，奶茶居然嫁给四爷了！”“你还不知道吧？奶茶跟刘强东分手，嫁给郭敬明了！”

创作示例

用春天来了造句。

春天来了！你不来我的世界，我就到你的世界去找你。珍惜，幸福！

鞭炮体

出处

放鞭炮是过年的一项传统习俗，曾经，一张名为《你愿帮老人实现愿望吗？》的图片在朋友圈刷屏，照片中，一对身着环卫服的老夫妇，手中举着一张心愿卡，写道：年轻人，少放点鞭炮，让我老伴早回家。许多网友在微信、微博等社交平台转发该图片，并表示今年过年坚决不燃放烟花爆竹。

创作示例

用春天来了造句。

年轻人，春天来了，少放点鞭炮，污染环境。

回家过年体

出处　由鞭炮体发展而来的，句式引发全民模仿。

案例

1. 我是餐厅服务员，过年期间，少下点馆子，也让我早点回家过年，谢谢体谅！

2. 我是春节，这么麻烦，不如把我取消吧，我也想静静！谢谢体谅！

证明体

出处

2015 年 5 月 6 日的国务院常务会议上，讨论确定进一步简政放权、取消非行政许可审批类别时，李克强总理一连讲了三个故事，痛斥某些政府办事机构。他费解地发问：老百姓办个事儿怎么就这么难？政府给老百姓办事为什么要设这么多道“障碍”?

“我看到有家媒体报道，一个公民要出国旅游，需要填写紧急联系人，他写了他母亲的名字，结果有关部门要求他提供材料，证明‘你妈是你妈’！”总理话音刚落，会场上顿时笑声一片。

“这怎么证明呢？简直是天大的笑话！”李克强说，“这些办事机构到底是出于对老百姓负责的态度，还是在故意给老百姓设置障碍？”

创作示例

用春天来了造句。

春天来了，你妈是你妈；春天走了，你妈依然是你妈！

请向我道歉体

出处

2015 年 7 月 19 日，中道协权益保护委员会主任孟崇然道长就电影《道士下山》肆意丑化道教向陈凯歌导演提出严正的谴责和声明。因为有“贾玲恶搞花木兰，花木兰文化研究中心要求其道歉”的预热，网友情不自禁地玩起了“道歉大赛”。

这场脑洞大开的博弈由冯小刚领衔：“妖协要求《捉妖记》道歉”。紧随其后的网友各显神通。整齐划一的句式，严肃恳切的言辞，让这些道歉要求看起来的确煞有其事，却无一不透露着网友的调侃与讽刺，蕴含着大家对文艺作品创作底线的考问。

创作示例

用春天来了造句。

春天过后，国家烹饪协会要求《煎饼侠》道歉。

春天过后，空协要求《大圣归来》道歉。

……

不将就体

出处

“不将就体”的出现要追溯到《何以笙箫默》的热播，主人公何以琛的一句“如果世界上曾经有那个人出现过，那么其他人都会变成将就，我不愿意将就”让无数读者应声而倒。“不将就”的世界观，非你不可的执念，让大家直呼甜到爆炸，也在感同身受的同时如火如荼地展开了造句大赛。

网友版“不将就体”以文艺而忧郁的口吻道出了每一个鲜活的自我，也用深沉诙谐的笔法记录着日常的点滴。我们更是从中发掘了无数精致生活、提纯情感、不愿将就的“何以琛”。

案例

1. 在买烤红薯时，最大的那个被边上一个人拿走了，卖红薯的大妈安慰我：“这个烤得也很好哦，你要这个吧。”我：“我不愿意将就！”

2. 贝克汉姆有了七公主之后，所有的儿子都变成了将就。

创作示例

用春天来了造句。

春天来了，如果世界上曾经有煎饼卷大葱出现过，那么其他美食都会变成将就，我不愿意将就。

左耳体

出处

2015 年 1 月 25 日，苏有朋在微博曝光了电影《左耳》中女主角李珥的一段台词：“上帝做证，我是一个好姑娘。我成绩优秀、助人为乐、吃苦耐劳、尊敬长辈。遗憾的是……”这条微博引爆全民创作左耳体的风潮。电影《左耳》中的各位主演也纷纷开启仿句练习模式。

“左耳体”的出现与走红实现了娱乐明星与社会大众的优质互动。在这场全民参与的创作大赛中，我们书写自我、展现自我，也娱乐自我，并潜移默化地为《左耳》的票房蓄力，也让我们以新形式缅怀青春。

案例

1. 张漾版："春天来了，上帝做证，我是个好张漾。我敬爱导演，疼惜编剧，跳上冰箱，面颜冷漠。遗憾的是，你们都说我逗比。"

2. 许弋版："春天来了，上帝做证，我是个好许弋。我学习不错，长得也行，虽然高冷，也有人迷。遗憾的是，不更博总被你们嫌弃。"

良辰体

出处

2015 年 9 月 23 日，叶良辰因与一名大学女生宿舍舍长张静静的 QQ 聊天被截图发到地下城与勇士吧，而成为网络红人，具体情况是：北京一个大学的女生宿舍为了排值日表，引起矛盾，宿舍里一个女生不愿打扫卫生，招来男友找舍长理论，没想到男友叶良辰还是有个来头的，口出狂言要让舍长日子过得不舒服，自称是叶良辰，放狠话吓唬舍长，还表示不喜欢让人废话，你若觉得自己有实力和我玩，我叶良辰奉陪到底，从来不说空话，别让我到你们那破学校去找你，我是本地的，我有一百种方法让你待不下去，而你，却无可奈何。

叶良辰语录：

1. 人要明事物。
2. 良辰必有重谢。
3. 不介意陪你玩玩。
4. 良辰不喜欢和人说废话。

5. 所以，良辰望你三思而后行。

6. 所以谁对谁错，一看就看出来了。

7. 你只要记住，我叫叶良辰。

8. 那良辰多谢了，有时间，必有重谢。

9. 我会让你明白，良辰从不说空话。

10. 我是本地人，我有一百种方法让你待不下去，而你，却无可奈何。

11. 你可以继续我行我素，不过，你的日子不会再舒心。

12. 你若是感觉你有实力和我玩，良辰不介意奉陪到底。

13. 若是相反，良辰最喜欢对那些自认为能力出众的人出手。

14. 兄台，别逼我动用在北京的势力，我本不想掀起一场腥风血雨。

创作示例

1. 写下一个基本的定义。

春天来了！

2. 套用格式。

格式：

我不喜欢说废话，你若觉得有实力和我玩，我 ×× 奉陪到底。

我会让你明白，我从不说空话。

我是 ××，我有一百种方式让你待不下去。

你只要记住，我叫叶良辰。

我不喜欢说废话，你若觉得有实力和我玩，我春天奉陪到底。

我会让你明白，这波春天我很强。

春天来了，我有一百种方式让你待不下去。

你只要记住，我叫春天。

翻船体

出处

“友谊的小船说翻就翻，爱情的巨轮说沉就沉”这句话其实很早就有了，2014 年、2015 年，微信、微博、豆瓣就流传过，具体出处很难考证，但真正走红网络是在 2016 年，起因是漫画作者喃东尼创作的关于这个梗的套图。其寓意是：友谊经不起考验，说变就变。委婉地说就是：我要跟你绝交。这是怎样的体验？喃东尼把翻船的过程画了出来……

案例

乘坐友谊之船的两个好朋友

A：听说 × × 楼盘没房可买了。
B：他们又推新房源了，你不造？
友谊的小船说翻就翻！

A：听说他们没有大户型房源。
B：新推出的 75 155 m²房源都有啊。
友谊的小船说翻就翻！

A：听说他们学区房、公园大盘一般很贵。
B：没有啊，我刚买的，不贵、很划算。
友谊的小船说翻就翻！

A：真的吗？快带我去。
B：……新房源昨天就抢光了。
友谊的小船说翻就翻！

创作示例

1. 写下一个基本的定义。

春天来了！

2. 先说和朋友之间的情景对话，最后补充一句“友谊的小船说翻就翻”。

乘坐友谊之船的两个好朋友
A：科比退役了，伤心。
B：没有他，欧洲杯的春天来了。
友谊的小船说翻就翻！

A：中午一起吃饭吧？
B：中午不行，春天来了。
友谊的小船说翻就翻！

A：那周末一起吃吧？
B：周末也不行，春天还没走。
友谊的小船说翻就翻！

二　网络流行句

海燕哪，你可长点心吧

出处 源自赵本山在辽宁卫视春晚上的小品《相亲》中的一句台词："在苍茫的大海上，狂风卷集着乌云，在乌云和大海之间，海燕哪，你可长点心吧"，之后引发网友创造风潮。

案例

为人进出的门紧锁着，为狗爬出的洞敞开着，一个声音高喊着——海燕哪，你可长点心吧！

创作示例

1. 写下一个基本的定义。

春天来了！

2. 套用句式“海燕哪，你可长点心吧”。

盼望着，盼望着，东风来了，春天的脚步近了。一切都像刚睡醒的样子，欣欣然张开了眼……牛背上牧童的短笛，这时候也成天嘹亮地喊着：海燕哪，你可长点心吧！

我爸是李刚

出处 2010 年的流行语里，必不可少的一定有那句“我爸是李刚”。于是，“我爸是李刚”接替了“骗你是小狗”，成为唐诗三百首的百搭句式。

案例

1. 假如生活欺骗了你，不要悲伤，我爸是李刚。
2. 前世五百年的回眸，才换来今生的我爸是李刚。
3. 我在遥望，月亮之上，我爸是李刚。
4. 床前明月光，我爸是李刚。
5. 日日思君不见君，我爸是李刚。
6. 桃花潭水深千尺，不及我爸是李刚。

创作示例

1. 写下一个基本的定义。

   春天来了！

2. 用“我爸是李刚”掀起高潮。

   我是春天，我来了，我爸是李刚！

待我长发及腰

出处

这句话出自一对情侣的照片描述。在英国剑桥大学留学的中国帅哥靓女，在中国品牌“众鑫丝”（汽车脚垫）被欧盟提出反倾销调查时，为中国企业义务提供法律援助，并在当地华人论坛中贴出两人的照片，因其行为与形象极美，而立即得到国内外华人网友的热捧，网友为此照片配诗：你陪我从齐肩短发到腰际长发，那么我陪你从纯真青涩到沉稳笃定。并作评论：待我长发及腰，少年娶我可好？

案例

1. 待我长发及腰，君薪未涨楼价高。
2. 待我长发及腰，秋风为你上膘。
3. 待我长发及腰，拿来拖地可好。

创作示例

1. 写下一个基本的定义。

春天来了！

2. 搔首弄姿、风情万种……

待我长发及腰，和春天来个约会可好？

臣妾做不到

出处 源自电视剧《后宫·甄嬛传》中皇后所说的“臣妾做不到”那句经典台词，2013 年 5 月有网友竞相仿写，臣妾做不到体迅速走红网络。有网友将蔡少芬饰演的皇后的一张表情夸张的截图上传至网络，图中皇后正撕心裂肺地喊着“臣妾做不到啊！”

案例

1. 叫我睡前不玩手机，臣妾做不到啊！
2. 晚上不要超过一点睡，臣妾做不到啊！
3. 一小时不刷微博，臣妾做不到啊！
4. 不吐槽，臣妾做不到啊！

创作示例

1. 写下一个基本的定义。

   春天来了！

2. 制造一种冲突，一种不能完成的事或希望。

   春天来了，让我不出去踏青，臣妾做不到啊！

那些年

出处 2012 年初《那些年，我们一起追过的女孩》火爆荧幕。之后，“那些年，我们一起追过的 × × ”泛滥引用至各个领域。

案例

1. 那些年，我们一起追过“那个谁”。
2. 那些年，我们一起去过的健身房……

创作示例

用春天来了造句。

那些年见过的春天，来了……

过年回家吗

出处

“过年回家体”的流行源自广东电视台在2013年春节期间播放的《过年回家吗？》系列节目的街头访问，当记者在晚上采访广州二沙岛一名失明艺人，问及“过年回家吗？”时，失明艺人长叹一声，以“举头望明月，过年回家吗？”作答。节目播出后，不少观众感叹道：“面对记者的采访，随便一个盲人流浪歌手都可以出口成诗，真是大隐隐于市啊！”

案例

1. 此事古难全，过年回家吗？
2. 柴门闻犬吠，过年回家吗？
3. 泪眼问花花不语，恰似过年回家吗？
4. 莫等闲，白了少年头，过年回家吗？
5. 洛阳亲友如相问，必提过年回家吗。
6. 人生在世不称意，恰似过年回家吗？
7. 问君能有几多愁，恰似过年回家吗？

创作示例

用春天来了造句。

春天来了，过年回家吗？

我和我的小伙伴们都惊呆了

出处

2011年11月14日，新浪微博网友“苏隐衡”发表了一篇微博。内容为：“风中凌乱了！！！学生发散起来地球人都阻止不了了！！！！我觉得我压根不配当这朵奇葩的老师！！！请看：关于端午节的来历。我只能说一句，我也惊呆了……”配图为一篇关于端午节由来的小学作文节选。文章中，这位小学生用逆天的想象力讲述了端午节的由来，故事惊心动魄，情节元素包括校园友情、屈原等。

案例

1. 暑假到了真开心，但看到作业，我和我的小伙伴们都惊呆了！
2. 双胞胎娶双胞胎，我和我的小伙伴们都惊呆了！

创作示例

1. 写下一个基本的定义。

   春天来了！

2. 套用句式，引发感慨。

   春天来了，美女们都“出洞”了，我和我的小伙伴们都惊呆了。

这是什么节奏

出处

适当的时候做适当的事，打出节奏。节奏就是一种状态，例如：今天又没有上课，这是要挂科的节奏啊……就是说这是要挂科的状态。再如：你们怎么又吵架了，这是要分手的节奏吗？就是说快要到分手的状态了。

案例

1. 我答得这么好，不选择我的回答是要作死的节奏啊！

2. 现在人吃饭都这么快，这是什么节奏！

3. 和小伙伴们逛街，发现有人已经在过夏天了，这是什么节奏！

创作示例

1. 写下一个基本的定义。

春天来了！

2. 阐述一个事实，结合事实与自己实际情况的冲突，加上一句吐槽。

春天来了，回了趟老家，发小又添了个儿子，这是什么节奏！

加油吧学弟

出处

“加油吧学弟体”也称“学长帮忙体”。2012 年 10 月，人人网一名叫陈博的网友写了一则日志，其中一句“加油吧小伙子，哥哥只能帮你到这里了”引起了网友的共鸣，纷纷以学长的身份进行造句，一时走红网络，形成一股造句风潮。在上海交通大学电院举办的“Hello World”2012 级迎新晚会上，播放了一段名为《学长只能帮你到这里了》的串场视频，该视频上传后迅速蹿红网络。

案例

1. 一次我去食堂吃饭，看见一对小情侣。突然男的看见女的脸上有饭粒，于是问道：“你脸上有饭粒，我可以帮你去掉吗？”女生脸红红地说道：“不行，除非有很多。”于是我站起来将那女生的头摁进餐盘里，飘然而去，深藏功与名。加油吧学弟，学姐只能帮你到这里了。

2. 今天在天台吃饭偶然听见学弟学妹对话，学弟：“做我女朋友吧。”学妹：“要我做你女朋友，除非我死了！”我听闻，直接上去把学妹推下了楼。加油吧学弟，学长只能帮你到这里了。

3. 从图书馆自习回公寓，看到一对学弟学妹在你侬我侬，学弟一脸含羞地唱道：“好吧，下辈子如果我还记得你，我们死也要在一起。”学妹却把头一歪：“哼！我才不要和你死在一起呢。”嘭！嘭！两人倒在了血泊之中，我默默收起手枪，拉起围巾走开了，我不敢回头看两个孩子幸福的眼神。加油吧学弟，学长只能帮你到这里了。

创作示例

用春天来了造句。

昨天在万秀碰到学弟想给学妹刷卡，学妹不让，我立马夺过学妹的饭卡掰断，默默离去，深藏功与名。学弟，学长只能帮你到这里了，春天来了，以后都要靠你自己了。

药不能停

出处　最早出自《仙剑奇侠传三》，之后发展为“何弃疗”。一般是在 A 说 B 比较傻，但是 B 却做出一件看似很聪明的事或者说了一句很聪明的话，这时候，A 说你的药不能停，意思就是说你吃药之后变聪明了，所以药管用，别停。

案例

1. 大师兄，药不能停！
2. 王蓉，好乐 Day 药不能停！
3. 药不能停，骚年骚女何弃疗？
4. 药不能停，电影中的精分患者们！
5. 哎哎，说的就是你们，东看西看什么呢，记住啊，“生蛋节”之前，药都不能停。

创作示例

用春天来了造句。

春天来了，深井冰越来越多，药不能停！

时间都去哪儿了

出处 2014 年春节联欢晚会，该曲目上演。 春节期间，央视《新闻联播》两次专门设计重要环节推荐这首歌。2 月 7 日，中国国家主席习近平在接受俄罗斯电视台专访时提到了这首歌，引发了以“时间都去哪儿了”为话题的全民讨论。

案例

1. 你的时间都去哪儿了?
2. 十年了，我们还在这里，时间都去哪儿了?

创作示例

用春天来了造句。

春天来了，时间都去哪儿了?

梦想还是要有的，万一实现了呢？

出处

曾经，马云携众高管到现场观看了整个上市仪式，但并未上台参与敲钟仪式。敲钟前，纽交所主席最后一次问马云：你确定不上台敲钟吗？你不后悔吗？马云肯定地说，只有他们成功了，阿里巴巴才会成功。马云将带有阿里巴巴 logo 的 T 恤赠送给在场的嘉宾，上面印着他亲自选择的一句话：“万一实现了呢？”

创作示例

用春天来了造句。

春天来了，梦想还是要有的，万一实现了呢？

画面太美我不敢看

出处

“那画面太美我不敢看”是周杰伦和蔡依林合唱的《布拉格广场》的一句歌词，原意是对美好事物的感叹，美到我怕我看了这美好事物，会害怕自己无法再次看到而难过，倍具清新文艺范儿，多用于调侃和自嘲。

引申意义：“那画面太美我不敢看”已经被网友引申为对奇葩事物的形容，比如一张图片很雷人，网友就可以用“那画面太美我不敢看”来形容它，表达自己因为看到这张图片带来的视觉或是心理冲击，害怕再次看到它。

案例

1. 王诗龄“强吻”Kimi！画面太美不敢看！

2. 阿雅分享毕业照称从小是美人胚子，那画面太美我真不敢看……

3. 网友神 PS 邓超热吻照，称：那画面太美我不敢看。

创作示例

用春天来了造句。

春天来了，皮肤过敏了，

那画面太美我不敢看。

且行且珍惜

出处 文章出轨事件曾在微博上闹得沸沸扬扬，最终结果是：文章发微博道歉，而马伊琍则发出了一条“恋爱虽易，婚姻不易，且行且珍惜”的微博。

案例

1. 生活虽易，欢乐不易，且玩且珍惜。

2. 分享容易，小编不易，且转且珍惜。

创作示例

用春天来了造句。

春天来了，美景虽易，留住不易，且行且珍惜。

也是蛮拼的

出处　这本是一句很简单的口头语，出自爱奇艺热播剧《白衣校花与大长腿》热帖，在《爸爸去哪儿 2》中被曹格多次提及，使其发扬光大，在网络上被大家所熟知并广泛传播。

案例

1.iPhone 6 和 iPhone 6 plus 出街，有果粉开始算账了：不如直接飞美国，自己买了还能当代购。小徐就是这样一个果粉，他计划筹备 50 万元，跨洋飞到美国蹲点专卖店：“能买几台是几台，多出来的除了送人，还能卖掉赚一笔！”网友感叹，为了当个“苹果贩子”，这小伙子也是蛮拼的。

2. 汪峰为了上头条，也是蛮拼的！

创作示例

用春天来了造句。

春天来了，为了早点来接冬天的班，也是蛮拼的。

只想安静地做个美男子

出处　这是《万万没想到》第二季第一集中，叫兽易小星扮演的唐僧的口头禅，全句为“我想我还是安静地当一个美男子算了”。

案例

网友“似_锦颜”晚上跟男友逛街，突然男友让她把头靠在他的肩上。正当她暗想这木头男友开窍了，然后甜甜地把头靠了上去时，谁知下一秒男友就一把推开她，用嫌弃的口吻说：“不要烦我，我只想安静地做个美男子。”

创作示例

用春天来了造句。

春天来了，莺莺燕燕那么多，我只想安静地做个美男子。

你家里人知道吗

出处

一个在网吧看《新闻联播》的网友说：“你在这儿这么厉害，你家里人知道吗？”然后一传十，十传百，“你家里人知道吗”很快成了网络流行语。这句话含有讽刺意味，其发展潜力和可扩展性也给了网友无数吐槽的灵感。

案例

网友“我的头像有点蠢”：刚才店里来了一个十六七岁的小姑娘，一进门就问：“有凉面吗？”“有。”“来份麻辣烫！”小姑娘你大早晨就逗我玩儿，你家里人知道吗？

创作示例

用春天来了造句。

春天来了，你这么会发疯，你家里人知道吗？

也是醉了

出处 这一神回复的创始人，可以追溯到金庸《笑傲江湖》里的令狐大侠。爱开玩笑的令狐冲曾这样讽刺别人的谄媚：“我一看到那些人的谄媚样，就浑身难受，摇摇晃晃几欲醉倒。”之后一群《英雄联盟》的玩家对此词情有独钟，不管对方技术渣，还是技术很牛，小伙伴都喜欢说“呵呵，这货的技术，我也是看醉了”“哇，这大神的技术，我也是醉了”。

创作示例

用春天来了造句。

春天来了，漫天的柳絮乱飞，也是醉了。

挖掘技术哪家强，中国山东找蓝翔

出处

这本是蓝翔技校招生的广告语，最先在网易跟帖区与百度贴吧里零星出现，后演变成网络流行语。

“挖掘技术哪家强”成为段子手们一段时间内使用频率最高的梗，并在网络上演变出了古文体、学术体等多种体裁。

通常的使用方法是，先一本正经地讲述一个故事，然后在故事的结尾引导到“挖掘”“挖坑”“埋了”等相关词语，然后问一句“挖掘技术哪家强”，随后又演变为“那么问题来了”，使得该词的使用场合更加广泛。

案例

1. 天苍苍，野茫茫，挖掘机技术哪家强？可汗问所欲，木兰不用尚书郎，愿驰千里足，挖掘技术哪家强？

2. 相传精卫本是炎帝神农氏的小女儿，一日精卫到东海游玩，溺死在水中。死后其不平的精灵化作长着花脑袋、白嘴壳、红色爪子的一种神鸟，不停地从山上衔来石头和草木，投入东海，每当劳作完一天之后，精疲力竭的精卫总要感叹："挖掘技术哪家强？"

创作示例

用春天来了造句。

春天来了，多么想和你见一面，看看你最近改变。不再去说从前，只是寒暄，对你说一句，只是说一句：挖掘技术哪家强？

不作死就不会死

出处

动画《高达Z》第12集中卡缪在击坠两架FF-S3剑鱼战斗机时说了两句台词:“不反抗就不会死，为什么就是不明白？”后被发扬光大，接了地气，变成“不作死就不会死”，意为没事找事，结果倒霉，曾广泛流行于各大社区、论坛甚至主流媒体，后来“No zuo no die”甚至被编入美国网络俚语词典。

案例

1. 作为战胜挑衅自己的对手之后，以高贵冷艳的姿态补刀用语。

例：不作死就不会死，哼，这就是挑战我的下场！

2. 看到某些人自讨苦吃后，作痛心疾首状用语。

例：不作死就不会死啊！从此你可都改了罢！

3. 警告某些人慎重行动用语。

例：不作死就不会死，你可悠着点儿来！

创作示例

用春天来了造句。

春天来了，他抱着冬天说，你这个冷冰冰的混蛋，不作死就不会死啊！

有钱就这么任性

出处

曾经有一条新闻称老刘网购保健品花了 1760 元，不久陆续接到敲诈电话，老刘明知道自己上当了还一如既往地给骗子汇款。记者采访老刘，老刘却说：被骗 7 万的时候发现上当了，当时觉得警察不会管，又想看他们（骗子）究竟能骗多少钱。这则新闻引爆互联网，网友调侃：有钱就这么任性。

创作示例

用春天来了造句。

春天来了，买1000个口罩换着戴，有钱就这么任性！

我的内心几乎是崩溃的

出处

2015 年 1 月 3 日，网络当红漫画作者陈安妮接受采访，谈到遭受打击的时候说了一句：我的内心几乎是崩溃的！这句话之后成了 2015 年的第一句流行语，同时陈安妮也成了新年第一句流行语创造者。

案例

1. 莱昂纳多 · 迪卡普里奥：数年与奥斯卡擦肩而过，我的内心几乎是崩溃的！

2. 程序员：刚敲完代码，需求又变更了，我的内心几乎是崩溃的！

创作示例

用春天来了造句。

春天来了，雾霾更严重了，我的内心几乎是崩溃的！

一百块钱都不给我

出处

“一百块钱都不给我”曾是微博的热门话题，朋友圈时不时冒出一句你：一百块钱都不给我，还要打我。之后这句话迅速在网络蹿红，成为 2014 年的一句网络流行语。起因是：深圳两基友开房，无知少女小红帽惨遭黑衣男子欺骗弃路边，后来报警处理，拍下了视频，被网友分享后爆红网络，视频里小红帽向黑衣男子索要一百块！反复强调：“一百块钱都不给我，还要打我！”

案例

一百块钱都不给我，还好意思用情侣头像！

创作示例

用春天来了造句。

春天来了，你不丢人吗，你跟我玩了，马上关机，一百块钱都不给我，把我甩到这里干吗，把我骗来这么远的地方，还在那里笑……

我整个人都不好了

出处

这句话大概出自《红楼梦》那类的清代白话文，意思是这个人状况非常不好。比如说一个人重病，或者突然犯疯病，就可以说他“整个人都不好了”。

如果说网络语言的意思，大概就是这个的恶搞引申，通常用在微博之类的交流社区。相当于“受不了了”的意思，一般是“笑得整个人都不好了”（笑得受不了了），有时候也有“囧得整个人都不好了”，表示夸张的意思。

案例

1. 我的时间太多太多了，多到我整个人都不好了。

2. 看了一期《康熙来了》，我整个人都不好了。

创作示例

用春天来了造句。

春天来了，每天昏昏欲睡，我整个人都不好了。

怪我咯

出处

该词的出处有两种说法：

1. 出自日本动漫 *School Days* 中人物的台词：“都是世界的错。”世界：怪我咯？之后衍生出各种版本。

2. 出自英雄联盟。皇族春季赛的时候，有一局被虐爆，解说说要是哪个点没有蹦就还有得打，结果镜头刚好转到蜘蛛侠，他一脸无辜的表情，然后小米来了句：“看见 lucky 这个表情好像是说，怪我咯？”

案例

这些都不知道，怪我咯？

创作示例

用春天来了造句。

A：2015 年的春天比以往来得早了些。

B：春天来得这么快，怪我咯？

重要的事情说三遍

出处　出自动漫《潜行吧！奈亚子》，随后在各大论坛为网友广泛传播。

案例

记得说三遍，说三遍，说三遍就好了，会有神奇的效果发生！

记得说三遍，说三遍，说三遍就好了，会有神奇的效果发生！

记得说三遍，说三遍，说三遍就好了，会有神奇的效果发生！

创作示例

用春天来了造句。

鹅，鹅，鹅

春天的鹅，春天的鹅，春天的鹅……

世界那么大，我想去看看

出处

2015 年 4 月 14 日，一份印有“河南省实验中学信笺”抬头的辞职申请被发到网上，上面只有 10 个字：“世界那么大，我想去看看。”网友称其为“史上最具情怀的辞职信，没有之一”。学习粉丝团、人民日报等大 V 和官媒微博账号纷纷转发。其精髓在于有情怀。

案例

世界那么大，你还在将就什么？

世界那么大，骑马去看看。

世界那么大，应该去看看。

世界那么大，可以去看看。

世界那么大，你想怎么看？

创作示例

用春天来了造句。

世界那么大，春天也来了，你还在将就什么？

世界那么大，春天也到了，骑马去看看。

世界那么大，今年春天，应该去看看。

世界那么大，初春时节，可以去看看。

世界那么大，今年春天，你想怎么看？

你是猪吗

出处：出自综艺节目《奔跑吧！兄弟》，是陈赫的经典语录，形容人笨得可爱。

案例

甲：你是猪吗?

乙：这都被你发现了?

创作示例

用春天来了造句。

春天来了都不知道，你是猪吗?

我单方面宣布

出处

源自一则新闻标题，“女球迷单方面宣布和梅西结婚”。这句话的发展潜力和可扩展性给了网友无数吐槽的灵感，原来结婚也是可以单方面宣布的，于是，“我单方面宣布”占据微博热搜榜前十，并被各路粉丝引用。

创作示例

用春天来了造句。

1. 春天来了，有些事该说出来了，“我单方面宣布和吴彦祖结婚”。

2. 春天来了，有些事该说出来了，“我单方面宣布和鹿晗结婚”。

我带着你，你带着钱

出处

这句话是根据网上的一首原创小诗演绎而来。一位上海的妈妈给正在上大学的孩子写了首诗，原诗是“春天来了，我们去旅游吧！我带着你，你带着钱，三亚也好，长江也罢，横穿唐古拉山口，暴走腾格里沙漠。让我们来一场说走就走的旅行！我带着你，你带着钱，哪怕是天涯，哪怕是海角！”高大上的诗意遇上“你一定要带着钱”的现实，引发网友热捧。

案例

春天来了!
亚亚,
我们去旅游吧!
我带着你,
你带着钱。
三亚也好,
丽江也罢,
横穿
唐古拉山口,
暴走
腾格里沙漠。

让我们来一场
说就走的
旅行!
我带着你,
你带着钱。
哪怕是天涯,
哪怕是海角!
我带着你,
亚亚,
你带着钱!
你一定要带着钱啊!!

创作示例

用春天来了造句。

春天来了,我带着你,你带着钱,一起去度假,可好?

我们白着呢

出处　《爸爸回来了》第二季在浙江卫视播出后，金句女王甜馨再爆热门语录，“我们白着呢”一夜之间成为热门话题，小甜馨傲娇的语气配上搞笑的表情，逗乐了广大网友。自从被晒黑后甜馨就一直经受着乃爸贾乃亮的吐槽，女汉子也爱美，不接受自己变黑现实的小甜馨抗议：“我不黑！”

案例

甜馨奶奶：家里谁最黑？

甜馨爷爷：你是最黑的。

馨爷反驳：我不黑！我不黑！我不黑！

乃爸赶紧安慰：其实你原来是白的，这个缝是白的，其他地方都被晒黑了。

馨爷：我们白着呢！

创作示例

用春天来了造句。

春天来了，经过一个冬季的长衣长裤，我们白着呢！

我想静静

出处 最初来源于夫妻间的一段对话。

女：干吗呢？

男：别跟我说话，我想静静。

女：静静是谁？

男：……

看完之后，网友们是不是觉得人生真的很残酷，有时候想静静都很难。单身汪们觉得大快人心！在评论央视某著名主持人的有关新闻时，网友也会如此留言。

案例

1. “让我一个人待一会儿，我想静静。”

“静静是谁？”

“……”

2. “别找我，我想静静，也别问我静静是谁。”

创作示例

用春天来了造句。

春天来了，万物都复苏了，别吵，我想静静。别问我静静是谁。

原谅我这一生热爱祖国泪点低

出处

2015 年 8 月 12 日晚，天津市滨海新区某危险品仓库发生爆炸。一时间，天津牵动所有人的心。悲伤和焦急之中，这个瞬间给了国人力量：消防战士在第一时间冲向火场时留下一句“我爸就是你爸”。与此同时，社会各界踊跃捐款捐物，当地群众纷纷积极献血。在一条新闻下面，网友 @Raffaele 的评论获得 227 个点赞并置顶，他说：原谅我这一生热爱祖国泪点低！

创作示例

1. 先写下一个基本的定义。

春天来了！

2. 套用句式。

春天来了，抗战阅兵太令人飙泪了，原谅我这一生热爱祖国泪点低！

你丑你先睡，我帅无所谓

出处　源于那句“你丑你先说”，再结合俗语“丑话说在前面”，将其曲解断句成“丑，话说在前面”，进一步引申成“你丑你先说”“你丑你先睡”“你丑你先×××”……

案例

我还有 PPT 要做，你丑你先睡，我帅无所谓。

创作示例

1. 先写下一个基本的定义。

春天来了！

2. 套用句式。

春天来了，要注意皮肤的保养，不过没关系，你丑你先睡，我帅无所谓。

吓死宝宝了

出处

关于本句的出处，有多种说法：

1.《奔跑吧！兄弟》中王宝强说：吓死宝宝了……

2. 天下第一贱客小唠的口头语。出于对它那卓越风姿和非凡气质的敬仰之情，我们就很习惯地把“吓死宝宝了”这句话挂在嘴边。

3. 原话为吓死爹了，吓死爸爸了。后来改成：吓死宝宝了。

案例

1. 这电影看的，真是吓死宝宝了呢！

2. 昨晚又下雨又闪电的，吓死宝宝了！

创作示例

用春天来了造句。

冬天过去，春天突然来了，吓死宝宝了。

约吗

出处 2014 年 11 月 15 日，冯绍峰发了一条非常简单的微博“hi”，却引起了网友们的统一调侃：“叔叔，我们不约。”下午两点半，倪妮也转发了该微博，并补刀：“叔叔，不约。”很多女明星也都纷纷发微博表示“不约，叔叔，我们不约”。

创作示例

用春天来了造句。

春天来了，晚上大排档，约吗？

什么鬼

出处

“什么鬼”这句口语来源于《暴走大事件》第三季《流水线专题》中的张全蛋，是南方的方言，意思相当于“怎么回事”“什么鬼东西”。这句话已经渐渐由网络流传到了现实生活中，常用于见到不懂的名词或事物，发出好奇的感叹：“什么鬼”。有时也可以表达质疑、否定的情绪，看到了难以接受或太过反常的事物也可以使用此句。

案例

1. 这些都是什么鬼啊？（怎么会有这些东西？）

2. 你干什么鬼啊？（你做这事情干什么啊？）

3.《梦幻西游》是什么鬼？

（《梦幻西游》是什么东西？）

创作示例

用春天来了造句。

春天来了，

从柳树上飘下来一团团的是什么鬼。

主要看气质

出处

2015 年 11 月 24 日凌晨，王心凌在个人微博发了一张新专辑《敢要敢不要》中的配图，绿色背景凸显古堡风，但手里却拿着汉堡大口吃。如此造型让网友直呼脑洞大开。随后王心凌在与网友的互动中回复：“主！要！看！气！质！”于是引发网友火速跟风，在发自拍照的同时都要配上一句：主要看气质！

案例

1. 脱了棉裤，春天真的就来了！主要看气质！

2. 机智的春天早就学会了跟热点，主要看气质！

明明可以靠脸吃饭，偏偏要靠才华

出处

一张贾玲昔日的清秀照片被翻出来后，大家惊讶地发现，经常自嘲跟男生“掰腕子”的贾玲曾经也“女神”过！而贾玲在微博上回应道：“我深情地演绎了：明明可以靠脸吃饭，偏偏要靠才华。”此回复引发众多网友热议和共鸣。

案例

1. 看看以前的莱昂纳多，再看看现在的莱昂纳多，你就会懂得什么叫“明明可以靠脸吃饭，偏偏要靠才华”。

2. 世锦赛男子 100 米自由泳决赛，宁泽涛以 47 秒 84 夺得冠军！明明可以靠脸吃饭，偏偏要靠才华！

创作示例

1. 写下一个基本的定义。

春天来了！

2. 造句：描述一种的现象，结尾配上“明明可以靠脸吃饭，偏偏要靠才华”。

（1）春天来了，这件事，是有证据的，看看春风十里、桃花漫漫、绿草如茵……春天太倔强了：明明可以靠脸吃饭，偏偏要靠才华。

（2）又诞生三块地王，北京楼市的春天来了！千万级的顶豪不止拥有地段优势，更在产品力上匠心打磨。各地产大佬们明明可以靠脸吃饭，偏偏要靠才华。

好尴尬啊

出处 《爸爸回来了》第二季7月4日那期中，金句王甜馨再次语出惊人。甜馨与爸爸贾乃亮在创作绘画作品时，因不小心打翻洗笔的水杯而爆出一句“好尴尬啊”，这句话迅速被萌娃粉收录，疯传网络。

案例

1. 库里欲击掌汤神，被无视了，好尴尬啊！

2. 这条评论看得我好尴尬啊，其实我只是借不到广告而已。

创作示例

1. 写下一个基本的定义。

春天来了！

2. 描述一段故事情节，结尾加“好尴尬啊”。

昨晚老天还在公园里下雪，今天春天就来了，好尴尬啊！

我的天哪

出处　这是相声演员岳云鹏的口头禅。随着他的走红，这句“我的天哪”和《五环之歌》影响了很多观众。有网友指出，岳云鹏毁了他的阅读体验。

案例

1. 我的天哪，太神奇了！宋仲基把岳云鹏搂在怀里。

2. 我的天哪，太神奇了！隔壁老王买了两套房。

创作示例

1. 写下一个基本的定义。

   春天来了！

2. 套用句式。

   （1）春天来了，我的天哪！这么神奇吗？

   （2）我的天哪！这么神奇吗？神秘李春天来了！！！请问谁是李春天？

宝宝心里苦

出处 宝宝心里苦，但宝宝不说。这是遇到一些不顺心的事时一种卖萌的自嘲方式。最早是一位网友准备说爸爸怎么怎么样，但不小心打成了宝宝怎么怎么样，然后很快走红并流行起来，例如宝宝要睡觉了，宝宝不开心啦，等等。宝宝指说话者本人，是一种很萌的说法。

案例

为了端午不加班，为了部落，宝宝心里苦，但宝宝不说。

创作示例

1. 写下一个基本的定义。

   春天来了！

2. 套用句式。

   国宝犟起来，是因为春天来了，真让人没办法！饲养员内心充满了无奈：宝宝心里苦，但宝宝不说……

你咋不上天呢

出处

“你咋不上天呢”曾经是很火的一句网络用语。据了解，该用语来自网上一则“如何教训东北人”的段子，其中一句“给你厉害坏了，你咋不上天呢？”一出，便引发不少网友围观和模仿，大面积的疯转更引来了不少关注。

创作实践

我开始方了

出处 B 站有一段鬼畜视频约瑟翰 · 庞麦郎翻唱《童话》，其中一句调音歌词“我开始慌了”因发音不够标准，被吐槽成“我开始方了”，后来这个梗就流传开了。

“我开始方了”是“我开始慌了”的意思，是一些福建人发音不标准的梗，他们说普通话 h 和 f 不分，慌即方。

创作示例

1. 写下一个基本的定义。

春天来了！

2. 套用句式。

春天来了，我开始方了！！！

网络流行词

现实生活经过网络的洗礼，往往会留下点什么。幽默也好，无奈也好，但总是让人有所感叹。网络“新成语”便是其中一例，这些成语以其独特的新鲜感和陌生感，充分彰显语言的生命力。

何弃疗

即为何放弃治疗。

案例

门难进事难办，机关病何弃疗。

创作示例

冬天来了春天还会远吗，你何弃疗?

我伙呆

即我和我的小伙伴们都惊呆了。

案例

章汪恋情家人认可，我伙呆！汪老师的生命开始怒放了。

创作示例

春天过去后，春天又来了，我伙呆！

人干事

即这是人干的事吗？

案例

最右人干事？已点赞。

创作示例

冰融雪化于大片野花、大片草地，除了春天，人干事？

不明觉厉

即虽然不明白对方在干什么，但觉得很厉害的样子。

案例

虽不明，但觉厉——虽然不明白你在说什么，但是听起来感觉很厉害的样子。

创作示例

最近空中总是飘着柳絮，动不动就沙尘漫天，不明觉厉。

人艰不拆

即人生已经如此艰难，有些事情就不要拆穿。

案例

“看女神在看我。”

“女神在看你后面的广告。”

“人艰不拆啊！”

创作示例

春天来了，我没有告诉他连猫猫狗狗都去约会了，人艰不拆。

累觉不爱

即很累，感觉自己不会再爱了。

案例

王菲和李亚鹏都离婚了，累觉不爱。

创作示例

等了整整一个冬天，春天才来，累觉不爱。

细思恐极

即仔细想想，觉得恐怖至极。

案例　中国式休假，细思恐极啊。

创作示例　春天来了之后，皮肤会干燥，脸会过敏，细思恐极！

啊痛悟蜡

即啊！多么痛的领悟……（蜡烛）——辛晓琪的歌曲《领悟》。

案例

美女不是你想追就能追到的，啊痛悟蜡。

创作示例

有爱情的人才有春天，我只有夏秋冬。啊痛悟蜡。

男默女泪

即男人看了沉默，女人看了流泪。

案例

上海财经大学男生表白被泼水，男默女泪，黯然神伤。

创作示例

春天来了，还在加班，男默女泪。

躺枪

即躺着也中枪。

案例

"女汉子"的新标准！躺枪的举手！

创作示例

春天不减肥，夏天徒伤悲！躺枪了。

喜大普奔

即喜闻乐见、大快人心、普天同庆、奔走相告。

案例

网友 A：两只学霸两只学霸，考得 high，考得 high，一只没写名字，一只没贴条码，真可爱，真可爱。

网友 B：哈哈哈，喜大普奔。

创作示例

春天来了，街上的人都喜大普奔。

说闹觉余

即其他人有说有笑有打有闹，感觉自己很多余。

案例

我已经是一个说闹觉余的人了。

创作示例

虽然夏天来了，但我还是觉得自己说闹觉余。

火钳刘明

即“火前留名”的谐音，指一个帖子火之前，你占个座，也可能跟着火一下。

案例

卤煮（楼主）威武，火钳刘明。

创作示例

春天来是挡不住的，必然会火，火钳刘明。

不约而同

即因太久没有被异性约而变成同性恋。

案例

你再这样宅下去，我真担心你会不约而同。

创作示例

春天是约会的好时节，而我已不约而同。

十动然拒

即十分感动，然后拒绝了 TA。

案例

有名男子七夕在河边跟心仪的女孩告白，女孩随口说了一句“那你先从这里跳下去”。那时候天已晚，夜微凉，桥距水面十几米，水较深，男孩水性一般，可他还是咬咬牙跳了下去。女孩十动然拒。

创作示例

小明花了无数的白天与夜晚，收集春天的花，收集春天的雨，收集春天的柳絮，收集春天的颜色，还写了一篇动人的情书，只是想说“春天来了，我们开始恋爱吧”。女孩十动然拒。

请允悲

即请允许我做一个悲伤的表情。

案例

公交车上的人向我投来了同情的眼神，请允悲。

创作示例

春天来了，稿还是要改的，请允悲。

没但玩

即虽然没什么价值，但是很好玩啊。

出处

这个词最早来源于微博红人@我的床上读物的互动话题，号召网友讲述生活中没什么价值，但是很好玩的事，引发网友创作。后来，回忆专用小马甲、作家崔成浩等红人围绕“没但玩”跟风创作，同时B站的视频中也有流出，让“没但玩”迅速蹿红。

案例

A：听说，外国还有“鬼脸大赛”。

B：真是没但玩！

创作示例

1. 春天已经来了，真是没但玩。

2. 春天的时候，一大堆人一起做“没但玩”的事情，听起来就很“没但玩”呢！

理都懂

即你说的道理我都懂。

出处

“理都懂”是电影《后会无期》中的台词，“听过很多道理，但依然过不好这一生”。还有一种说法是出自网络流行语“道理我都懂，可我的内心几乎是崩溃的”，表达了一种深深的无奈与忧愁。

案例

为什么理都懂，可依旧过不好我的生活？

创作示例

1. 理都懂，但道理从来都是用来讲服和开解别人的。

2. 春天来了，该减肥了，虽然理都懂，但臣妾做不到啊！

战五渣

即战斗力只有五的渣滓。

出处

战五渣是一个缩略语，完整的语句是“战斗力只有五的渣滓”。该词语出自漫画《七龙珠》中的人物拉蒂兹。在网络上，“战五渣”用于形容某人能力不行、战斗力低下，意同“弱爆了”。

案例

1. 在这位跳舞的大姐姐面前，那些跳萌舞的都是一群战五渣。

2. 和我的胃口相比，小明就是一个战五渣。

注：战五渣通常用在调侃、群聊（如：贴吧）的场合，在这种场合下也可以写作“战斗力只有五的渣滓”。

创作示例

春天来了，那些围巾、手套、暖宝宝简直就是战五渣！

城会玩

即你们城里人真会玩。

出处

①前 EXO 成员吴亦凡在上海某所大学拍摄电影，有人假扮吴亦凡，狗仔队以为是吴亦凡本人。他们把照片上传到微博上，然后才发现并不是吴亦凡本人，之后就出来了这句“你们城里人真会玩”。

②戛纳第 68 届电影节走红毯环节，披着东北大花被的张馨予成为亮点！张馨予被媒体和群众喷得体无完肤。然后张馨予自己在微博上发照片，说自己是农村小媳妇，还称“你们城里人真会玩”。

案例

什么才叫城会玩？
披一身荧光衣，
涂上荧光颜料，
留下荧光手印，
抓住夏天的尾巴，
一起荧光夜跑吧！

创作示例

春天来了，自从看见这么奇葩的衣服，我终于明白什么叫城会玩。

乡话多

即你们乡下人话真多。

出处 “你们城里人真会玩”火了以后，随之而来的便是“你们乡下人话真多”。于是形成一个完整的段子：你们城里人真会玩，你们乡下人话真多。

创作示例 春天来了，如果你坚持这样夜以继日地发自拍，就别怪乡话多哦。

直膝箭

即直到我的膝盖中了一箭。

出处

直到我的膝盖中了一箭，表示转折和否认，表示因遭遇意外而造成如今境遇。这句话出自热门游戏《上古卷轴 5：天际》，原话是：“I used to be an adventurer like you, then I took an arrow in the knee.”（译为：“我以前和你一样也是个冒险家，直到我的膝盖中了一箭。”）

注：“膝盖中了一箭”是北欧俚语，有“结婚”的意思。此俚语也与男士求婚时单膝下跪有关。

案例

我本来不写新闻，直膝箭。

我一直不知道《神武》，直膝箭。

我一直以为你最懂我，直膝箭。

我一直以为自己很傻，直膝箭。

我一直觉得我只是不瘦，直膝箭。

创作示例

1. 以前和你一样是个小清新，春天来了，直膝箭！我变成了现在这样。

2. 一个春天的早上，邻居大哥拦住赶着去搬砖的女小编，悄声说：“我原来也很帅气，直膝箭！我变成了现在这样。”

秀分快

即秀恩爱分得快。

出处

这是《爱情回来了》的经典台词，是对到处显摆恋情的情侣进行吐槽时的常用语，表达了对秀恩爱行为的一种嫉妒与反感。

“秀恩爱死得快”这个定律在很多明星情侣身上得到了验证，他们轰轰烈烈地交往了一段时间后就分道扬镳。秀恩爱的关键在于“秀”的技巧，怎么秀，这可是个技术活儿，秀得好，增加两人感情的同时还能引得粉丝拍手称快；秀得不好，则被网友的口水淹没，沦为笑柄。

创作示例

春天来了，你们这么高调难道不知道秀分快吗?

上交国

即我要上交给国家。

出处

网剧《盗墓笔记》中，主角吴邪屡次提到要将牛头上交给国家，传达“文物属于国有，非法侵占是违法的”的观点。

案例

无论古墓里有什么珍奇的文物，你都要控制住自己，我要是发现你私自带文物回来，肯定上交国。

创作示例

等春天到来的时候，看我不把你这样玻璃心的小公举上交国。

宝宝

出处

只要氛围协调，几乎在任何语境中，女生都可以用“宝宝”或“本宝宝”来称呼自己，如“乐死宝宝了”“笑死宝宝了”“本宝宝这厢有礼了”“本宝宝拜托了”等。

案例

我看了，好搞笑，笑死宝宝了，米汤盆里洗脸。

创作示例

高考结束啦！宝宝们的春天来了！

处CP

出处

CP盛行于网络，通常是观众给自己所喜爱的荧屏情侣的称号，而且都是想象的。后来也常出现在游戏《球球大作战》中，意为“寻找搭档（或未来情侣）”。

案例

次元娘和百度输入法爸爸处CP啦！

创作示例

《欢乐颂2》的大结局真相：安迪和包总、樊胜美和王柏川……我和春天！春天来了一起处个CP吧！

呵呵

出处 它从最初单纯的拟声词逐渐演化得意味深长。看到它，有人黯然神伤，有人憋出内伤，有人直接掀桌……难怪曾被网友评为年度最伤人聊天词语，没有之一，就是“呵呵”。

案例 我生来就是个天才，但是教育毁了我，呵呵！

放学别走

出处

学生时代，流行放学打架，学生之间有矛盾会抛出一句：有种放学别走。还有一些搞笑的用法，如：放学了，到底打不打我，不打我走了！现在多用在聊天时调侃、吓唬对方，实际上只能搞笑。

案例

张艺兴重返校园变身白衬衫学长，在微博霸道喊话，“放学别走！”一时撩拨无数少女心。

创作示例

不知道春天来了和咸鱼有什么区别，说的就是你，放学别走！

猫系男

出处

2013 年 1 月，日本女生流行把男生称呼为两种系，一种是犬系，另一种是猫系。按照她们的描述，“猫系男”凡事追求完美，数理化强。2015 年《我是歌手》中的李健火了，大家因为他独特的气质而称他是猫系理科男。

案例

2015 年李健成了猫系理科男，胡彦斌成了国民男票。

创作示例

我的男神，猫系男——春天来了，身为猫系男开始向完美挺进！

开黑

出处

流行于各种对战类游戏（如 3C、《真·三国无双》、Dota、LOL、《球球大作战》等）的新兴词语，指同一游戏里的一群人，在交流方便（如在同一间网吧里直接交流或通过聊天工具实时交流来交换游戏中的信息）的情况下，组成一队进行游戏的行为。

案例

最近林更新带徐璐打 LOL 上热搜了……画面中林二狗一边啃着辣条，一边约朋友开黑等排位。

创作示例

春风十里不如你，一言不合就开黑？春天来了，兄弟们愈团结了。

hold 住

出处 “hold 住”这个有点时尚、有点混搭、又有点喜感的流行词来源于台湾综艺节目《大学生了没》。在 2011 年 8 月 9 日的《大学生了没》节目中，一位名叫 mis lin 的网友以夸张另类的烟熏造型、一口做作的英语、扭捏妖娆的姿态向大学生们介绍什么是 fashion，“我刚从法国巴黎的时尚大学毕业，今天就是要教大学生 what is fashion……”其极度夸张搞笑的表演震撼了所有观众。miss lin 的口头禅是“hold 住”“千万不要这样，not fashion，整个场面我要 hold 住”“就算我搞错 party，整个场面我也要 hold 住！”“hold 住”由此红遍网络，被广泛应用在生活、工作乃至学习中。

案例

1. 太爆笑了！笑着笑着，才想起来，我要 hold 住。

2.hold 住的人生才是成功的。

3. 现在我们都要 hold 住，如果你没有 hold 住，那你就 not fashion。

创作示例

1. 不管面对什么，都有一个原则，你要 hold 住。

2. 春天来了，我们一定要 hold 住！

搞siao（四声）

出处

搞 siao，就是搞笑的意思，源自《爸爸去哪儿》(第二季）中黄多多和贝儿的口头禅，火爆于《花儿与少年》(第二季）中的井柏然。“搞 siao”一词是黄多多最先说的，在《爸爸去哪儿》(第二季）中的第一集中，被问及眼中的爸爸是什么样子时，黄多多给黄磊的评价是“搞 siao”，然后在贝儿这个强大的“复读机”的宣传下，“搞 siao”一词在整个节目中不断出现。

创作示例

1. 春春春——天——来——了，你不觉得我说话很搞 siao 吗?

2. 要不要这么搞 siao，不知道春天来了?

小公举

出处 单说这个词可能就是发音梗，因为普通话的“公举”和粤语的“公主”近似，后来逐步发展成对一些男性的称呼。娱乐圈里第一个承认自己是“小公举”的便是自称有公主梦的周杰伦。

案例

她，就是我的小公举，就要给她公主般的婚礼。婚礼要在星空下，森林中，还要有探出头的小动物。策划师为了营造丛林的效果，在宴会厅中摆放了四棵仿真树，让宾客有置身林中的感觉。

创作示例

春天来了，小公举们又可以美美地出门啦！

我们

出处

2015 年 5 月 29 日上午，李晨在其个人微博上发布了一条图文微博，文字只有简洁的两个字“我们”，配图是他与范冰冰的合影。随后，范冰冰转发了这条微博，并配了同样的文字：我们。一时间，各路段子手齐飞，各路文案达人跟进。明星、草根、二次元、三次元纷纷参与其中，“我们”频频刷屏。

案例

我们是中国人，我们影响世界。

创作示例

春天来了，我们……

Duang

出处

"Duang"的诞生和火爆都让人有些摸不着头脑。2015年2月24日前后，一部由成龙代言的曾被工商部打假的广告再次被网友们挖出来进行了新一轮恶搞，将其与庞麦郎的《我的滑板鞋》进行了神一般的同步，之后"Duang"成了网络上最热门的词语。一时之间，朋友圈、微博网友都开始用"Duang"来调侃各种状况。

案例

当我第一次知道要拍洗发水广告的时候，其实我是拒绝的，我跟导演讲，我拒绝，因为其实我根本没有头发……导演跟我讲，拍完加特效，头发很黑很亮很柔……加了一个月特效之后呢，头发 Duang……后来我也知道他们是假的，是有化学成分的。我现在呢，每天还是加特效，加了很多特效，Duang……Duang……Duang……我的头发乌黑浓密，因为我加特效……

创作示例

当我第一次知道春天要来了的时候，其实我是拒绝的，因为我觉得冬天很好……你不能叫我喜欢春天我马上就喜欢春天，我要试一下，但我又不想说，试的时候加了很多效果，Duang……Duang……那样美丽，那样清新，结果出来群众就骂我，根本没有这种春天，Duang……我说的春天是假的，所以我说先给我试一下嘛。后来我经过一个真正的春天也知道并没有加入效果成分，现在呢我每天都在想春天……我还叫我的朋友一起想春天。来来来……大家试试跟我一起想春天，春天的时候就是春天，就不要再去加效果，我要给群众看我春天的时候是这样子，你们春天的时候也是这样子。

伐木累

出处

在综艺节目《奔跑吧！兄弟》中，邓超的一句“we are 伐木累（family）”，让在场的兄弟团和导演组瞬间笑喷，而自封学霸的他也引发网友的集体吐槽。记住，任何时候，都不要忘了你的“伐木累”。

案例

孙俪搞笑学老公邓超说英语：we are 伐木累。

创作示例

春天来了，交朋友、找同类，我们的家叫“伐木累”！

歪果仁

出处

网友亲切地称呼外国人为“歪果仁”。考证下来发现，这源于很多外国人说中文时，会发音成“窝们歪果仁”，再结合语言习惯，很多中国人就能明白“窝们歪果仁”的意思了。

案例

1. 歪果仁写给贼的 9 类信：拜托把整片拿走好吗？

2. 歪果仁早就想看春晚了。

创作示例

春天来了，歪果仁都纷纷来观赏中国的无限美好风光。

多读书

出处 2015 年高考，陕西省商洛市一 22 岁女孩被美国 6 所名校录取，并获得美国麻省理工学院全额奖学金一事，成为网友热议的话题。该姑娘还自我调侃“人丑就要多读书”，引发众多人感慨，网友举一反 N，创造了“人丑就要多干活”“人丑就要多劳动”等。

案例

体肥还须少吃饭，
人丑就该多读书。
废话。
垂死病中惊坐起，
人丑就该多读书。
晚了！
位尊何须亲出手，
人丑就该多读书。
官二。

天若有情天亦老，
人丑就该多读书。
穷摇。
此生无望糕付帅，
人丑就该多读书。
苦逼。
命苦不能怪政府，
人丑就该多读书。
快递！

创作示例

又一个春天来了，又是一个开学季，我们必须做到：少壮就要多努力，人丑就要多读书。

颜值

出处

源自日语“脸”的汉字，颜值表示人物颜容英俊或靓丽的数值，用来评价人物容貌。如：颜值爆表明显就是颜值太高，已经超过正常范围，美得一塌糊涂或者帅得一塌糊涂，惊为天人。

案例

1. 明明可以靠颜值，偏要靠实力。

2. 哇，你的颜值爆表了！

创作示例

春天来了，既有颜值又有身材的人真是一道靓丽的风景。

小鲜肉

出处

“小鲜肉”用于形容男演员，指年轻、帅气的新生代男偶像。他们年龄一般在12—25岁之间，性格纯良，感情经历单纯。

案例

TFBOYS组合中的男孩儿们已然成为娱乐圈中小鲜肉的代表。

创作示例

春天来了，小鲜肉们又可以在篮球场上挥洒汗水，引来无数美女竞折腰了。

单身狗

出处

“单身狗”是一个网络俚语，特指没有恋爱对象或者没有结婚的人，与“光棍”近义，有自贬和自嘲的意味，带有诙谐的色彩。单身狗一词最早出自网络社区，起源与《大话西游》有关。其流行是普遍的社会现象和网络时代的传播特色共同助推形成的。

案例

1. 张叔的爸爸生气了，指着他说：“这个不好，那个不对，难道你要当一辈子的‘单身狗’！”

创作示例

春天来了，是时候告别单身狗的生活了！

任性

出处

该流行语来源于一起诈骗事件，一男子在明知骗子骗钱时，仍给骗子汇去 54 万元。但是他没有报警，因为他想看看对方还能怎么骗他。之后就被广大网友调侃为：有钱就是任性！

案例

小明请全班同学吃茶叶蛋，没错，有钱就是任性。

创作示例

1. 春天来了，送女友一辆跑车自驾游，不要问我为什么，有钱任性！

2. 不要问我为什么偏爱大户型，春天来了，有钱就是任性！

猴赛雷

出处

“猴赛雷”是广东话“好犀利”（好厉害）的谐音。

2016 年春晚吉祥物“康康”形象公布之后，因其脸颊的部分有两个球状的凸起，被网友谐音称作“猴腮雷”，因此又引申出另一层调侃的意义。

案例

1. 据说新年祝福要用方言讲，才显得最真心，才是真正的“猴赛雷”！

2. 要问今年年初哪位地产大佬最“猴赛雷”，当然非这位华人首富、万达老总、“国民老公”他爸王健林莫属！

创作示例

1. 一夜之间祖国的大好河山春色萌动，2020 年的春天来了，猴赛雷！！！！

2. 今天我和朋友一起约吃饭，本来朋友说要请我，结果最后他竟然说没带钱包，我就垫付了饭钱。出门恰巧朋友包里掉了个东西，我一看就问：“你不是钱包没带吗？”朋友笑道：“好尴尬啊！原来我的钱包带着呢。”我有点方，说道：“哈哈，猴赛雷啊！看来你有很多钱包，可能忘了带另一个。”朋友说：“我的天哪！你也太聪明了，这都能猜出来。”……友谊的小船说翻就翻。

壁咚

出处

壁咚是日本传过来的流行词语，时常出现在少女漫画或动画以及日剧当中。壁咚指男性把女性逼到墙边，单手或者靠在墙上发出“咚”的一声，让其完全无处可逃的动作。而后，经过偶像剧演绎，又出现了“胸咚”“指咚”。

创作示例

春天来了，告诉大家一个秘密，其实，壁咚最最重要的部分就是——看脸。

朋友圈小按钮

出处

2016 年 5 月，一场“惠装团队”引发的营销事件中，引用“朋友圈小按钮”发动了一场蓄谋已久的策划！

经过短短一上午的发酵，朋友圈就被各互联网创业者以及媒体朋友们刷了屏！各位“大牛”纷纷利用微信中的 emoji 表情对自家品牌玩起了营销。

案例

1. 请问谁是最省钱、省心、省时间的代客泊车服务？

- 易行泊车
- 其他

2. 新媒体大数据哪家强？

- 清博指数
- 其他

创作示例

哪种情况下心情最美？

- 春天来了
- 没有其他

关注民生　紧跟流行